Scène: Neue französische Theaterstücke

Scène 4

Fünf französische Theaterstücke
Herausgegeben von Barbara Engelhardt

Verlag der Autoren

Die Deutsche Bibliothek – CIP-Einheitsaufnahme

Scène : neue französische Theaterstücke. – Frankfurt am Main : Verl. der Autoren
(Neue Theaterstücke aus Frankreich)
4. Fünf französische Theaterstücke / hrsg. von Barbara Engelhardt. – 2001
ISBN 3-88661-239-2

Satz: SVG – Satz- und Verlags-Gesellschaft mbH, Darmstadt
Druck: betz-druck GmbH, Darmstadt
Umschlaggestaltung: Bayerl + Ost GmbH, Frankfurt am Main
Printed in Germany

Inhalt

Barbara Engelhardt

Ein Fest für Schauspieler

Wenn Autoren nicht vor den Theatertüren stehengelassen werden

Bis vor kurzem noch klaffte in Deutschland und Frankreich ein großer Graben, was den Umgang mit zeitgenössischer Dramatik betraf. Hierzulande besann sich das deutsche Theater erst vor wenigen Jahren wieder auf seine gegenwärtigen Autoren, setzte dann vorsichtig ein aktuelles Stück – mit Präferenz eine Ur- oder Erstaufführung – als obligatorischen Programmpunkt auf den Spielplan und bedenkt heute schon mal, wohl auch aufgrund der wachsenden Konkurrenz um die nicht ebenso rasant nachwachsenden Jungautoren, so manchen Dramatiker mit Schreibaufträgen. All das stärkte die Position der Autoren in einem Zeitraum von vier, fünf Jahren, in dem die Dominanz des Regietheaters, das bis Mitte der Neunziger sich vorwiegend an Klassikern erprobte, mächtig aufgeweicht wurde. Allmählich ließ man die deutschen Autoren nicht mehr vor den Theatertüren stehen, um sie Regisseuren quasi zum Fraß vorzuwerfen, sondern zog sie immer weiter in den theatralen Produktionsprozeß hinein. Heute wird diese Eingebundenheit jüngerer Schreiber als Hausautoren oder »Projektmitglieder« als eine Errungenschaft für beide Seiten gefeiert.
In Frankreich war dem schon länger so: Die neuen Stücke und Theatertexte schienen in den 90er Jahren vorrangig den Compagnien, Theatern oder personellen Konstellationen selbst zu entwachsen, in denen Autoren einen festen Platz hatten – so sie denn gespielt wurden, was freilich auch in Frankreich rein quantitativ nicht überschätzt werden darf. Dennoch waren und sind Autoren häufig auch die Regisseure ihrer eigenen Stücke oder wissen, als eine Art »Ensemblemitglied«, für welche (Mit)Schauspieler sie schreiben. Nicht nur Jean-Luc Lagarce, Didier-Georges Gabily oder Xavier Durringer (vgl. *Scène 1*) sind Repräsentanten dieses Verzah-

nens von Schreiben und szenischer Umsetzung innerhalb eigener Produktionsverhältnisse, sondern ebenso der hier als Autor vorgestellte Olivier Py, der deshalb nicht weniger auch Regisseur, Schauspieler und Theaterdirektor ist. Dennoch hängt die Aufführung neuer Stücke in Frankreich längst nicht mehr von der Tatsache ab, daß viele Dramatiker in Personalunion zu Theater-Machern ihrer eigenen Stücke werden. Denn von den freien Compagnien, die sich bis heute auf einem schwierigen ökonomischen Terrain für neue Texte bewegen, oder von den unzähligen szenischen Lesungen, die zwar kulturpolitisch stark gefördert wurden, aber freilich am breiten Publikum vorbeigingen, scheint heute ein Funken übergesprungen zu sein auf die großen Häuser: Wenn selbst die traditionsbewußte Comédie Française (unter neuer Leitung) ankündigt, den hier gedruckten Christophe Pellet auf die Bühne zu bringen, muß sich die Popularität zeitgenössischer Dramatik wirklich gesteigert haben. Während Alain Françons Inszenierung von Eugène Durifs Stück am Pariser Théâtre National de la Colline niemanden verwunderte, der sein langjähriges Interesse an lebenden Autoren kennt, ließ sich Stéphane Braunschweig, der seine größten Erfolge mit (modernen) Klassikern in Frankreich und Deutschland feierte, für das von ihm geleitete Straßburger Nationaltheater auf das Wagnis ein, sich vom Kollegen Olivier Py ein Stück schreiben zu lassen. Noch erstaunlicher ist aber, daß man sich zeitgenössischer Autoren, deren Stücke schon uraufgeführt sind, plötzlich wieder erinnert. Verschwanden Theatertexte nach ihrer meist einmaligen Inszenierung bisher in den Schubladen – obgleich dank staatlicher Fördergelder oft in Buchform handlich »abgepackt« –, so werden gerade heute Autoren wie Lagarce oder Gabily von Neuem hervorgeholt und – nach beider Tod – in neuen theatralen Arbeitszusammenhängen gespielt. Auf diese Weise wachsen den großen Institutionen der französischen Theaterlandschaft neue/vergessene Stoffe von neuen/gekannten Autoren aus den Randbereichen oder kleinformatiger arbeitenden Strukturen zu.
Die fünf hier vorgestellten Autoren treffen sich trotz ihrer

enormen thematischen und formalen Vielfalt in einem Punkt: Sie sind und bleiben – sehr viel stärker als in Deutschland – mit der Theaterpraxis gekoppelt, solange sie mitten im Theater selbst stehen. Genau das macht sie für das deutsche Theater, und hier in erster Linie für die Schauspieler attraktiv. Sie sind größtenteils so dicht am Theater dran, daß ihre Aufmerksamkeit tatsächlich dem gilt, der auf der Bühne ihre Worte erst sicht- und hörbar macht: dem Akteur. Eugène Durif beispielsweise ist seit Jahren einer Compagnie, die er selbst mitbegründete, verbunden. Auch wenn die Inszenierungen seiner Stücke sich längst nicht auf diese beschränkt, kennt er doch den Theateralltag von verschiedenen Standpunkten aus. So liegt auch der Übersetzung »Kreise drehen« eine Textfassung zugrunde, die Durif in der Inszenierungsarbeit mit Françon be- und nachgearbeitet hat – eine Chance, die nur im ernsthaften Austausch innerhalb eines Produktionsprozesses möglich ist und dem Autor, gar vor der Regie, einen hohen Stellenwert bis zum Schluß einräumt.
Aber auch Alain Gautré und Olivier Py, die beide zudem Schauspieler (und Regisseure) sind, kennen die Innenperspektive des Theaters, mehr noch, sie scheinen um die Bedürfnisse und Möglichkeiten der Schauspieler genau zu wissen. Gautré, der bei Jacques Lecoq studierte und unterrichtete, führt in »Familienbande« vier Brüder zusammen, deren Charaktere zugleich typisiert zugespitzt und doch so in der Schwebe bleiben, daß ein doppelbödig auszulotendes Spielmaterial entsteht. So machen die Autoren dieser Stücke Angebote an die große Bühne, wagen sich über das Kammer(Studio)spiel hinaus und an ein relativ üppiges Personal heran oder sprengen den situativ oft eng gesteckten Rahmen der zeitgenössischen Stücke. Vor allem Christophe Pellets als Trilogie verstandenes Stück-Werk legt einen ausgedehnten zeitlichen Bogen an: Nach der Rückblende in die 80er, dann 90er Jahre wird der Sprung ins 21.Jahrhundert explizit genommen. Paradoxerweise intensiviert sich trotz dieser ausholenden dramaturgischen Geste nur die in der Trilogie thematisierte Hilflosigkeit von Lebenskonzepten, die über die

Zeit und Generationen hinweg an der sozialen Einsamkeit und dem privaten Dilemma scheitern. Die filmästhetische Anlage des Stücks und cineastischen Referenzen gehen parallel mit einer prägnanten, unprätentiösen Sprache, die den Grundstein legt für ein ausgesprochen zeitgemäßes Spiel.
In der Dramatik wird das Bühnengeschehen seit jeher bestimmt durch das unerwartete Hereinbrechen einer neuen Situation oder die plötzliche Konfrontation mit Personen und Erinnerungen, die alles verändern, eine Krise bewirken oder ihr zum Aufbrechen verhelfen. So auch in diesen Stükken. Aber das »Fremde«, scheinbar Unvorhergesehene ist dennoch immer auch das Naheliegende, Verwandte, womöglich Eigene, das in Form von Familiengeschichte oder Biographie, von Vergangenheitsschnipseln und Legitimationsversuchen erinnert wird und sich zum Konflikt auswächst. Dennoch bricht es in all seinen Formen überraschend herein, denn das zeitgenössische Dramenpersonal weiß nichts mehr über sich selbst in seiner ahistorischen Daseinsweise, und so schrumpft die tragische Dimension von Schuld konsequent auf eine bloß punktuelle Brisanz des Skandals zusammen. Wie weit aber ist der Mensch dann noch zur Tragik fähig? Olivier Py stellt diese Frage in »Die Feier des Labyrinths« auf seine Art und konfrontiert die undramatischste aller Lebenshaltungen – die des Zynikers, der meint, er sei gegen diese Welt gefeit und schlimmer könne es sowieso nicht kommen – mit der Theatralität der Hoffnung. »Der Glaube ist die Entscheidung für die Hoffnung«, sagte Py einmal, und in seinen Stücken transzendiert jener Glaube – auch der an den Menschen – die Endzeitstimmung einer nüchtern realpolitischen Reflexion. Dem westlichen Menschen werde weisgemacht, so Pys Ansatz, ihm könne nichts passieren – also hat er auch kein Schicksal und läßt sich nicht mehr ohne weiteres aus seiner scheinbaren Sicherheit herauskatapultieren. Wer aber dennoch für den Verschleiß der Sprache hellhörig ist und das stete Auseinanderfallen von Wort und Tat schmerzhaft wahrnimmt – so nicht nur Pys Figuren –, der besinnt sich vielleicht erst recht aufs Theater: als ein Medium, in dem

Sprache immer auch Handlung ist und das damit Leerlauf erfahrbar machen kann, das zwischen dem lyrischen Eigenwert des Worts und dessen Indienstnahme für die szenische Aktion balanciert oder eben nur geistige Leere vertont. In jener Kluft zwischen Tat und Wort kommt gerade auf der Bühne ein menschlicher Grundkonflikt der Moderne, der Zeit der Nachutopie und der diskurssatten Gesellschaft des 21. Jahrhunderts immer wieder zum Ausdruck.
In allen fünf Stücken sind die Figuren damit beschäftigt, sich in dieser Welt heute zurechtzufinden. Sie suchen. Sie werden krank dabei und verlieren sich in Aggression oder Apathie. Sie täuschen sich und die Welt, indem sie, wie bei Lionel Spycher, auf Ersatzbefriedigung hoffen im Konsum und Machtspiel der sexuellen und materiellen Ausbeutung. Mal ist die Welt ein Supermarkt (Spycher), mal eine geschlossene Anstalt (Durif). Hier brechen die Schutzwälle einer scheinbar heilen Welt in einer einzigen Nacht auf (Gautré), dort Verästeln sich die feinen Risse und tiefen Gräben über Jahrzehnte und Generationen hinweg (Pellet). Bei Olivier Py sagt der Politiker-Vater über den so anders geratenen Sohn: »Es ist doch nicht so kompliziert, das eine zu sagen und das andere zu denken, das hätte er aus der Nuckelflasche unserer dreißig Wirtschaftswunderjahre saugen können! Aber diese Abhängigkeit von der Wahrheit ist mir zuwider. Warum muss er sich zeigen, wie er ist! Das ist eine Art Mystik, scheußlich, na klar, wie jede Metaphysik!« Und doch geht es, auch in diesem Bruchteil französischen Theaters, eben immer noch und wieder um immer das eine: sich und die Welt so zu erfahren, daß vielleicht tatsächlich etwas Wahres darin aufscheinen könnte.

Eugène Durif

Kreise drehen

Aus dem Französischen von Almut Lindner

Personen

Tycho

Jim

Alice

Sarah

Originaltitel: Les petites heures

SEQUENCE I

LA RONDE

TYCHO Tourne en rond celui-là. Des jambes pour apprendre à courir. Va se coller à la lampe. Collé sans bouger. Pourra toujours faire des grimaces à la lumière.

JIM Tycho, j'ai sommeil.

TYCHO Quand ils sont pris dans du verre avec leurs ailes bien dépliées. Plus beaux à regarder ! Tourne en rond, prend tout son temps, à croire qu'il a passé toute sa vie à attendre ce moment. Mais regarde !
Tu dors, vieux?

JIM Je voudrais bien.

TYCHO Dans du verre, avec ces couleurs sur les mains quand on les touche. De la cendre. Celui-là, je le tenais bien serré. Le sentais dans la main. Un bruit de caresse. Plus rien. *Comme s'il se répétait la phrase, pris dans ce mouvement de disparition, de Présence/Absence*

JIM Demain, je chercherai la boîte. Demain.
On visite tout demain.

TYCHO Et les deux ? Pas vues, pas entendues. Se couchent avec les poules ?

JIM Demain. Tu auras tout le temps de les voir.

TYCHO Te retiens, toi. A t'entendre, toujours le Pérou. Et puis, nibe. Elles ont rien entendu avec tout le bruit qu'on a fait ? Se bouchent les oreilles pour dormir ?

JIM Tu ne veux pas en faire autant?

TYCHO La lumière, maintenant, on peut la garder tant qu'on veut.

JIM Ça promet.

TYCHO Ça y est *Une pause* S'est foutu contre la lampe. Cette fois, plus la peine de tourner autour. Finie, la petite ronde. Plus à bouger, celui-là, plus à remuer pour rien.

JIM Tu es content ? Tu vas dormir maintenant ? On peut l'éteindre cette lumière à la fin ?

1. Sequenz

Der Reigen

TYCHO Dreht Kreise. Beine zum Laufen lernen. Wird an der Lampe kleben bleiben. Klebt reglos. Kann ja dann immer noch im Licht Grimassen schneiden.

JIM Tycho, ich bin müde.

TYCHO Wenn sie erst einmal mit ihren ausgestreckten Flügeln gefangen und hinter Glas sind. Schön anzusehen. Dreht Kreise, nimmt sich Zeit, man könnte meinen, er hätte sein ganzes Leben auf diesen Moment gewartet. Schau doch! Schläfst du, Alter?

JIM Würde ich gerne.

TYCHO In einem Glas, und diese Farben in der Hand, wenn man sie anfaßt. Puder. Diesen da hielt ich gut fest. Fühlte ihn in der Hand. Ein Geräusch von Zärtlichkeit. Nichts mehr. *Als würde er den Satz wiederholen, da er in dieser Bewegung des Verschwindens, der Abwesenheit/Anwesenheit gefangen ist.*

JIM Morgen suche ich die Schachtel. Morgen. Morgen besichtigen wir alles.

TYCHO Und die beiden? Weder gesehen, noch gehört. Gehen wohl mit den Hühnern schlafen?

JIM Morgen. Hast Zeit genug, sie zu sehen.

TYCHO Das merk ich mir. Wenn man dir zuhört, ist immer alles eitel Wonne. Und dann, nebbich. Haben sie denn nichts gehört, bei dem Lärm, den wir gemacht haben? Stopfen sich wohl zum Schlafen die Ohren zu?

JIM Willst du das nicht auch machen?

TYCHO Das Licht, jetzt können wir es anlassen, so lange wir wollen.

JIM Das kann was werden.

TYCHO Jetzt ist es so weit. *Pause.* Klebt an der Lampe. Braucht nicht mehr drum herum zu kreisen. Aus ist es mit dem Reigen. Bewegt sich nicht mehr, bewegt sich nicht mehr sinnlos.

TYCHO Te gêne pas pour moi, vieux...Te gêne pas pour moi...
Celui de la buanderie...
Se réveiller mort, il arrêtait pas de répéter ça.
Se réveiller mort. Si tu veux éteindre...C'est pas moi qui...
Un matin, tu te réveilles, t'es mort. T'es le seul à pas le savoir. Tu continues comme les autres jours, comme si rien n'était. Tu fais comme d'habitude. T'es réveillé. Normal. Tu te lèves, t'sens, t'sais pas pourquoi, que les gens te regardent plus pareil. T'es peut-être déjà en train de pourrir, d'avaler les racines avec la terre et tu t'en rends pas compte.
Tu crois, toi, que t'es vivant *arrêt, suspension*
Qu' tu dors et que tu t' réveilles comme n'importe quel jour.
Tu viens leur souffler à la gueule, mais rien qui sort de ta bouche et pourtant tu es là, en face d'eux...
T'y crois, toi, aux fantômes ?
Alors, qu'est-ce que t'attends pour éteindre ?
Dis donc, mais tu ronfles !

JIM Je t'écoute, je t'écoute, mais je n'en suis pas loin.

TYCHO Moi, quand je colle ma main contre ma bouche, le souffle, je le sens mon souffle, et mes mains, si je les frotte l'une contre l'autre, ce sont bien mes mains. Et si quelque chose a bougé dedans, même à peine, c'est bien dans ma main à moi.

SEQUENCE 2

LES GARDIENNES DU FOYER

ALICE On n'a pas idée d'un nom pareil pour un garçon. J'ai mal dormi.

SARAH J'ai ouvert la porte. Tu étais plongée dans le plus profond des sommeils. Je les ai entendus arriver et parler très tard.

ALICE Tu crois que c'est son vrai nom ?

JIM Freust du dich? Schläfst du jetzt? Können wir endlich dieses Licht ausschalten?

TYCHO Nur meinetwegen keine Umstände... Nur meinetwegen keine Umstände, Alter... Der im Waschraum...
Tot aufwachen, sagte der ständig vor sich hin.
Tot aufwachen. Wenn du ausschalten willst... Ich halte dich nicht...
Eines Morgens wachst du auf und bist tot. Du bist der einzige, der es nicht weiß. Du machst so weiter, wie an den anderen Tagen, als wäre nichts. Wie gewöhnlich. Du bist wach. Normal. Du stehst auf, du spürst, du weißt nicht warum, daß die Leute dich nicht mehr genauso anschauen. Vielleicht verwest du schon, betrachtest die Radieschen von unten und merkst es nicht.
Du glaubst, daß du lebst. *Stocken, Spannung*
Daß du schläfst und aufwachst wie an jedem anderen Tag. Du bläst ihnen in die Fresse, aber aus deinem Mund kommt nichts, und doch bist du da, stehst vor ihnen...
Glaubst du an Fantome?
Worauf wartest du denn mit dem Ausschalten?
Ja sowas, du ratzt ja!

JIM Ich höre dir zu, ich höre dir zu, aber viel fehlt nicht mehr.

TYCHO Aber wenn ich meine Hand an meinen Mund halte, dann spüre ich meinen Atem, und meine Hände, wenn ich sie aneinanderreibe, dann sind es wirklich meine Hände. Und wenn sich etwas darin bewegt hat, auch nur ganz wenig, dann war es wirklich in meiner Hand.

2. SEQUENZ

DIE WÄCHTERINNEN DES HERDFEUERS

ALICE Wie kommt man denn auf einen solchen Namen für einen Jungen? Ich habe schlecht geschlafen.

SARAH Ich habe die Tür geöffnet, du warst in tiefsten Schlaf

SARAH Qu'est-ce que ça peut te faire ?
ALICE Ça ressemble à un nom de romano.
SARAH Arrête avec tes mains.
ALICE Je me suis réveillée. La voix de Jim ne lui ressemblait pas. Après, à peine rendormie, il me tendait une agate bleue et transparente, je la regardais, l'œil collé au dedans. Et la pluie venait sans que je m'en aperçoive. Je courais derrière lui, le long de la barrière, pour voir son visage, si c'était bien celui-là, je serrais fort l'agate dans ma main, elle était si chaude, un morceau de ma main, et la pluie tombait très fort, il avait disparu dans la direction du petit bois au fond du jardin. Quand j'ouvrais la main, il y avait dedans un caramel poisseux.
SARAH Tu m'ennuies avec tes rêves.
ALICE Et son visage, ce n'était plus tout à fait le sien.
JIM Bonne odeur de café !
Qu'est-ce que vous avez à me regarder comme ça ?
J'aurais peut-être un peu changé !
SARAH Jim. Tu aurais pu prévenir.
JIM Juste de passage. *Se tournant vers Alice* Tu as perdu ta langue ?
ALICE Salut Jim. Ca fait un bout de temps...
JIM Le bout de temps de garder brûlant le café du matin.
Se lèvent de bonne heure les gardiennes du foyer.
ALICE Il dort encore ?
JIM Tycho, il s'appelle Tycho. C'est son nom.

SEQUENCE 3

UN RAT MORT SUR UN BRANCHE

JIM Le café est prêt
TYCHO Je vais les voir cette fois.
Tu veux pas ouvrir?
Comme s'il se rendormait Pas loin d'y replonger.
Tenerve pas, vieux, je disais ça...

verfallen. Ich habe sie ankommen und bis spät in die Nacht reden gehört.

ALICE Glaubst du, daß das sein wirklicher Name ist?

SARAH Das kann dir doch egal sein.

ALICE Es klingt wie ein Zigeunername.

SARAH Spiel nicht ständig mit deinen Händen herum.

ALICE Ich bin aufgewacht. Jims Stimme klang ihm nicht ähnlich. Kaum bin ich wieder eingeschlafen, hielt er mir eine blaue, durchsichtige Murmel hin, ich sah sie an, das Auge ans Innere gedrückt. Und Regen kam, ohne daß ich es bemerkte. Ich lief ihm hinterher, an einem Zaun entlang, um sein Gesicht zu sehen, um zu sehen, ob es wirklich er war, die Murmel hielt ich fest in meiner Hand, sie war so warm, ein Stück von meiner Hand, und es regnete heftig, er war in Richtung Wäldchen am Ende des Gartens verschwunden. Ich machte die Hand auf, darin war ein klebriger Karamelbonbon.

SARAH Du gehst mir auf die Nerven mit deinen Träumen.

ALICE Und sein Gesicht war nicht mehr wirklich seines.

JIM Es riecht gut nach Kaffee.
Was schaut ihr mich denn so an?
Sollte ich mich vielleicht etwas verändert haben?

SARAH Du hättest uns Bescheid sagen können.

JIM Bin nur auf der Durchreise. *Wendet sich Alice zu* Hat es dir die Sprache verschlagen?

ALICE Hallo, Jim. Lange ist es her...

JIM So lange, daß der Morgenkaffee heiß geblieben ist.
Stehen früh auf, die Wächterinnen des Herdfeuers.

ALICE Schläft er noch?

JIM Tycho, er heißt Tycho. Das ist sein Name.

3. Sequenz

Eine tote Ratte auf einem Ast

Jim Kaffee ist fertig.

Tycho Diesmal bekomme ich sie zu Gesicht.
Willst du nicht aufmachen?
Als würde er wieder einschlafen Viel fehlt nicht, und ich schlafe wieder ein. Reg dich nicht auf, Alter. Ich sagte das...
Es ist besser, jung zu sterben, man kann seinen Tod besser auskosten. Ständig hat er das wiederholt, der aus dem Waschraum. Ich schwör dir, es gab einen Moment, da konnte ich an nichts anderes mehr denken.
Als würde sich der Ausdruck seines Sinns entledigen
Es ist besser, jung zu sterben,
man kann seinen Tod besser auskosten.
Für die Wildzwetschken, sagte er das immer.
Für die Wildzwetschken.
Und er wußte, wie man den Kaffe auf Zigeunerart zubereitete.
Er summt Schneid eine Lerche in zwei, kennst du das?
Schneid eine Lerche in zwei.
Er stimmt das Lied mehrmals an »Schneid eine Lerche in zwei, schneid eine Lerche in zwei, was hat sie im Kopf, was hat sie im Kopf?«
Trällert Mach auf und schau nach, schau nach, was drin ist, drin ist wie, wie das ist, da drin.
Er lacht schallend
Eines Nachts, als er mit weit geöffneten Augen schlief, gehe ich auf ihn zu. Rüttle ihn. Sag ihm: »Schläfst du oder tust du nur so?«
»Ich denke nach«, antwortete er mir.
»Worüber?«
»Über die Bewegung dessen, was sich dreht.«
Du hast wirklich geschlafen, aber das hat dich nicht daran gehindert zu reden.

Er kann nicht anders.
Und aus dem Fenster, glaubte, es würde reichen, aus dem Fenster zu schauen, und allein vom Anschauen könne er festhalten, was hinter dem Fenster war.

JIM Und die Geschichte von dem, der zu den Bäumen ging, es waren Maulbeerbäume, glaube ich, und er fing an, sie so fest er konnte zu schlagen, mit den Händen, mit dem Kopf, und dabei schrie er aus Leibeskräften. Er hielt völlig ausgelaugt inne, wußte aber nicht, ob es die Bäume oder meine Hände waren, die nichts mehr fühlten.

TYCHO Die Art von Unsinn schaut dir ziemlich ähnlich.

JIM Die Tage vergehen wie im Flug. Die Nacht bricht an, man hat nicht bemerkt, daß man den ganzen Tag lang seine alten Knochen herumgeschleppt hat, die Mahlzeiten wie es sich gehört, und die Nacht bricht an. Ein Glimmstengel nach dem anderen. Tycho, wir sollten nicht hier bleiben, und der Ort, wo wir gerne hingehen würden, glaubst du, daß es den irgendwo gibt?
Im Self-Service kann man sich immer die Hände mit einem dampfenden Kaffee in einem Becher aus Karton wärmen. Manche zeichnen, machen Blumen aus Plastik, andere gehen auf und ab. Das lähmt mich. Die Transistorradios spucken ihre idiotische Musik aus. Derjenige, der von vorne nach hinten schaukelt, umarmt sich selbst. Stößt einen Schrei aus, wobei er den Kopf zum Himmel hebt. Einen Schrei für nichts und niemanden. Einen Schrei, ganz allein. Im Schein einer elektrischen Lampe liest man unter der Decke versteckt Zeitschriften, man hat die Erinnerung an die Dinge verloren, übrig bleibt die an den Augenblick, der gerade vergeht, und man schaut durchs Fenster auf den Park, wo die Männer im Arbeitsgewand durch die Alleen gehen.
Ich habe keine Lust mehr, mit ihnen zu reden.
Eine tote Ratte auf einem Ast exorziert den Tau, ein Rätsel, Tycho, eine tote Ratte auf einem Ast exorziert den Tau.

TYCHO Mußt du mir denn gleich in der Früh die Laune verderben? Man sagt ihm, er soll Holz bringen, kommt mit

einem ganzen Wald zurück. Es riecht nach Kaffee, nach gutem Kaffee, ich glaub, ich stehe auf.
Wie ging der Witz, den der aus dem Waschraum erzählte? Klein Ernas Oma ist gestorben. Auf dem Weg zur Beerdigung liegt entsetzlich viel Glatteis. Sie tragen die Urne...

JIM Und rutschen immer wieder aus.

TYCHO Ja, wie geht er noch?

JIM Beim dritten Mal Ausrutschen sagt Klein Erna:
Schluß mit der Pietät, jetzt wird gestreut.
Findest du das komisch?

TYCHO Ich konnte mich nicht mehr ans Ende erinnern.

4.SEQUENZ

LIEBESGESCHICHTEN

TYCHO Köstlich, der Kaffee.
Fahrt ihr in die Stadt? Ich bräuchte Dinge aus der Stadt, ich meine, wenn man das eine Stadt nennen kann, ich habe nämlich den Eindruck, daß man schon früher aufstehen muß, wenn man es drauf anlegt, hier eine Stadt zu finden...

Sarah geht ab, ohne zu antworten.

ALICE Vielleicht heute Nachmittag. Am Vormittag arbeitet sie.

TYCHO Arbeitet sie hier?

ALICE Sie schreibt.

TYCHO Sie schreibt?

ALICE Sie schreibt.

TYCHO Und im Leben?

ALICE Schreibt sie.

TYCHO *Als spräche er ein Fremdwort aus*
Ah, sie schreibt...

ALICE Bücher... Das ist ihr Broterwerb.

TYCHO Was?

ALICE Um Geld zu verdienen.
TYCHO Sie schreibt also Bücher?
ALICE *hält ihm die Kaffeekanne hin*
Wollen Sie noch? Liebesromane.
TYCHO Ach, Liebes...
ALICE Liebesgeschichten, wenn Ihnen das lieber ist.
TYCHO Bücher. Und Sie, was machen Sie den ganzen Tag hier?
ALICE *Sie hält ihm den Kaffee hin* Noch ein bißchen?
TYCHO Ja. Auch besichtigen. Wollen Sie mich nicht ein bißchen herumführen?
Ist riesig groß hier. Aber wem sag ich das. Schönes Wetter, könnte man meinen. Ein Mädchen, vor allem ein hübsches, sollte sich nicht einsperren. Das Wetter lädt zu einem romantischen Spaziergang ein. Was halten Sie davon?
ALICE Ich ziehe mich zurück.
TYCHO Ist sofort beleidigt. Dann halt ein andermal. Eine verlorene Gelegenheit, sowas läßt sich wiederfinden.
ALICE War es dort wie am Land? Der Park...
TYCHO Wer hat Ihnen vom Park erzählt?
ALICE Jim in seinen Briefen.
TYCHO Das waren also seine Briefe. Der Herr sperrte sich ein, um sie zu schreiben. Er macht sich gerne wichtig, Ihr Jim. Ich verstehe, dem Bruder darf man kein Haar krümmen! Sprach er in seinen Briefen von mir?
ALICE Es waren nie sehr lange Briefe.
TYCHO Schlaubauch. Die Sister sollte man sich näher ansehen.

5.SEQUENZ

KAPITÄN HOOK

ALICE Im Garten. Er ist draußen. Sieht sich um.

JIM Was machst du denn für ein Gesicht? Ihr mögt ihn nicht. Das sieht man schon von weitem. Kein Wort will ich über ihn hören. Kein einziges.

ALICE Ich hab nichts gesagt, Jim.

JIM Natürlich. Ich kenne euch doch.

ALICE War er es in den Briefen?

JIM Vergiß das. Wo ist Sarah? Schreibt sie?

ALICE Warum bist du gekommen? Um alles kaputt zu machen?

JIM Mach dir keine Sorgen. Ich werde hier nicht alt.

ALICE Nicht jeder kann Gedichte schreiben.

JIM Ich sollte auch lieber in den Garten gehen.

ALICE Kannst du denn nicht fünf Minuten ohne ihn auskommen? Geh ihm schnell nach, er fehlt dir so.

JIM Du versuchst es nicht einmal mehr.

ALICE Sprich nicht davon.

JIM Eines Tages mußt du dich doch dazu entscheiden, von hier fortzugehen...

ALICE Ich ziehe vor, was wir uns schriftlich sagen. Ich will nicht, daß wir darüber reden.

JIM Wir müssen nicht reden.

ALICE Hast du ihm schon welche vorgelesen?

JIM Das kann dir doch egal sein.

ALICE Nie werden wir etwas so machen können wie die anderen.

JIM Das habe ich schon seit langem aufgegeben! Das verhunzt zu viele Dinge, die sich sagen wollen, sobald man den Mund aufmacht.

ALICE Ich glaub dir nicht mehr.

Seine Hände, hast du dir seine Hände näher angesehen? Und seine Augen, ich spüre sie hinter mir, in meinem

Nacken. Vorhin, da habe ich mich nicht umgedreht, aber ich wußte, daß er da war.

JIM Hat sie dir all diese Gedanken in den Kopf gesetzt?

ALICE Man könnte meinen, er würde alle möglichen Dinge mit sich herumschleppen, die er in einem Bündel zusammengeschnürt hat. Und vor allem seine Hände...

JIM Sei nicht kindisch...

ALICE Er hat ein Messer. Ich hab's gesehen. Ist es vielleicht nicht wahr?

JIM Ein schweizer Taschenmesser, na und?

ALICE Er hat sich mit einer gekrümmten Klinge am Handgelenk gekratzt. Er hat mich nicht gesehen. Er saß da und starrte vor sich hin, ohne etwas Genaues anzusehen. Und er rieb sich das Handgelenk.
Als würde ihm eine Hand fehlen, und als wäre das Messer die Hand. Eine Art Haken.

JIM Ich glaub wirklich, daß wir hier keine Wurzeln schlagen werden. Mit euch beiden zusammen, da ging es uns schnell an den Kragen. Und ohne Messer. Eine Ratte tut man in eine Schachtel, man sperrt sie sanft ein, ohne handgreiflich zu werden, das riecht nach Falle, und sie weiß genau, daß sie in der Falle sitzt, und zwar ganz schön. Aber was soll er denn sonst tun, als im Kreis gehen an diesem verdammten Ort, an den man ihn gepflanzt hat, und nach einiger Zeit gegen die Wand schlagen? Den Kopf gegen die Wand schlagen.

ALICE Kannst du immer noch nicht lächeln?
»Licht von schmutzigem, geschmolzenem Schnee
kleine Haufen, verlassene Schneewehen
Ein Fluß in einer Stadt tritt aus den Ufern,
ein Mädchen jongliert in einem Park
unter einem Baum, den Erdball läßt sie stehen
Jeder Moment der Anmut tut weh,
muß man wirklich bezahlen dafür, weh dem!
Bäume, die glauben, der Winter sei fern,
recken sich mager und nicht mehr stark,
wie Schatten ihrer selbst sie vergehen

Die Brücke fern am Horizont verfließt,
Der Fluß dem Unendlichen entgegenfließt.
Da steh ich fast reglos, toll,
und nehme endlich wahr, was sein soll.

Daß sie das Gedicht aufsagt, ist Jim unerträglich, als wären diese Worte zuviel...

Jim, ich mochte deine Gedichte...

Tycho tritt ein.

JIM Noch etwas Kaffee, Kapitän Hook?
TYCHO Schenk nur ein. Was ist das für ein Lärm?
JIM Eine Maschine zum weiße Seiten füllen, um unaufhörlich immer wieder die alten, abgedroschenen Geschichten aufzunehmen...
TYCHO Fang nicht wieder mit deinen großen Worten an, und das am frühen Morgen. *Pause.* Viel Gestrüpp, aber ein Blick in den Garten zahlt sich aus. *Pause.* Den Wortschwall dreht man an, man dreht ihn an, man kann ihn nicht mehr stoppen.

Tycho hat sich entfernt. Alice auch. Jim redet alleine.

JIM Man ruft die Kinder, sie antworten, wenn man sie ruft. Sie heben ein Lid, blicken nach oben, die Nacht bringt sie dem Nichts näher, sie stellen sich den Tod vor, wissen nicht so genau Bescheid, versuchen sich vorzustellen, wie das wohl sein mag, sie fahren mit dem Fahrrad durch die Wälder, und es ist November, sie stapfen mit klopfendem Herz durch das Unterholz, warten, daß die Dunkelheit plötzlich einbricht, sie tun sich zu zweit oder zu dritt zusammen, um diejenige zurückzuhalten, die Angst hat, schließlich lacht sie, und sie legen sie auf die Erde, die nach Pipi riecht, immer noch im Herbst, die verfaulten Blätter, und sie beugen sich über sie, um zu sehen, wie das ist, verfolgen es mit den Augen, danach geben sie ihr eine Orange, die sie schält, und die Schalen wirft sie in die umliegenden Büsche, währenddessen betrachten sie sie, die Gesichter aneinandergedrückt, schauen mit tiefem Blick, sehen nichts, aber der Moment existiert nicht mehr, dieser Moment, in dem sie ihre Köpfe aneinanderdrücken, und es ist Nacht, danach hat sich alles verloren, die aneinandergedrückten Köpfe.

6. SEQUENZ

AUF NACH THULE

ALICE Du arbeitest nicht?
SARAH Nicht wirklich. Ich kann mich nicht dazu aufraffen.
ALICE Ist es diese Geschichte?
SARAH Nicht schlimmer als die anderen. Warum gehen die denn hier im Kreis, warum gehen sie auf und ab und wissen nicht, was tun? Sie könnten etwas unternehmen...
ALICE Wäre dir lieber, sie wären im Halbschlaf?
SARAH Auch du langweilst mich.
Wenn man sie dir dann auch noch erzählen muß... Praktisch dieselbe wie die anderen...
Wird er denn nie etwas anderes tun, als immer wieder mit seinem Nörgeln anzufangen, seinen Klagen, seinem Haß, all seinen Worten, die er aufgestaut hat?
ALICE Jim, empfindsam, Jim liest ein Gedicht, Jim, Angst in der Nacht, Jim führt Selbstgespräche, Jim malt mit seinen Händen Striche in die Luft, Jim raunzt und rotzt, Jim will nicht, daß das Gesagte gilt, Jim verbeißt es sich, auf Wiedersehen zu sagen, er schaut einem abfahrenden Zug so lange wie möglich nach, winkt ihm aber nicht nach, Jim steht auf und schreit in der Dunkelheit, Jim verweilt lange schweigend, verschwindet, kommt zurück, sagt unzusammenhängende Worte, Jim zieht sich zurück, wenn man ihn in den Arm nehmen möchte, Jim lächelt grundlos, Jim legt

seinen Kopf auf die Zugschienen, um den Zug kommen zu hören, und er weiß, was am Ende der Welt ist, Jim spricht für die Seele des am Gürtel erhängten Hundes Gebete, Jim hat ein zärtliches Lachen, und nimmt dich in den Arm, er kommt näher, und tut nicht so, als würde er schlafen, ich sehe alles, ich sehe jetzt auch in der Dunkelheit, Jim geht durch die Pampa, und die Sonne ist größer, eine riesige Kugel, und in der Nacht der Mond, man sieht wie am hellichten Tag, Jim brabbelt, Jim liest eine Geschichte, die nie zu Ende geht. Alles steht still. Nimm es ihm nicht übel...

SARAH Empfindsam... Armer Schatz, Herzensprofitierer. Empfindsam, was seine Wehwehchen in der Seele und seinen Egoismus betrifft. Um die Ohren schlagen könnte ich dir seine Empfindsamkeit...

ALICE Donnerschlag.

SARAH Bei einem Ja oder Nein zählen nur die Donnerschläge. Macht nichts, wenn es der Handlung einen Schlag versetzt, und den Gefühlen. Große Schläge auf eine umgekehrte Schüssel. Die Geschichte ist sehr kompliziert, aber um die Geschichte geht es nicht...

ALICE Musik auf einem Plattenspieler. Es gibt nur zwei Platten. Ach, nein, noch eine. »Das Land des Lächelns«, wenn es nicht der Donner ist, dann die Musik, schwierig, da eure Dialoge unterzubringen, dabei hat er uns doch nahegelegt, uns an den Text zu erinnern, ihn auswendig zu lernen. Du hast alles vergessen...

SARAH Wie dem auch sei, einstimmiger Beifall. Ihre Vorstellung war wunderschön, Jim, Sie können das Mehl von Ihren Wangen wischen, und den Schatten unter Ihren Augen. Die Vorstellung ist vorbei. Haben Sie die Geschichte geschrieben? Ihre Schwestern sind reizend, aber übertreiben Sie nicht mit den Donnerschlägen und den Gewittern, und warum haben Sie Ihr Stück »Auf nach Thulé« genannt? Ein schöner Titel, zugegeben, aber warum Thulé?

ALICE Der Name ist fast so eigenartig wie Tycho.

SARAH Ich muß arbeiten. Vorhang runter, seine Vorstellung ist vorbei. Er soll nur nicht glauben, daß er zurückkommen könne, um sich hier aufzuspielen, als wäre nichts geschehen. Und ich verbiete dir, es ihm zu sagen.

ALICE Was?

SARAH Das mit den Büchern.

ALICE Aber das weiß er doch schon...

SARAH Schweinerei!

7. SEQUENZ

GESCHWISTER

SARAH Du kannst es gar nicht erwarten. Er ist noch im Garten. Ich will nicht, daß er überall herumschnüffelt. Entschuldige. Aber du kommst hier an, ohne dich anzukündigen, du bist da, du sagst kein Wort. Ich weiß nicht...

Ich weiß nicht, was du willst, ich weiß nicht, was du erwartest.

Schließen wir fünf Minuten lang Frieden? Bist du böse? Bist du beleidigt oder wie?

Dann ist es also ernst?

Setz dich wenigstens.

Schau mich an, schau mir in die Augen. Wenigstens einen Augenblick. Unter vier Augen, weißt du, unter vier Augen... *Sie lacht.* Aug' in Aug'.

Was habe ich dir getan?

Antworte mir. *Viel lauter* Hörst du mich?

Leise Wenigstens ein kleines Zeichen, damit ich nicht den Eindruck habe, alleine zu reden. Immer dem Blick auszuweichen!

Du könntest etwas anderes finden, etwas Neues.

Hörst du mich denn ? *Sie schreit* Hörst du mich?

JIM Ja, ja, ich höre dich. Brauchst nicht so zu schreien. Ich will nichts von niemandem, ich will nur, daß man mich in Frieden läßt!

SARAH So ist es besser. Wenigstens machst du den Mund auf. Siehst du, du kannst, wenn du nur willst.

JIM Ich möchte einfach ein wenig hier bleiben können, ohne mit einem Schwall von Fragen überflutet zu werden. Ist das möglich?
Vergiß mich ein wenig, ich bitte dich.

SARAH Jim.

JIM Was denn?

SARAH Ich würde gerne mit dir reden. Daß wir miteinander reden.

JIM Das tun wir doch.

SARAH Das nennst du reden?

JIM Auf gewisse Weise ja, objektiv gesehen, kann man davon ausgehen, daß wir zur Zeit dabei sind zu reden.

SARAH Sofort verschließt du dich, wirst störrisch.
Gibt es jemanden, dem du etwas zu sagen hast oder mit dem du dir einfach wünschst zu reden?
Mit dem Typen vielleicht.
Oder mit den Wänden, wenn du ganz alleine vor dich hin redest und immer dasselbe wiederholst, Gott weiß was und wem etwas zumurmelst. Glaubst du denn, ich würde nichts sehen, nichts hören?

JIM Hast du nichts Interessanteres zu tun?
Kümmere dich lieber um deine so schwer von Gefühlen Durchdrungenen...

SARAH Ich dachte mir schon, daß du auf meine Arbeit anspielen würdest.

JIM Provoziere mich nicht. Dann wirst du dich auch nicht beklagen müssen.

SARAH Kannst du den anderen nicht mehr ansehen, wenn du mit ihm sprichst? Hat man dir beigebracht, die Augen zu senken oder nur an den Rand zu schauen?

JIM Zur Seite. Das ist es, nur zur Seite.
Von Gegenüber kommen nur die Katastrophen, die Wortschwalle, die Blicke, die dich zurückweisen.
Gegenüber sind Gesichter, die auf einem ruhen und in einen eindringen, Blicke, nicht einmal Augen, die auf einem ruhen, sich auf einem niederlassen, einen anstarren wie Steine, und Weh dem, der sie an sich heranläßt, der glaubt,

sein Blick könne einem anderen standhalten, dann gibt es nichts mehr, das sie trennt, und da hat ihn bereits, auch ihn, ihre gräßliche Gleichgültigkeit und Zufriedenheit gepackt.

SARAH Genau, so erkenne ich dich wieder.

JIM Sarah, ich habe keine Lust zu reden.

SARAH Jim, ich weiß... Ich wartete seit langem auf diesen Moment... Und dann... Unbekannte, du kannst nicht so tun als ob...

JIM Leer, völlig leer. Niemandem nichts sagen. Ich habe keine Lust, mich zu erklären.

SARAH Ich lasse dich in Ruhe, ja. Ich bestehe nicht weiter darauf, ich lasse dich in Ruhe.

JIM Das über die Romane wollte ich nicht sagen. *Er geht auf sie zu.*

SARAH Laß doch! Ich könnte noch viel Schlimmeres sagen...

Zeit vergeht, er ist einen Schritt auf sie zugegangen, plötzlich ist sie neben ihm.

SARAH Die Musik und auch die Lichter, du siehst zu, wie sie sich drehen. Du tastest nach meiner Hand, weil du Angst hast, du hast immer Angst.

JIM Angst... Unsere Hände berühren sich nicht, streifen sich nicht, fügen sich nicht eine in die andere. Meine zwängst du in einen Schraubstock. Ich habe Angst vor dir!

SARAH Schwachkopf!

JIM Aber glaub ja nicht, ich hätte Angst! Na da... Ein Zelt im Garten, da schläft man am hellichten Tag.
Die Schakale sollen sich gut benehmen, und die Ratten tummeln sich in den Büschen. Ich stehe auf, zücke ein durchsichtiges Messer. Ich habe keine Angst vor nichts... Soll sie mich doch mit ihren Geschichten in Frieden lassen. Sie fällt von der Leiter, sie hätte nicht hinaufklettern sollen, es hat eine Sprosse gefehlt, sie verfängt sich mit den Füßen in den Speichen des Solex, sie hätte nicht dumm in die Luft schauen sollen. Sie sagt, sie würde einen Kirsch-

baum kennen, der im Gestrüpp versteckt ist, und darunter ist ein unterirdischer Raum, wir könnten alle hineingehen und unten leben, eine echte Stadt.

SARAH Aber als sie auf die Schiefersteine gefallen ist, gehst du langsam auf sie zu. Sie würde einen Stein nach dir werfen, wenn du ihr zu nahe kämst. Einen Stein gegen das Knie.

JIM *als wäre er allein* Man nennt es Spiegel, und wenn man sich ganz nahe dranlehnt, dann steigt Kälte auf und er beschlägt sich.

8. SEQUENZ

HUNDE IM KEGELSPIEL

TYCHO Da wuseln sie immer noch.
Siehst du sie, hast du sie denn gesehen?
Macht Gesten. Man könnte meinen, sie würde Selbstgespräche führen.
Und die andere dahinter.
Was treiben die denn den ganzen heiligen Tag?

JIM Wenn du kurz die Schnauze halten könntest, das wäre nicht schlecht.

TYCHO Ja, ja, und mit geballten Fäusten schlafen. Keinen Mucks mehr machen.
So kriegt man mich nicht, mit gebundenen Füßen und Händen. Ich lasse mich nicht drankriegen.
Der, der es schafft, mich an einen Ort zu sperren, der ist noch nicht geboren.
Gleich sterben, dann lieber gleich sterben.
Kein Ort zwischen vier Wänden, und auch nicht anderswo.
Die saugen einen aus, lassen einen stehen ohne etwas, nicht einmal die Augen zum Weinen.
Alles, was einem gehört, reißen sie einem vom Leib. Und dann lassen sie einen wahrhaftig krepieren, ganz langsam,

mit ihren Worten, die ihnen so eigen sind und die sie einem an den Kopf werfen.
Wenn mir einer an den Pelz rückt, möchte ich sicher sein, daß ich präsent bin, und kein Idiot im Halbschlaf.
Ich spucke ihnen alles ins Gesicht zurück, was sie mir in den Rachen stopfen wollen.
He, hörst du das? He, du, hast du das gehört?
Schritte, Schlüsselgeklimper.
Kein Ort. Sofort krepieren, dann lieber sofort krepieren.
Sollen sie doch kommen, sollen sie sich doch näher trauen.
Na, komm schon, versuch's nur, na komm her...
Einer, der wartet, und der nicht schläft, und niemand kann ihn zwingen, rücklings auf die Matte zu fallen, und dann auch noch danke und amen zu sagen.
He, hörst du das, hast du das gehört? Niemand... versuch's nur, na, komm schon, na komm...
Er lacht.
Rattenloch, eine Falle für Ratten, Ratten, die sich die Haxen abnagen, um schneller zu davonzurennen. Und zwei Mäuse, die im Kreis laufen.
Er versucht, Jim zum Fenster zu ziehen.
Ist also nichts da, nichts hinter diesem Fenster?
Kein Park mehr, nichts?
»Schneid in zwei eine Lerche, schneid in zwei eine Lerche«
Weiße Handgelenke, ganz klein, ganz zerbrechlich, und die Hände, und die Arme, die Schultern und der Rest. Man kann sie erahnen.
Schau, schau doch.

JIM *wehrt sich*
Scheiße, laß mich jetzt endlich in Frieden!

TYCHO Etwas oder nichts?
Deine Art, die Welt um den Finger zu wickeln und sie nicht anzurühren.
Was vor mir ist, das lass ich nicht entkommen.

JIM So sehr, daß es dir zwischen den Händen bleibt!

TYCHO *singend* »Schneid in zwei eine Lerche.

Eine kleine ganz alleine, ganz alleine...
Was hinter dem Fenster ist, existiert es oder nicht?
Ich schaue. Da ist nichts dabei, eigentlich. Ich schaue.
Siehst du etwas? Siehst du, was ich sehe, oder siehst du etwas anderes?
Lerche... Lerche... Kleine alleine... Kleine alleine...
Er lacht. Muß ich es dir erklären?
Wenn es da vor mir ist, dann lass ich es nicht entkommen, das ist sicher. Sie spürt mich nicht kommen, hat keine Zeit sich umzudrehen, keine Zeit, die Gefahr kommen zu sehen, und da, im Handumdrehen.
Er mimt vage. Das Tier weiß, wie man das macht...

JIM Ich ertrag deine Dummheit nicht mehr. Abgrundtief dumm.

TYCHO *lacht hämisch* Ah, der große Bruder erwacht.

JIM Halt doch endlich den Mund!
Tycho, wir können nicht hier bleiben. Wir müssen weg von hier, müssen Leine ziehen, und zwar schnell.

TYCHO Ich fühl mich nicht übel. Ich werde verwöhnt. Ich fühl mich hier wohl.
Glaubst du, sie haben es schon gemacht?
Antworte, um Himmels Willen, glaubst du, sie haben es schon gemacht?
Nahkampf, Aufhupfer, Tiere bei der Paarung.
Willst du noch andere?
»Schneid in zwei eine Lerche.«
Die Kleine ganz alleine. Seh sie nur zu gut mit ihren ganz weißen Schultern. Eine Berührung an der richtigen Stelle, der entscheidenden, man kann sie nicht mehr halten, man kann sie nicht mehr im Zaum halten. Sie will mehr. Was ich in der Hand halte, das halte ich wirklich. Sie will mehr, Alter, wirklich, sie will mehr. Lerche, Lerche.
Was ich halte, entkommt mir nicht. Wenn ich mich zurückhalte, dann entwischt es mir nicht. Da winselt sie so richtig, da weiß sie gar nicht mehr, wie ihr geschieht, kann es gar nicht glauben. Ruft nach ihrer Mutter. Frißt mir aus der Hand.

Hin- und herschaukelnd
Da ist etwas. Ist da nichts hinter diesem Fenster?
Du willst mir eine in die Fresse hauen? Komm... na, komm schon...
Er lacht: Klein Erna, wart mal, wie geht das noch... Klein Erna war bei Oma auf Besuch. Oma ist erkältet...
Er geht nicht sofort hin, er rennt hin.
Er singt Eine tote Ratte auf einem Ast, warte, eine tote Ratte auf einem Ast...
Er geht nicht, er galopiert.
Ein Rätsel, Jim... Schneid eine Lerche in zwei.
Kein Park mehr, nichts. Siehst du ein Fenster?
In deinem Kopf, in deinem Kopf. Was hat sie im Kopf?
Der ist noch nicht geboren, der ist noch nicht geboren.
Im Kopf, im Kopf, was hat sie denn im Kopf?
Etwas? Nichts? Etwas? Nichts?
Mach die Augen auf, mach die Augen zu. Wenn es hier vor mir steht, dann ist es nicht anderswo.

JIM Ja, genau... Mach nur so weiter, führ du nur deine Selbstgespräche. Ich dreh eine Runde.

TYCHO *hält ihn zurück* Obwohl sie, wenn du gewollt hättest! Hätte sie es dir umsonst gemacht. Schon wenn sie dich ansah, juckte es sie. Tänzelte um dich herum, um dich zu beeindrucken. Sie war gut. Sie hat alles gemacht. Die kannte die richtigen Stellen. Der Wagon mitten in der Einöde. Ein Swinging zu fünft oder sechst, der erste, der drüber darf, wir losen aus. Heb nur deinen Rock, nichts drunter, fummel, tu Spucke hinein. Ich beklettere sie, es geht im Nu los, haut mir ihre Nägel in den Rücken und schreit aus Leibeskräften, während ich ihn ihr hineinschiebe.
Halt sie mit den Händen fest, so, schau, und da spürt sie mich ganz tief, die Hurenfresse. Ich stoße mit aller Kraft, und die anderen polieren ihn sich unterdessen ein bißchen. Sie ist kaum zu halten, ah, das ist ein Fest, steck das ein, Hure, nimm das, das ist nur der Anfang...
Willst wohl noch mehr, was...
Ich hör dich gerne schreien.

Aber du, du willst vom Wagon nichts wissen!
Summt
»Schneid in zwei eine Lerche...«
Pause.
Alter, du sagst nichts mehr.
Nein, warte, eine tote Ratte, wie geht das? Eine tote Ratte auf einem Ast...
Sollen wir dieses Fenster aufmachen... Wenn wir es aufmachen, was dahinter ist, glaubst du, was dahinter ist?
Schneid in zwei eine Lerche/Was hat sie im Kopf?...
Der Stöpsel will geigen, und Zebedäus will orgeln.
Ich bin während einer Sonnenfinsternis geboren. Da hat man ständig Lust. *Er lacht.*
Aber ich kann die Huren, die das wollen, von den anderen unterscheiden.
Er sing: Lerche, Lerche...
Kein Grund, so ein Gesicht zu machen. Wir werden nicht ewig darüber reden.

9. Sequenz

Die Ecke

JIM Man müßte sich in eine Ecke hocken, und sich diesmal wirklich nicht mehr rühren. Es gibt nichts besseres, um sich nicht mehr umzudrehen, um nichts mehr zu erwarten, das von der schlechten Seite kommen könnte oder von der Seite schlechthin. Man würde sich nicht mehr vom Fleck rühren, sobald man dieses Ecke gefunden hat. Man hält sogar den Atem an, damit niemand merkt, daß da jemand in der Ecke sitzt, gut versteckt, der weder Treiben braucht noch zwanghaften Streß, und auch sonst nichts, da er tatsächlich seine Ecke gefunden hat und auch verdient, und der Arsch, der einen verjagt, der muß erst gefunden werden, darauf kannst du Gift nehmen, und man drängt sich gegen die Wand, bis man die kühle Mauer spürt, die Kälte im Rücken, und egal, ob man das Maul noch aufreißt, es sollte einem auch niemand zu nahe kommen, oder überhaupt kommen, wenn man erst mal gut eingerichtet ist in diesem kleinen Eck der Erde, das einen anderen Fleck Erde trifft, und entweder man hat Glück, aufgrund eines Wunders hier zu sein, das Glück, endlich in Frieden gelassen zu werden, keine Hände mehr, die sich auf einem niederlassen mit all ihrer Fürsorge und die einem hoffnungslos Gutes wollen, Streicheleien und all das Beben, es fehlte gerade noch, daß jemand versucht, einen von dort zu verjagen, um sich dort selbst einzunisten, oder schlimmer noch, um das Eck zu teilen, das nur für eine Person geschaffen ist und nicht für zwei, das geht nicht, das fehlte gerade noch, da können die Wände gleich ein für alle Mal zusammenbrechen, und der Schotter einen völlig verschütten.

10. Sequenz

Der Damm

SARAH Sich an seinen Arbeitstisch klammern. Der Himmel ist blau, fast weiß. Ein schöner Nachmittag. Die Luft ist stickig. In Kürze bricht die Dunkelheit ein. Ich verschmelze mit diesen gekünstelten Sätzen. Diese Stimme in uns, die Seele, ja, man würde sagen, sie schüttete ihre Seele aus, diese Stimme, die in mir war, nein aus, mit der ist es vorbei, ich bin müde, das sieht dem Schicksal ähnlich, große Schwester mit guten Absichten, all die trösten, die weinen. Diese Stimme in mir, damit ist es vorbei, ich höre nichts mehr, ein Tag folgt auf den anderen, nichts mehr erwarten, ein bißchen spazieren, hinausgehen, um mich zu begleiten, niemand anderen außer mich selbst. Wie stellen sie es nur an, daß ihnen so viele Dinge durch den Kopf gehen, soviele Worte, wenn sie sie übertragen müßten, würden sie soweit gehen, sie nachzuempfinden, würden sie sich so viel

Gefühl hingeben? Große Leidenschaften, eine einzige große Leidenschaft, bevor ich völlig austrockne, etwas so stark empfinden, daß...

Ich mußte auf dieser großen Wiese vorwärts schreiten, ich ging bis zu einem begrasten Damm und versank, und unter meinen Schritten jetzt rissiger Lehmboden, und ich habe dieses kleine lebendige Ding in einem Graben gefunden, es bewegte sich warm und sanft in meinen Armen, niemand würde es mir nehmen, niemand würde es mir aus der Hand reißen, und diese Wärme war auch in mir...

Ich mag Träume wirklich nicht.

11. Sequenz

Wie eine schlaue Puppe

ALICE Sie sind da?

TYCHO Ich schaue.

ALICE Machen Sie denn kein Licht?

TYCHO Ich schaue aus dem Fenster.

ALICE Na und? Licht hindert einen nicht am Hinausschauen.

TYCHO Was ist das für ein Lärm seit heute Früh?

ALICE Der kommt aus dem Wald. Man schlägt Keile mit Hammerschlägen ins Holz.

TYCHO Man sieht nicht auf dieselbe Art hinaus, wenn man Licht macht. Die Glyzinie wird irgendwann die Mauer zerstören. Ich rede gerne, wenn noch kein Licht brennt.

ALICE Sind Sie nicht mit den anderen hinausgegangen?

TYCHO Was geht dich das an?

ALICE Glauben Sie denn, ich würde Ihre Augen nicht bemerken, die mich anstarren?

TYCHO Die Männer, hat Sie denn noch nie ein Mann angesehen?

ALICE Warum duzen Sie mich?

TYCHO Gehen Sie lieber Luft schnappen, das würde Ihnen gut tun.

ALICE Ich schalte das Licht an.

TYCHO Dir steht die Angst in den Augen.
Er summt: »Schneid in zwei eine Lerche,
Rätsel, schneid in zwei eine Lerche
Im Kopf, im Kopf
Was hat sie im Kopf?
Was hat sie im Bauch?
Und der Kopf? Und der Kopf
Schau meine Hände an. Siehst du meine Hände?
Schau meine Hände an, schau sie nur gut an...«
Ich will Nacht, tiefste, schwarze Nacht, du kannst dir das nicht vorstellen, und da ist einer, der schläft nicht, du kannst dir nicht vorstellen, was ich mit diesen Händen aus dir machen würde.

ALICE Rühren Sie sich nicht. Kommen Sie mir nicht näher. Sie machen mir nicht Angst.

TYCHO Rufe, schrei und brüll, so viel du willst. Es ist niemand anderer im Haus. Ruf, schrei, brüll, und so plärr doch, damit ich deine Stimme höre, ich werde dich mit meinen Händen zum Schweigen bringen. Hast du Angst?
Singt »Hab keine Angst, Süße, schneid in zwei eine Lerche.«
Rufe, schrei, worauf wartest du denn? Halte dich schön fest mit diesen Händen, die du da siehst... Wie ein Tier, das Angst hat und das wartet, daß man auf es zugeht. Wirst mir aus der Hand fressen... In den Arm werd ich dich nehmen. Kleine schlaue Puppe. Nichts anderes wird mehr zählen für dich, hörst du, nichts mehr. Ein Tier in Panik, das sieht einen an, sieht einen an genau in dem Moment, wo es spürt, daß es ihm an den Kragen geht, daß es diesmal endgültig ist. Es steht da, hält den Atem an, man hört es im Dunkeln leise schnaufen, und die Augen, die von dannen gehen...
Singt »Schneid in zwei eine Lerche...«

Nicht einmal atmen wirst du können, so sehr wird es dich gelüsten...

Deine Lippen werden plötzlich heiß sein, *singt* »und die Lippen, und die Lippen...

Wird sich nicht mehr anstellen, nicht mehr das eingebildete Frauenzimmer spielen.

Schau sie nur gut an, meine Hände...

»Schneid in zwei die Lerche...«

Na gut, da du dein Licht brauchst. *Er lacht schallend los.*

ALICE Rühren Sie sich nicht vom Fleck. Machen Sie keinen Schritt, bleiben Sie, wo Sie sind, genau dort, wo Sie sind.

TYCHO Ganz alleine...

Was treiben die beiden anderen?

ALICE Sie füttern die Hasen.

TYCHO Die Hasen, das fehlte gerade noch. Die Hasen...

Er schaltet das Licht an.

Sie ist ja tränenüberströmt.

Blau steht dir gut.

Sie flüchtet. Tycho bleibt einen Augenblick lang allein. Sarah und Jim treten ein.

TYCHO Sie ist abgehauen, ohne ein Wort.

JIM Was hast du ihr gesagt?

TYCHO Sie macht sich eigenartige Vorstellungen.

SARAH Der soll Leine ziehen, und umso schneller, desto besser.

JIM Ich habe verstanden. Ich gehe. Wir sind schon weg. Komm, Tycho.

SARAH Ich habe dich nicht gebeten fortzugehen.

TYCHO Vielleicht nicht unbedingt heute Abend.

JIM Das wird ja immer schöner mit dir, findest du nicht?

12. Sequenz

Die Wolfsstunde

Jim Wolkenverhängter Himmel. Es wird regnen.

Tycho Ein Ort, ein einziger, an dem man einen in Frieden läßt?
Stundenlang stellt er Fragen.
Glaubst du vielleicht, ich würde dir antworten?
An ihrem Schreibtisch. Verschränkt die Arme vor ihrem Bauch, schüttelt den Kopf, schaut über ihre Brille hinweg, ein Gespräch, ein kleines Gespräch zwischen uns beiden, damit ich das alles erzähle, ganz von Anfang an. Ballt die Fäuste, nichts passiert, nichts kommt hervor, bringt kein Wort heraus.
Sogar die Raben könnte sie zum Reden bringen, die Zunge in der Mitte gespalten.
Summt »Schneid in zwei eine Lerche...«
Pfeift.
Glaubst du denn, man könne mir einfach so die Worte aus dem Mund oder die Würmer aus der Nase ziehen?
Glaubst du denn, ich würde mich krepieren lassen wie ein Hund, der seinen Hals hinhält, damit man ihm sein Blut ausläßt?

Jim Tycho, niemals dürfen wir je wieder dort sein, wo sie sind.

Tycho Wir müssen abhauen. Sofort oder jetzt? *Er lacht.*
Dürfen nicht hier herumhängen, ich weiß.
Und diesmal nicht umsonst gehen. Wir hauen ab. Zügig. Und zwar dalli.
Der, der es schafft, mich in vier Wände zu sperren, der ist noch nicht geboren.

Jim Du machst mich schwindlig, Tycho.
Wir sind schon weit weg.
Das ist die Stunde, zu der die Wagen in den Gängen sind, die großen Fässer mit heißer Suppe, und der da richtet sei-

nen Kopf in Richtung Himmel und betrinkt sich mit frischer Luft.

Die Räder der Wagen quietschen in den Gängen.

Aber wohin sollen wir gehen, Tycho, wohin, so antworte doch, du, der du so schlau bist.

Und an verschneiten Tagen zittert der Taubstumme an allen Gliedern und lacht und schreit vor lauter Freude, seine Schritte machen zu können, bevor die Wagenräder die Weiße zerreißen.

Glaubst du denn, es würde genügen, den Park zu durchqueren, zu durchqueren, was sich auf der anderen Seite des Fensters befindet, und schon ist man anderswo?

Türen verschließen sich. Türen knallen.

Die Kälte der Scheiben. Dahinter, nichts, was in Ordnung wäre.

Man kehrt sich um, nichts ist in Ordnung.

Beim Zerschneiden am lebendigen Leib, die zerkratzten Oberflächen, alles Reelle auf der Hackbank.

Nur Mauern und dahinter Baumwipfel.

Oben zerreißt es.

Und in der warmen Feuchtigkeit des Waschraums die rauhen Laken, mit denen man nachts die Schlafenden bedeckt und eines Tages die sauberen und enthaarten Körper der Toten.

Unter unseren Schritten bewegt es sich, wir gehen, wir kommen vorwärts, wir durchqueren, das Ende jeder Straße ist wie das Ende der Welt, und ein Stück weiter, später, zum Schluß, zum Schluß, wenn du am Ende ankommst?

Antworte doch, du, der du so schlau bist.

TYCHO Wage nicht, mich durcheinanderzubringen! Ich will nur wissen, wann wir von hier fortgehen.

Für diese Nacht sei's drum, aber danach, nein, danach gehe ich, aber wirklich, das versprech ich dir. Und zwar rasch.

JIM Schwindlig, du machst mich schwindelig, Tycho, wir gehen, wir gehen, und keine Geste, um den anderen zu retten. Kein Wort.

TYCHO Mich durcheinanderbringen, das kannst du.
Bist du nicht gerade dabei, mir in den Rücken zu fallen?

JIM Geh, hau ab! Worauf wartest du denn?
Bist du immer noch da?
Die Türen stehen weit offen. Worauf wartest du denn?

TYCHO Jetzt regt er sich wirklich auf.
Genug gescherzt, also genug gescherzt. Jetzt wird es ernst!
Klein Erna war bei Oma auf Besuch. Wie geht das noch?
Klein Erna war bei Oma auf Besuch... Klein Erna... Oder war sie nicht bei ihrer Oma?... Wie geht das noch?... Na, Jim... Klein Erna... Der vom Waschraum...
Für wen hält der sich eigentlich? Was glotzt du mich denn so an? Wegen der Wildzwetschken, ist es das, wegen der Wildzwetschken... Glotz mich nicht so an! *Er deutet auf seine Augen.* Hier ist nicht anderswo. Hier ist hier... Und nicht woanders...
Schau aus dem Fenster... Wenn das, was ich sehe, für dich nicht das ist, was da ist, was soll ich denn da tun?
Ich sterbe vor Lachen! Ich sterbe vor Lachen... Eine tote Ratte oder eine Lerche... ach scheiße... Wirst du denn nie aufhören zu reden! Tot aufwachen, tot aufwachen... Jim... Kreuze an der Wand. Vertrocknete Palmzweige.
Er lacht.
Ich lege dieselbe Platte auf. Er kommt auf mich zu. Was ist das für ein Lied? So was hört man schon seit Langem nicht mehr. »Schnee am Kilimandscharo« *Er trällert.* Na und, hast du was dagegen? Das möcht ich sehen, daß man mich davon abhält, wenn ich Lust darauf habe.
He, Jim, einen Verlängerten ohne Zucker, meine Finger erstarren vor Kälte. Und das Herz, und das Herz...
Hat es dir die Sprache verschlagen, Alter?
Niemand entlockt mir die Worte, die ich nicht sagen will, niemand, hörst du? Muß erst gefunden werden, der... Das kannst du glauben, muß erst gefunden werden...
Keine echte Musik und nicht einmal ein Fernseher in dieser verdammten Bude.
He, hörst du mich nicht, oder ist das Absicht?

Was ist das für ein Spiel? Schläfst du oder wie? Ist der Wortschwall zu Ende? *Stimmt ein Lied an* »Schneid in zwei... *Hält inne. Pause.* Ist es weit?

JIM Was? Wovon sprichst du, Tycho?

TYCHO Das Dorf, die Stadt, ich weiß nicht... Dort, wo wir mit dem Zug angekommen sind. Wenigstens eine Kneipe mit Jukebox, und ich höre mir an, was mir gefällt, und Straßen zum Flanieren.

JIM Eine Stunde von hier, wenn man zügig geht. Das weißt du doch.

TYCHO Kommst du morgen mit?

JIM Nicht dorthin.

TYCHO Ich geh alleine. Du brauchst mir den Weg nicht zu erklären. Ich werde ihn schon finden.

JIM Immer der Straße nach.

TYCHO Das nennst du eine Straße? Verstehe, brauche keine Erklärung.

JIM Eine Straße, eine Gasse, ein Weg. Draußen. Und hinter dem Fenster steht alles still. Nacktheit schwarzer Bäume. Schauernde Blätter. Man dreht sich um, nichts ist in Ordnung. Alles aufgeräumt, alles hingelegt. Es bewegt sich noch ein bißchen. Wir gehen, reglos. Tycho, wir gehen, wir kommen vorwärts. Draußen. Verschwunden alle Bilder oder aber armselig. Worauf wartest du? Tycho, worauf wartest du?

13. Sequenz

Der doppelte Schatten

Alice erscheint wie eine kleine Orphelia. Sie sagt auf oder singt ein Gedicht. Oder eine Litanei, Wort für Wort wiederholt, bis man nur noch die Luft hört.

It sounded as if the Streets were running
And then, the Streets stood still
Eclipse was all we could see at the Window
And awe was all we could feel.

By and by, the oldest stole out of his Covert
To see if Time was there –
Nature was in an Opal Apron,
Mixing fresher Air.

»Es war, als würden die Straßen laufen,
Und dann standen die Straßen still,
Mondfinsternis, das Aug nichts anderes sehen will,

Vor Ehrfurcht, wir mußten schnaufen.
Der Mutigste aus seinem Versteck ruft,
er wollte die Zeit sehen in Kürze,
Natur war in seiner opalen Schürze.
Und er mischte frischere Luft.«

Emily Dickinson

Man lauscht dem Surren der Gespräche in den Strommasten. Die Pferde schlagen beim Schlafen mit ihren Hufen aus, sie träumen. Wir gehen bis ans Eck der Hütten. Im Versteck warten wir auf die Nacht. Und du verschwindest wortlos, du gehst mit von Tonerde aus Sienna bedecktem und schattigem oder aber mit weißem Gesicht voran, im Ineinandergreifen der Worte kann dich das Licht nicht härter beleuchten.

Du sagst alles und das Gegenteil von allem, du sprichst umsonst in der Dunkelheit, und ich spüre dich ganz nah an mir, die Welt um uns erstarrt, aber unsere Münder sind warm. Wir spüren die Nacht nicht mehr, sie könnte ewig dauern, zu Ende gehen. Beim Quietschen von Kreide läuft uns ein Schauer über den Rücken, eine Biene liegt in ihren letzten Bewegungen, bewegt sich, bewegt sich nicht mehr in der Hand, die sich über ihr schließt. ... Ich drücke meinen Kopf gegen das ganz kalte Holz, und die Worte sind jetzt aus Eis, ich möchte, daß sie zu dir gehen; daß sich die mit dem Messer geritzten Worte auslöschen, die für immer dastehen sollten, die verfaulte Rinde verfällt zu Staub, den Kopf gegen das sehr kalte Holz gedrückt, die zwei Schatten in der Ferne wurden von den Pfützen festgehalten, in die wir mit dem Himmel schauen, der sich uns an die Lippen klebt und hinter den Gesichtern Falten schlägt, genau in dem Augenblick, in dem sie das Wasser mit den Atemspitzen berühren, ganz nah, und die Lippen kommen einander näher, sie küssen die Leere...

SARAH *war eingetreten, während Alice sprach*
Führst du jetzt Selbstgespräche?

ALICE Ja, Selbstgespräche.

Sarah entfernt sich, Alice spricht alle Worte des Gedichts abgehackt aus.

O, Schwester, meine Schwester
Himmel zum ersten Mal
In den Speichen
Des niedergefallenen Solex.
Unter diesem Zeichen
Bringt ein Hauch
Das sichtbare Blau in Bewegung,
das als kleiner Fetzen hinter
den Bäumen versteckt ist.
Oh, Schwester, meine Schwester
Sie wird weinen und lachen,

wenn sie sagt, daß sie
auf den Boden gefallen ist,
sie hat ein Kleid zerrissen,
das war so weich und schimmerte im Licht
in allen Farben wie ein Fell,
kleiner Stein am Knie.

14. Sequenz

Unter vier Augen

TYCHO Immer noch nicht im Bett!

SARAH Also wirklich, ständig trifft man Sie an, kaum macht man drei Schritte.

TYCHO Man könnte meinen, daß Sie mich nicht so mögen.

SARAH Das ist gar kein Ausdruck.

TYCHO Haben Sie keine eigenen Worte?
Ihre Augen sind nicht da, Sie sind nicht da.
Als würden Sie zu einem Hund am Straßenrand sprechen, und nicht wagen, ihm näher zu kommen, außer mit angewiderter Mine. Sogar davor Angst, er könne Sie mit den Augen berühren.

SARAH Glauben Sie vielleicht, Sie könnten mir Angst machen?

TYCHO Kleine Katzen in den Sack. Äther ist nicht nötig.
Sie langsam ersticken lassen, ihnen sanft den Hals drükken, Sie haben die Hände dafür. Ihre Chancen stehen schlecht.
Er lacht.
Weiß nicht wovor, aber er hat Angst und zittert, der Bruder, kriegt langsam keine Luft mehr, redet mit den Wänden, redet mit allem, was um ihn herum ist und mit dem Rest, brüllt alles an, was er nur kann, schreckt auf und stößt gegen die Schatten, hockt sich dorthin, wo er glaubt, daß er sich am wenigsten unwohl fühlt, bewegt sich nicht mehr. Nichts, das ihn beruhigen könnte, nichts, nicht ein

einziges Wort fällt richtig, aber man spricht weiterhin mit ihm wegen des Tons in seiner Stimme, Rätsel, Rätsel.
Nichts anderes, ein Geräusch, das man von Weitem erkennt. Es soll nicht plötzlich aufhören, wie eine Haut, die gegen die andere stößt. Das darf nicht plötzlich aufhören, ruckartig... Nein....
Hat immer den Eindruck, daß er anderswo sein müßte, als dort, wo er ist, sich schnell aus dem Staub machen, nicht einmal abhauen, nicht mehr da sein. Warten, daß es vorbeigeht, er weiß nicht, was das bedeutet. Es ist immer dann, wenn es nicht der geeignete Moment ist, daß man die richtigen Worte findet, die Sätze, die man braucht, und wenn man sie braucht, verflogen, da bleibt es einem im Hals stecken, nicht nötig, nein, wirklich nicht nötig, darauf zu bestehen.

SARAH Ist er es?

TYCHO Wer?

SARAH Der, von dem Sie sprechen.

TYCHO Ganz wie Sie wollen!

SARAH Ich muß Ihnen etwas sagen.
Ich weiß nicht.
Wir waren da.
Ich weiß nicht.
Ich habe nicht verstanden, warum das plötzlich passiert ist.
Und Ihr kommt, ohne vorzuwarnen, und ich erkenne ihn kaum, ich weiß nicht, wir können uns nichts mehr sagen.
Obwohl er es ist, wirklich er.
Derselbe.
Und ich will mich nicht auf ihn stürzen mit kleinen Brokken zusammengeflickter Innigkeit, die er unbedingt teilen muß.
Warum sage ich Ihnen das?
Er konnte nicht hier bleiben, ich entballe seine Fäuste mit meinen Händen, ich lausche allem, was er sagt, allem.
Nachts entferne ich mich nicht mehr.
Was konnte ich anderes tun?

Ich habe versucht, mich an alles zu hängen, das zwischen uns war, ich habe es versucht, aber es reichte nicht.
Was verstehen Sie schon davon?

TYCHO Sie schauen mich von weitem an, Sie schauen mich von oben herab an, hinter diesem Gesicht, das Sie jetzt haben.
Und Sie reden. Sie reden zu viel, Sie reden nicht genug.
Verschrobene Geschichten, bei denen Ihnen nicht einmal die Haare zu
Berge stünden, Geschichten, die er erzählt, bis er mich verrückt macht,
das Schwein. Was hinter dem Fenster ist, was hinter dem Fenster ist. Der, der es schafft, daß ich ein Ding für ein anderes halte, der muß erst gefunden werden. Der muß erst gefunden werden.
Rätsel, Rätsel...
Balle fest die Faust zusammen, nichts passiert, nichts kommt heraus, kein Wort. »Schneid in zwei eine Lerche...« Damit verbringt er seine Zeit.
Rätsel, Rätsel...
Und mich hält er davon ab, ein Auge zuzudrücken, will mich in diese Geschichten hineinziehen. Bin in diesem Zimmer mit diesem Typen, der Selbstgespräche führt und einen vom Schlafen abhält, dem alles völlig egal ist, und dann Tage lang schweigt, will nichts mehr sagen, antwortet nicht mehr, starrt vor sich hin, hält inne, bewegt sich ein bißchen, steht still, bewegt sich ein bißchen...
Auf alle Fälle, das ist sicher, wir gehen, diesmal gehen wir fort, er wollte hier vorbeikommen, aber wir bleiben nicht.
Und wenn er bleiben will, dann soll er doch bleiben...
Wir löschen alles, was zu viel ist; wir gehen geradeaus, wir bahnen uns einen Weg, und schließlich sieht er einem Weg auch ähnlich oder Gott weiß was sonst, aber zumindest wissen wir, daß wir woanders hingehen als wieder zwischen vier Wände, zwischen vier andere Wände, dort, wo all die Leute sind, die uns die Worte aus der Gurgel reißen wollen. Gleich krepieren, lieber gleich krepieren. Kein Ort

zwischen vier Wänden und auch nicht anderswo. Kommen ganz nahe, kommen einem ganz nahe, lauern einem auf, ganz nahe, mit ihren selbstzufriedenen Schweinefressen.
Und Sie, was machen Sie denn anderes?

SARAH Ich glaube, Sie irren sich.
Vielleicht bin ich nicht fähig zuzuhören.
Aber ich denke, ich verstehe, was Sie sagen.

TYCHO Worauf warten Sie beide denn?
Daß er gar zurückkommt?
Sehen Sie, da ist er, da sind wir.

SARAH Er ist da, Sie sind da, und wir wissen weder, was wir uns sagen sollen, noch wo anfangen, um einander etwas sagen zu können.

TYCHO Gehen Sie schlafen.
Träumen Sie schön und beten Sie, daß ich nicht in den Träumen bin.

15. SEQUENZ

NARBE AM KNIE

SARAH Jim, bist du da?
Ich habe deine Schritte gehört.

JIM Was willst du?
Schläft Alice?

SARAH Alle schlafen. Und zwei können nicht einschlafen. Und sie kreisen um die Lampen, das sind auch die einzigen Wärmequellen hier.

JIM Ich mag diesen Moment in der Nacht.

SARAH Ganz verschlossen. Fest verschlossen.

JIM Noch nicht ganz fest genug.

SARAH Und fest entschlossen, sich noch mehr zu verschließen – ganz zu verriegeln – dem gegenüber, was drum herum ist.

JIM Ich gehe schlafen.

Schreibst du denn nicht in diesen Stunden ? Man sagt, sie wären so geeignet.

SARAH Es ist nicht nötig, daß du dich außerdem noch über mich lustig machst.

JIM Bist es nicht du, die mich provoziert?

Das, was man fest bei sich behält, es muß ein Geheimnis sein, das man für sich ganz allein festhält, im Stillen, nie mehr darüber redet, das würde mit dem Rest in Stücke zerfallen.

SARAH Auf daß alles erstarre.

Daß man nichts mehr mit den Händen erwärmen kann, da auch sie zu kalt sind.

Ich lasse dich nicht in Frieden, ich lasse dich nicht in Ruhe, ich bin da, dir gegenüber, du kannst mich nicht auf Distanz halten, glaub nicht, du könntest mich so leicht loswerden. Ich bin hier, dir gegenüber, und du wirst mich ansehen, mich wirklich ansehen.

Ein lebendiger Toter sitzt hier und wartet. Was? Nein, das kann ich nicht hinnehmen.

Hast du wirklich alles abgeschrieben? Ist das dein letztes Wort?

Hast du unter alles einen Strich gezogen?

Wenigstens fünf Minuten, ich verlang nicht viel, fünf Minuten ohne abgedroschene Sätze, ohne Mauern, hinter denen man sich versteckt und sich aus der Ferne betrachtet, nur fünf Minuten, in denen wir beide sind, nichts anderes.

JIM Mit der Stoppuhr?

Da war ein Typ, der Pingpong spielte. Stundenlang. Es war das einzige, das ihn interessierte. Stundenlang. Immer im selben Rhythmus. Das änderte sich nie. Es durfte sich um Himmels Willen nie ändern. Das war das einzige, was ihm wichtig war. Gegenüber mußte jemand sein, der ihm den Ball mit Regelmäßigkeit zurückspielte, keinen hinterhältigen Schlag versuchte, keinen Schlag, der einen erschreckt.

Wenn man redet, jemand mit mir redet, ich mit ihm rede,

habe ich das Gefühl, dasselbe zu tun. Ich weiß alles, was ich sagen werde, als hätte ich es bereits gesagt, alles, was du antworten willst, und das kann Stunden dauern.

SARAH Ich glaube, ich gehe schlafen.

Du hättest alle Spuren verwischen sollen.

Die Narbe am Knie, den Stein, den du nach mir geworfen hast, und du drückst dich an mich, um mir weh zu tun, aber du drückst und du hältst.

JIM Versuchst du, mich dranzukriegen?

Er lacht.

Habe ich denn so fest geworfen?

Du hattest schon damals das Talent, mich auf die Spitze zu treiben.

Hund und Katze. Sie schlagen und kratzen einander.

Ich sehe alles, als würde ich mit dem Kopf nach oben schauen.

Und zu guter Letzt, ein entwurzelter Kirschbaum, man führt ihn in einem Matchbox-Auto ab, eine richtige Prozession.

SARAH Und wieder sitze ich da und höre dir zu.

Ich hasse dich, höre dir wortlos zu.

Jim, die Theaterstücke auf dem Dachboden mit großen Donnereffekten und Mehl im Gesicht. Ein im Sand begrabener Tomahawk. Alle Bücher, die wir heimlich gelesen haben, und du tust so, als hättest du sie alle erfunden, die Gedichte, die du mir Nachts vorliest, die elektrische Lampe unter den Laken, und wir schlafen ein in den Worten, die aufeinander folgen. An der Wegkreuzung glänzt eine vereiste Pfütze, die noch mit ein bißchen Schnee bedeckt ist. Und du bist nicht mehr da, du gehst, du kommst mit Geschichten von unterwegs zurück, die kein Ende haben, von Felsen in der Nähe einer Stadt, und nie zuvor waren soviele Sterne am Himmel gestanden.

Diese Gedichte, die du schreibst, und die, die du abschreibst, ich kann sie auswendig.

»Ich habe von der Hoffnungslosigkeit einen so kleinen Korb mitgebracht...«

»Du bist in einem Garten und auf meinen Lippen...« R.G. Cadoux

»Das echte Leben ist anderswo, wir sind nicht auf der Welt.«

Du, der aufbrachst »mit dem Unbekannten zu liebäugeln«? Wo bist du hin? Wo bist du in all dem? Wo bist du jetzt? Postkarte, postlagernd in Harrar.

JIM Niemals wird nichts wieder so sein wie in diesem Hell der Augen, die noch grünen Feldpfirsiche, der Kirschbaum, bis zu dem man Büsche durchqueren muß, die abgelegenen sauren Äpfel der Jahreszeit und die Brombeeren, an denen man sich die Hände zerkratzt, du blutest, ich blute, wir tun Speichel drüber, etwas Erde, du weinst nie, das Gewirr der Stauden, dein Kleid bleibt hängen, bring mich nicht durcheinander, etwas ist kaputt, zerbrochen, ein schlichter Ast unter deinen Schritten und der Schatten der Bäume, die bedrohlich geworden sind, geh weg, zieh mich nicht da hinein, ich will dir nicht folgen...

Wirklich alles vergessen haben, wäre so viel besser gewesen. Und wir haben gelächelt, die Augen zum Weiß des Himmels gehoben und jeden heißen Stein berührt und bis drei gezählt beim Vogelflug, die aufgescheuchten Insekten laufen unter den ausgerissenen vermoderten Holzstücken.

Ein Versprechen.

Keines war eingehalten worden. Alle verraten.

Es ist besser so.

Die Bäume würden von einer Krankheit von innen befallen werden, und alles würde verfaulen, und nichts als die Rinde würde übrigbleiben, tote Haut, die für nichts und wieder nichts mit Inschriften und Namen versehen worden war.

SARAH *alleine*

Sie wären gerne wie die anderen gewesen. Aber es war ihnen erspart geblieben. Sie liebten es zu gehen, ohne sich auch nur anzusehen, ohne zu versuchen, Worte auszusprechen, in diesem Vorort, im November, nie sahen sie auf etwas zurück, und stapften mit den Füßen in Pfützen.

Sie haßten die Kindheit. Sie wären gerne nie auf die Welt gekommen, und vor allem jetzt, wo sich nichts bewegt und auch nicht ändert, da sie da waren und sich so diskret und klein machten wie möglich. Manchmal lachten sie und bliesen dabei durch die Fäustlinge hindurch auf ihre Finger.

16. Sequenz

Feuer aus vertrockneten Gräsern

Jim Schläfst du schon?
Na, wach doch auf, Tycho, laß mich nicht alleine, Alter, und außerdem knirschst du mit den Zähnen, auch du hörst mir nicht zu, auch du hörst nichts, morgen, hörst du, morgen, und nicht nur im Dorf, in der Stadt, auch du hörst nichts! Morgen, Alter, morgen...
Schläfst du wirklich, he, Alter, schläfst du wirklich?

Er schaltet das Licht aus, redet im Dunkeln.

Der Gedanke immer ungelegen, der weiße Schatten mit den Bäumen, der Himmel weder Sinn noch Namen, bevor wir ihn anstarrten.
Fällt um, lachhaft dieses Stück Welt über uns, und wir gehen davon, den Kopf nach hinten geworfen, wir verschwinden, er ist da. Schnee fällt. Im Nu bedeckt er alles. Stoße allein einen Schrei aus, den Kopf zum Himmel gerichtet. Zittert an allen Gliedern und lacht und schreit, vor lauter Freude, seine Schritte machen zu können, bevor der Wagen die Weiße zerreißt. Die Tore schließen sich. Das Fenster. Was sieht man? Was sieht man, wenn es keine Bäume mehr gibt, wenn es gegenüber nichts mehr gibt, das sich bewegt? Was sieht man dann? Was sieht man? Im Selfservice trinkt man heißen Kaffee in Bechern aus Karton. Alles ist da, schön an seinem Platz, schön angerichtet auf

dem Hackbrett. Es rührt sich nicht mehr, um nichts auf der Welt. Man ist da, man bleibt im Warmen. Zu gewisser Stunde, der Speisesaal. Jemand schläft auf einem Stuhl ein, sein Kopf sinkt auf die Brust, ein ausgegangener Zigarettenstummel im Mund, er lächelt ein bißchen. Der Taubstumme schreit, schmeißt den Teller, der in tausend Stücke zerbricht. Derjenige, der mit dem Gesicht zum Himmel gekehrt geht, lacht beim Gedanken an den Flaum der Hühner, der durch die Luft wirbelte, wenn sie herumliefen und sich dumm im Zaun verfingen.

Kein Lärm mehr.

Schläfst du, Alter, schläfst du?

Kein Geräusch mehr.

Schläfst du, he, Tycho, schläfst du?

Ich rühre mich nicht von dieser Bank weg. Die Transistorradios spucken dämliche Liedchen zum Weinen. Der Grund des Denkens. Durchgehend. Ich rolle mir eine Zigarette, du rollst dir eine Zigarette, wir rollen uns eine Zigarette, gehen Länge mal Breite, suchen nach Worten zum Aufschreiben, aber warum? Einer schaukelt von vorne nach hinten, regelmäßig, hört nie auf. Keine Worte mehr, Schreie des Zerbrechens, für nichts und niemanden. Die, die auf Preßholztischen Karten spielen, haben Haufen von Spieljetons, die sie zählen und abermals zählen.

Eine kleine Veränderung in der Stimme, und die Welt hat sich aus dem Staub gemacht, Rätsel, Tycho, Rätsel, was bleibt wann? Aufschreiben, Tycho, keine Zeit zu verstehen, aufschreiben, Tycho, das Herz, ein Stein, alter Knochen, alter Stein, der nicht mehr singen kann, draufhauen, Tycho, mit den Händen, mit dem Kopf, irgendetwas. »Eine tote Ratte auf einem Ast exorziert den Tau.«

Rätsel, Tycho, du schläfst, Scheiße, du schläfst dauernd, keine gut aufgebauten Sätze mehr, um irgendwas festzuhalten, aufschreiben, Fetzen, kleine Stücke, alle Worte verfehlen ihr Ziel.

Warum sie wiederbeleben, lassen wir sie doch im Massengrab von all dem, was hätte sein können, nur das Maß eines

Lochs in der Erde, um sich hineinzulegen. Rätsel, Tycho, Rätsel, und die Geschichte von dem, der tot aufwacht, he, tot aufwachen, scheiße, du schläfst...
Tycho, he, Tycho!
Hörst du mich?
Ich habe all diese Worte des Unglücks gesagt. Es waren nur Worte, ich habe sie in der Ferne reden gehört. Haben mich angestarrt, und ich, starr, habe sie plötzlich aus der Ferne angestarrt. Ganz reglos, da, Tycho, da gibt es was zu lachen, du mußt zugeben, daß das zum Lachen ist. Völlig reglos. Der Ort, wo wir hingehen wollen, Tycho, glaubst du, daß es den irgendwo gibt?
Da kann man nur lachen!
Die Reisen enden auf der Terrasse eines Bahnhofbuffets. Mädchen in Rockerstiefeln spielen mit einem schrecklichen Wolfshund an einer überdachten Bushaltestelle. Reisebusse schlafen auf einem sehr ruhigen Parkplatz, und Lastwagen sausen auf die Leere einer Hängebrücke zu. Man spürt das Herz zwischen den Rippen für sich selbst schlagen, ein Stein, der noch für sich allein schlägt, und alles hat sich aus dem Staub gemacht, ohne daß man es gemerkt hätte.
Tycho, he, Tycho, eine Nacht und alle Nächte zu durchwandern ist lang.

TYCHO Du wirst mich nicht schlafen lassen.
Na, Alter, schlaf, bald wird der Tag anbrechen.
Schläfst du, Alter, schläfst du?

Wacht auf, zündet sich eine Zigarette an, macht einen Zug, hält Jim die Zigarette hin, der sie nimmt. Tycho geht zur Tür, öffnet sie und läßt sie angelehnt.

Wenn das nicht der Tag ist, dann schaut er ihm verdammt ähnlich.
Pilze, die man zertritt, Flaschenbovist, das schaut ihm ähnlich. Wir müssen gehen. Eine Ratte, die den Löffel abgibt, mit dem Kopf an einen Ast gehängt, Ringlein, Ring-

lein, du sollst tanzen, eine tote Ratte auf ihrem Ast, der Ast bricht ab, die Ratte fällt, Flaschenboviste zerspringen unter den Füßen, Tau unter den Füßen, wir sind nicht weit vom Morgen entfernt... Rätsel.
Und das, was wir hier machen, was wir machen?
Kommst du, stehen wir auf?
Gehen wir?
Ist es noch Nacht, ist nicht mehr Nacht?
Wenn das nicht der Tag ist, dann schaut er ihm verdammt ähnlich.
Diesmal gehen wir. Und zwar dalli, da wird nicht getrödelt.
Ich bleib nicht in diesem Staub. Du kannst machen, was du willst, ich
bleib hier nicht.
Glaubst du, sie sind schon auf, oder nicht weit davon entfernt aufzustehen? Sofort oder jetzt? Was machen sie? Sagst du ihnen auf Wiedersehen...
Rätsel. Jim. Rätsel. Keine Minute mehr hier. Kommst du, Jim? Noch nicht der, der... *Summt* Schneid in zwei eine...«
Kommst du mit mir? Der Staub, da bleib ich nicht...
Singt »Schneid in zwei eine Lerche«.
Das Leben ist anderswo, anderswo, glaubst du? Wir gehen, das ist sicher... Rätsel, eine tote Ratte auf einem Ast, man holt sie herunter, Ringlein, Ringlein, du sollst tanzen, der Ast ist abgebrochen, laß es bleiben, eine tote Ratte auf dem Ast, wir schlagen hier keine Wurzeln, glaubst du, daß sie schon auf sind oder fast aufstehen, wir gehen, wir gehen, man könnte meinen, daß es ähnlich ist, Flaschenbovist beim ersten Tau, und das, was man plötzlich sieht, was man sieht, Rätsel, im Baum, dort, aufgehängt, abgehängt, man holt es herunter, man läßt es da liegen, eine tote Ratte, man begräbt sie unter einem Haufen Ästchen, man läßt sie da, bewegt sich nicht mehr, bleibt da.

JIM Gehen wir, Tycho, gehen wir... Als wären wir schon dort...

Alain Gautré
Familienbande
Aus dem Französischen von Ina Schott

Meinem Vater

Der Autor möchte
Frau Annie Condy, Frau Brigitte Mellé, Frau Isabelle Nicol und Frau Claire Pujol, ebenso wie Herrn Patrick Borgne, Herrn Jean-Loup Gestin, Herrn Bruno Girard, Herrn Georges Lécuyer, Herrn Gilbert Lécuyer, Herrn Bernard Lhomme, Herrn Christian Lhomme und Herrn Henri Wassermann danken für die wertvollen Hinweise, die sie ihm zuteil werden ließen.

»Leben so die Menschen?«
Louis Aragon

»Help!«
John Lennon und Paul McCartney

»Die loser sind im voraus Geschlagene, sie haben seit langem Abkommen mit dem Tod und der Niederlage geschlossen, also haben sie nichts mehr zu verlieren«
Sam Peckinpah

PERSONEN

ANDRÉ CHEUTIÉ,	*dreiundfünfzig Jahre. Der Älteste der Brüder Cheutié. Getreidehändler in der Brie. Abgesetzter Bürgermeister von La Chapelle-en-Brie. Eher mager.*
ALAIN CHEUTIÉ,	*einundfünfzig Jahre. Der Zweitälteste. Ehemaliger Polizeiinspektor. Zur Zeit Geschäftsführer eines Ingenieurbüros: »Brie-Technik«. Eher dick.*
ALBERT CHEUTIÉ,	*achtundvierzig Jahre. Der Jüngere. Ehemaliger Personalchef bei »Maousse«, einem Freizeitpark in der Brie. Eher ein Schönling.*
ARNAUD CHEUTIÉ,	*fünfundvierzig Jahre. Der Jüngste. Geiger. Mitglied der Gruppe Tchitcharka, Musik Zentraleuropas und des Balkans. Eher bärtig.*
ALEXANDRA SELYMES,	*dreißig Jahre. Kroatische Linguistin im französischen Exil. Geliebte von Albert Cheutié. Eher schön, aber nicht übermäßig.*

Originaltitel : La Chapelle-en-Brie

Nous sommes dans la salle à manger/salon d'une ferme briarde, en Seine-et-Marne. La chaleur des meubles en merisier contraste avec la brutalité des parpaings qui les soutiennent. La table est dressée comme pour un souper fin, chandeliers etc., mais des dossiers, des documents battent en brèche la promesse d'une fête repoussée à plus tard. Le plus étonnant est sans doute la présence de plusieurs centaines de bouteilles de vin qui encombrent l'espace. Quelques-unes sont déjà vides. Dehors, il pleut.

André s'apprête à déboucher une bouteille. Il est en pyjama. Il chante.

ANDRÉ »Tu es mon berger, ô Seigneur
Rien ne saurait manquer où tu me conduis !«...

Il tire sur le bouchon qui saute.

La mairie est sous l'eau ! L'église est sous l'eau ! Et le cimetière est sous l'eau ! *Il se verse à boire* Voudrait-on fleurir les tombes que, dans la vallée, il faudrait cueillir les fleurs en scaphandrier ! Les actes de naissance et les prières pour les morts flottent de concert et la crue emporte tout vers l'océan. Le passé s'accroche aux branches des peupliers. Je bois à tous ces administrés franciliens fraîchement débarqués ! A ces électeurs citadins repoussés hors de chez eux pour venir peupler nos cimetières campagnards ! A ces saligauds qui ont brisé ma carrière dans l'œuf ! A Charles Lopez, mon socialiste de remplaçant, maire de La Chapelle-en-Brie ! Je bois à la miséricorde divine qui sépare le bon grain de l'ivraie... Le bourg est inondé sous l'eau, on ne les voit pas pleurer ! *Il finit son verre ; s'emparant d'un dossier, il ouvre la fenêtre, la pluie entre dans la pièce ; il ne jette pas le dossier et referme la fenêtre* Quelle vanité insensée ! Il ne faudrait jamais chercher à savoir la vérité... *se penchant sur le dossier* Maman ! *sur un autre dossier* Papa !... Maman ! Papa ! *fredonnant la chanson de Patachou*

Wir befinden uns in einem Eßzimmer/Wohnzimmer eines briardischen Bauernhofes in der Region Seine-et-Marne. Die Wärme, die die Möbel aus Vogelkirschholz ausstrahlen, kontrastiert mit der Härte der Betonsteine, die sie stützen. Der Tisch ist gedeckt wie für ein feines Essen, Kerzenleuchter etc., aber Akten, Dokumente beeinträchtigen die Aussicht auf ein zu erwartendes Fest. Das Erstaunlichste ist zweifellos die Anwesenheit von mehreren hundert Weinflaschen, die den Raum überfüllen. Einige sind schon leer. Draußen regnet es.

André macht sich daran, eine Flasche zu entkorken. Er ist im Schlafanzug. Er singt.

ANDRÉ »Der Herr ist mein Hirte,
mir wird nichts mangeln.
er weidet mich auf einer grünen Aue
und führet mich zum frischen Wasser.«...

Er zieht den Korken aus der Flasche.

Das Rathaus ist unter Wasser! Die Kirche ist unter Wasser! Und der Friedhof ist unter Wasser! *er schenkt sich zu trinken ein* Wollte man die Gräber mit Blumen schmücken, man müßte die Blumen im Tal tauchend pflücken! Die Geburtsurkunden und die Totengebete treiben zusammen auf dem Wasser, und die Flut nimmt alles mit in Richtung Meer. Die Vergangenheit klammert sich an die Äste der Pappeln. Ich trinke auf alle soeben angekommenen französischen Bürger! Auf die von ihrem Zuhause vertrieben städtischen Wähler, die unsere ländlichen Friedhöfe bevölkern kommen! Auf die Mistkerle, die meine Karriere so früh zerschlagen haben! Auf Charles Lopez, meinen sozialistischen Nachfolger, Bürgermeister von La Chapelle-en-Brie! Ich trinke auf die göttliche Barmherzigkeit, die die Spreu vom Weizen trennt... Das Dorf ist überschwemmt und unter Wasser, man sieht sie nicht weinen! *er trinkt sein Glas aus; er nimmt eine Akte und öffnet das*

»Maman Papa
En faisant cette chanson
Maman Papa
Je redeviens petit garçon«

Il n'y a pas de E, ni dans papa, ni dans maman. Il y en a dans père, et il y en a dans mère. Il y en a trois dans Espérance. Le secret, c'est le E. L'espérance aurait-elle cours, par ici ? *prenant une feuille de papier recouverte d'une grille* Espérance ? Ça rentrerait... Espérances, au pluriel. Dix lettres : »*De grandes espérances*«, ça existe, ça ? C'est un livre, voyons voir. *il sort et revient immédiatement* C'est bien ce que je pensais. Dickens. Tous ces livres qui ne sont pas coupés... Il faudrait au moins donner l'illusion de les avoir lus ! Dickens a-t-il séjourné dans la Brie ? Je peux mettre comme définition : »Ecrivain n'ayant jamais séjourné dans la Brie« ... Dix vertical : Dickens. Oui, mais le K n'est pas briard. Le Y l'est. K ? ... Stock : *écrivant* »Plus-value pour le céréalier en attendant que les prix montent.« Il ne faut pas le dire. Plus-value pour le céréalier... Stock et espérances me donnent un sept vertical : Multien ! ... Multien ? écrivant »Grande région briarde n'ayant pas démérité.« Il faut que j'aille me coucher... Et si je couchais les bouteilles puisque je ne me couche pas ? Si je couche les bouteilles, je ne les bois plus. De toute façon, je n'arrive pas à me coucher. Qu'est-ce que je vais boire maintenant ? Chassagne-Montrachet 76 ? Pas de blanc à cette heure-ci ! Mouton Baronne Philippe 84 ? Je voulais le garder pour le mariage de Sibylle. Allez ! Hop ! *il s'apprête à déboucher la bouteille lorsqu'il entend un bruit* Kaposi ? Kaposi ? ... Sibylle ?

Il laisse la bouteille et s'empare d'un fusil

ALBERT *à l'extérieur* Ce n'est pas Sibylle !
ANDRÉ Qui est là ?
ALBERT C'est moi, Albert, ton frère !

Fenster; es regnet in das Zimmer; er schließt das Fenster wieder und behält die Akte in der Hand Was für eine idiotische Eitelkeit! Man sollte nie versuchen, die Wahrheit herauszufinden... *beugt sich über die Akte* Mama! *beugt sich über eine andere Akte* Papa!... Mama! Papa! *trillert das Lied von* Hänschen klein *vor sich hin*

»Hänschen klein, ging allein
in die weite Welt hinein... «

Wenn ich dieses Lied singe, werde ich wieder ein kleiner Junge.
Es gibt kein E, weder in Papa noch in Mama. Es gibt eins in Vater, und es gibt eins in Mutter. Es gibt eins in Erwartung. Das Geheimnis, das ist das E. Die Erwartung, würde das hier passen? *nimmt ein Blatt Papier, das mit Feldern bedeckt ist* Erwartung? Das würde passen... Erwartungen, in der Mehrzahl. Elf Buchstaben: *»Große Erwartungen«*, gibt es das? Das ist ein Buch, mal sehen. *er geht und kommt sofort wieder* Genau was ich gedacht habe. Dickens. Die vielen unaufgeschnittenen Bücher... Man müßte wenigstens den Eindruck erwecken, sie gelesen zu haben! Hat Dickens sich in der Brie aufgehalten? Ich kann als Definition geben: »Schriftsteller, der sich nie in der Brie aufgehalten hat«... Zehn senkrecht: Dickens. Ja, aber das K ist nicht briardisch. Das Y ist es. K?... Rücklage. *schreibt* »Mehrwert für den Getreidehändler, indem er darauf wartet, daß die Preise steigen.« Das darf man nicht sagen. Mehrwert für den Getreidehändler... Rücklage und Erwartungen geben mir sieben senkrecht: Multien!... Multien? *schreibt* »Große Region in der Brie, der keine Aufmerksamkeit geschenkt wird.« Ich muß mich hinlegen. ... Und wenn ich die Flaschen hinlege? Ich lege mich ja doch nicht hin. Wenn ich die Flaschen hinlege, trinke ich sie nicht mehr. Ich schaffe es nicht, mich hinzulegen. Was trinke ich jetzt? 76er Chassagne-Montrachet? Keinen Weißen um diese Uhrzeit! 84er Mouton Baronne Phi-

André, laissant le fusil, cache le premier dossier sous les mots croisés.

ANDRÉ Albert ! ... Albert ... Par où es-tu passé ?

ALBERT *entrant* Par le chemin des vergers. Il pleut comme vache qui pisse. J'ai été obligé de faire un détour par Saint-Cerq. La nationale est recouverte. Et encore, à La Chapelle, j'ai pris le sens interdit. La grand-rue est impraticable. L'eau gagne les étages. Qu'est-ce que c'est que toutes ces bouteilles ?

ANDRÉ Chut ! ... Kaposi ? ... Le chat a disparu.

ALBERT Tu as un chat qui s'appelle Kaposi ?

ANDRÉ C'est un siamois. Sibylle l'a eu pour ses quinze ans. Elle l'a appelé Kaposi. Qu'est-ce qu'il y a ? Il y a quelque chose qui ne va pas ? Albert ... Qu'est-ce que tu as sur la tête ?

ALBERT Des cheveux.

ANDRÉ Ce n'est pas tr's élégant.

ALBERT De près peut-être si on le sait, mais de loin c'est très bien fait !

ANDRÉ Ce n'est pas toi.

ALBERT C'est un autre Albert Cheutié !

ANDRÉ Comment on appelle ça ?

ALBERT Des implants capillaires. Tu veux toucher ?

ANDRÉ Non non !

ALBERT Tu n'arroses pas tes plantes ?

ANDRÉ Si.

ALBERT Elles ont une drôle de tête.

ANDRÉ Ma femme m'avait offert un bonsaï il y a dix ans. Avec moi, il a tenu un mois.

ALBERT Cette plante est folle. Elle refuse la lumière.

ANDRÉ J'ai dû élever ma fille tout seul.

ALBERT Tu ferais mieux de la mettre dehors, avec le temps qu'il fait... Ça va ?

ANDRÉ Oh ! On attends après octobre et octobre est là et octobre passe et on attends après novembre et novembre est là...

ALBERT C'est la Toussaint aujourd'hui ?

lippe? Ich wollte ihn aufheben für die Hochzeit von Sibylle. Los! Hopp! *er macht sich daran, die Flasche zu entkorken, als er ein Geräusch hört* Kaposi? Kaposi?... Sibylle?

Er läßt die Flasche stehen und greift nach einem Gewehr.

ALBERT *draußen* Das ist nicht Sibylle!
ANDRÉ Wer ist da?
ALBERT Ich bin's, Albert, dein Bruder!
André versteckt die erste Akte unter dem Kreuzworträtsel, während er sein Gewehr wegstellt.
ANDRÉ Albert!... Albert... Wo bist du hergekommen?
ALBERT *kommt herein* Über den Obstgartenweg. Es schüttet wie aus Kübeln. Ich mußte einen Umweg über Saint-Clerq machen. Die Nationalstraße ist unter Wasser. Und außerdem habe ich in La Chapelle die Einbahnstraße in der Gegenrichtung genommen. Die Hauptstraße ist unbefahrbar. Das Wasser geht bis in die obersten Etagen. Was sind das für Flaschen?
ANDRÉ Psst!... Kaposi?... Die Katze ist verschwunden.
ALBERT Du hast eine Katze, die Kaposi heißt?
ANDRÉ Es ist eine siamesische. Sibylle hat sie zu ihrem fünfzehnten Geburtstag bekommen. Sie hat sie Kaposi genannt. Was ist? Stimmt irgendwas nicht? Albert... Was hast du auf dem Kopf?
ALBERT Haare.
ANDRÉ Das ist nicht sehr elegant.
ALBERT Von Nahem vielleicht, wenn man es weiß, aber von Weitem ist es sehr gut gemacht!
ANDRÉ Das bist nicht du.
ALBERT Das ist ein anderer Albert Cheutié!
ANDRÉ Wie nennt man das?
ALBERT Haarimplantate. Willst du anfassen?
ANDRÉ Nein nein!
ALBERT Gießt du deine Pflanzen nicht?
ANDRÉ Doch.
ALBERT Sie sehen komisch aus.

ANDRÉ Meine Frau hat mir einen Bonsai geschenkt vor zehn Jahren. Bei mir hat er einen Monat gehalten.

ALBERT Diese Pflanze ist krank. Sie mag kein Licht.

ANDRÉ Ich mußte meine Tochter ganz allein großziehen.

ALBERT Du stellst sie besser nach draußen, bei dem Wetter... Geht's gut?

ANDRÉ Oh! Man wartet auf den Oktober, und der Oktober ist da, und der Oktober vergeht, und man wartet auf den November, und der November ist da...

ALBERT Ist heute Allerheiligen?

ANDRÉ Ich lege mich hin.

ALBERT Hat niemand angerufen?

ANDRÉ Nein.

ALBERT Erwartest du jemanden? Ich gehe mein Auto abschließen.

Albert geht.

ANDRÉ Was will der denn noch? Sechs Monate lang läßt er nichts von sich hören! Man kann nicht fünf Minuten seine Ruhe haben! Immer muß die ganze Welt auf einen einstürzen! Brüder muß man haben! *Albert kommt wieder* Was?

ALBERT Ich habe Turteltauben gesehen.

ANDRÉ Schaffst du es noch, echte Tiere von falschen zu unterscheiden, seit du bei Maousse arbeitest? Turteltauben... Zwölf Buchstaben. Das paßt nicht. T? Ach was... *schreibt* Truquet. T.R.U.Q.U.E.T.
Antoine Truquet:
»Ziegenkäse aus der Brie
Ein Pfund Ziegenkäse
Ziegenkäse aus der Brie
So viel wollt' ich nie.«

ALBERT Du machst Kreuzworträtsel?

ANDRÉ Ja, ich erfinde Rätsel. Briardische Rätsel. Das beschäftigt mich solange.

ALBERT Solange was?

ANDRÉ Solange.

ALBERT Und das? »Geschichte von La Chapelle-en-Brie«

von André Cheutié. Du schreibst eine Geschichte von La Chapelle-en-Brie?

ANDRÉ *steht auf* Laß das! Sag mal! Ich bitte dich!... *setzt sich wieder hin* Was macht das Hochwasser bei Maousse?

ALBERT Wir leihen den Besuchern Gummistiefel. Wir liegen ein bißchen weiter oben, aber es steht zu befürchten, daß wir nächste Woche dicht machen müssen.

ANDRÉ Finanziell...

Er grinst.

ALBERT Ein Projekt ist in Vorbereitung, den Freizeitpark in eine Unterwasserstadt umzugestalten. Aber man müßte alle Pavillons wasserdicht machen.

ANDRÉ Die Banken werden euch leihen. Die sind nicht kleinlich. Guck! Eine ganze Spalte ohne schwarzes Kästchen, das sieht aus wie ein Weizenfeld!

ALBERT Ja. Es fehlen nur die Verrechnungsschlüssel für die Preisnotierung. André, ähm... ärgert dich das nicht, als Landwirt, daß Maousse sich mitten in der Brie niedergelassen hat?

ANDRÉ *heftig* Warum fragst du mich das?

ALBERT Nur so. Das sind Amerikaner.

ANDRÉ Maousse lässt sich nieder, wo es will. Das entscheide nicht ich. Es gibt welche, die daraus ihren Vorteil ziehen.

ALBERT Ja, aber das Land?

ANDRÉ Was, das Land?

ALBERT Die gute Erde der Brie?

ANDRÉ Ich verstehe nicht.

ALBERT Die Umwelt?

ANDRÉ Alles, was gut ist für die Menschen hier, ist gut für die Gegend.

ALBERT Hat niemand angerufen?

ANDRÉ Nein.

Kurze Pause.

ALBERT Für mich?

ANDRÉ Nein.

Eine etwas längere Pause.

Heizt du nicht?

ANDRÉ Es ist mild.

»Zu Weihnachten Geschmeiß
Zu Ostern das Eis.«

Wie geht es deinem Sohn?

ALBERT Er... er... er ist groß.

ANDRÉ Nimmt er Drogen?

ALBERT Ich... ich... ich glaube nicht. Ich weiß nicht. Warum?

ANDRÉ Hör mal! Er ist groß.

ALBERT Ja und?

ANDRÉ Ja, naja, also nichts.

ALBERT Geht's dir gut?

ANDRÉ Das fragst du mich! Sag mal! Du bist doch gereist, wie ist das, ist auf der südlichen Halbkugel an Allerheiligen Ostern?

ALBERT Ich weiß nicht.

ANDRÉ Und wenn Allerheiligen ist, ist Ostern?

ALBERT Ich glaube nicht.

ANDRÉ Und trotzdem gibt es dort die Osterinsel!

ALBERT Ja. Und den Allheiligen Louverture.

ANDRÉ Den Allheiligen Louverture?

ALBERT Toussaint Louverture. Nichts. Ein Schwarzer. Ein Unabhängigkeitskämpfer.

ANDRÉ Ah. Ein Unabhängigkeitskämpfer.

Noch längere Pause.

ALBERT André, ich erwarte einen Anruf.

ANDRÉ Ich frage dich nichts.

ALBERT Hast du mir nichts anzubieten?

ANDRÉ Fühl dich wie zu Hause.

ALBERT Gut.

ANDRÉ Ja.

Pause. Albert gießt sich zu trinken ein. Pause.

ALBERT Hast du das alles alleine runtergekippt?

ANDRÉ Ich habe die Flaschen hochgeschleppt vom Keller bis ins Erdgeschoß! Ich hoffe, daß ich nicht die Möbel in die erste Etage hochschleppen muß, oder das Bett auf den Dachboden!

ALBERT Keine Angst. Auf dein Wohl!

ANDRÉ Ich bitte dich! Die briardische Hochebene ist nicht der Himalaya! Früher oder später wird sie überschwemmt sein, weil es unaufhörlich regnet, und weil es eine Hochebene ist, kommt das Wasser auf ein Mal, wie auf dem Mont-Saint-Michel. Guck dir das an! So schöne Möbel, die nichts gekostet haben damals, und die heute so viel wert sind! Eines Tages hätte das alles hier vielleicht meiner Tochter gehört, warum habe ich denn keinen Sohn gehabt? Wenn ich einen Sohn gehabt hätte, hätte ich dem ein Klavier gekauft?

ALBERT Wo ist Sibylle?

ANDRÉ Sie ist nicht da.

ALBERT Sowas!

ANDRÉ Sie ist abgehauen.

ALBERT Was?

ANDRÉ Nichts. Sie ist abgehauen.

ALBERT Hast du die Polizei benachrichtigt? Hast du Alain gebeten, sich darum zu kümmern?

ANDRÉ Alain? Alain ist kein Polizist mehr.

ALBERT Ja, aber du weißt doch, wie es ist.

ANDRÉ Meine Tochter ist abgehauen! In ihrem Brief hat sie... Wo habe ich ihn hingelegt? Ehrlich, schmeißt man mit sechzehn das Kunstturnen hin, wenn man die olympische Hoffnung der Region Seine-et-Marne ist?

ALBERT Bist du sicher, daß niemand... ist es angeschlossen?

Er bückt sich.

ANDRÉ Früher hatte das keine Folgen, wenn ein Kind verschwand. Aber heute, wo der Durchschnitt pro Haushalt auf ein Kind Komma sechshundertfünfzig gesunken ist, bleibt nur Null Komma sechshundertfünfzig, wenn ein Kind verschwindet...

ALBERT André, das ist heikel, das ist... das ist... das ist... ein Anruf äh... der mich... erreichen muß.

ANDRÉ Hast du kein Telefon in deinem Auto?

ALBERT Doch, aber ich habe hier keinen Empfang. Das heißt, als ich abgefahren bin, hatte ich eine Verabredung in Milly.

ANDRÉ Milly?... Milly! Milly!

ALBERT Wie bitte?

ANDRÉ Milly. Fünf Buchstaben mit einem Y, die untergebracht werden müssen. Das passt. *er schreibt* Aber das ist nicht in der Brie.

ALBERT Nein, das ist im Gâtinais.

ANDRÉ Na ja, das ist immer noch Seine-et-Marne. Milly!... Überall diese schwarzen Felder!... Vertikal mit Y am Anfang?

ALBERT Schreib: Yerres.

ANDRÉ Meyer?

ALBERT Yerres! Der Yerres, der Fluß!

ANDRÉ Vom Wasser habe ich die Nase voll. Auf mein Wohl!

ALBERT Auf dein Wohl! *sie trinken; Albert wird bewußt, daß der Wein sehr gut ist* Sag mal!

ANDRÉ Was!!!

ALBERT Also, ich komme in Milly an, vor meiner Verabredung, und sage mir, das Haus muß feucht sein. Aber der Kamin rauchte. Nein, nein. Doch! Weil das Auto von Annie-Claire in der Allee stand. Aber ich war nicht mit Annie-Claire verabredet. Also das war eine Katastrophe.

ANDRÉ Ich verstehe nichts von dem, was du mir da erzählst und...

ALBERT Ich war nicht mit Annie-Claire verabredet. Annie-Claire! Meine Frau!

ANDRÉ Was du mir erzählst, interessiert mich nicht! Ja, deine Frau, und?

ALBERT *gießt sich nach* Also, ihr Wagen stand in der Allee. Und ein roter Colorado.

ANDRÉ Ein roter Colorado!?

ALBERT Ja. Warum?

ANDRÉ Darum.

ALBERT Der rechte vordere Kotflügel war übrigens eingedrückt. Aber Annie-Claire hat mir nie gesagt, daß sie unter der Woche nach Milly geht! Es stimmt, sie erzählt mir nicht mehr viel. Außer, wenn es um mich geht. Wir müssen in der Firma reden, da haben wir uns zu Hause nichts zu sagen. Also... kurz...na ja... ich war gezwungen, eine Telefonzelle zu finden, und ich habe Alexandra eine Nachricht auf ihrem Anrufbeantworter hinterlassen. So.

ANDRÉ Alexandra?

ALBERT Eine Freundin... Damit sie hier anrufen kann.

ANDRÉ Eine Freundin?

ALBERT Eine Freundin...

ANDRÉ Alexandra?

ALBERT Alexandra!

ANDRÉ Das ist nicht französisch, Alexandra, sowas!

ALBERT Sie ist aus Melun.

ANDRÉ Aus Melun! Alexandra wie?

ALBERT Selymes.

ANDRÉ Selymes wie?

ALBERT Selymes. Selymes Selymes. S.E.L.Y.M.E.S.

ANDRÉ Bist du sicher, daß sie aus Melun ist?

ALBERT Es gibt sogar Franzosen aus Smyrna.

ANDRÉ Ist sie türkisch?

ALBERT Nein überhaupt nicht!

ANDRÉ Eine Freundin! Und sie kommt hierher?

ALBERT Wenn sie anruft. Oder nicht!!

ANDRÉ Sie wird schon anrufen, nein, sowas! *Albert schenkt sich nochmal ein* Ah, ich wäre besser zum Friedhof runtergegangen, auch im Taucheranzug! Das hätte es mir erspart, dir aufzumachen!

ALBERT Es war offen.

ANDRÉ Ich bitte dich! Dir ist nicht der Gedanke gekommen, das Grab der Eltern an Allerheiligen mit Blumen zu schmücken!

ALBERT Der Friedhof ist überschwemmt.

ANDRÉ Ist deine Frau auf dem Laufenden, was rede ich?

ALBERT Annie-Claire geht nach Afrika,

ANDRÉ Sie ist zu schön für Afrika... 90.65.85.

ALBERT Was?

ANDRÉ Du erinnerst dich nicht an die Maße deiner Frau?

ALBERT Sie waren geschätzt... Als wir Kinder waren, hast du gelauert... wie ihre Brüste wuchsen... Neunzig...

ANDRÉ Afrika ist schlecht für ihre Haut.

ALBERT Ich habe sie geheiratet.

ANDRÉ Sie ist trotzdem fast zur Miss France 76 gewählt worden!

ALBERT Der Hochzeitstag, im Restaurant am Strand, in Seine-Port, ihr wart alle drei platt!

ANDRÉ Sechsundsiebzig. Papa lebte!

ALBERT Mama war tot.

ANDRÉ Was für eine Trockenheit! Was haben wir in dem Jahr Wasser gepumpt! Das ist nicht das Schlimmste, aber egal!

ALBERT Papa war wie alt?

ANDRÉ Als er Mama geheiratet hat? Einundvierzig. Und sie... Mein Gott!

ALBERT Was ist?

ANDRÉ Nichts! Fünfzehneinhalb.

ALBERT Fünfzehneinhalb. Man hat mir gesagt...

ANDRÉ Nein! Nein! Nein!

ALBERT Er war immer seinem Alter voraus *er schenkt sich nach,* seiner Zeit!

ANDRÉ Genau! Als Wegbereiter der Landwirtschaftsgenossenschaften, 35, war er der erste, der einen Mähdrescher benutzte. Trink dein Glas aus!

ALBERT Mit vierundzwanzig hatte er alles erreicht. Ein exzellenter Bürgermeister! Entschuldigung...

ANDRÉ *versucht ihn zum Ausgang zu stoßen* Schon gut!

ALBERT Erinnerst du dich an die Flüge, mit der Bréguet-Caudron?

ANDRÉ Es ist geschlossen.

ALBERT Hast du immer noch die Bréguet-Caudron?

ANDRÉ Nein! Ja! Im Schafstall.

ALBERT Sie fliegt nicht mehr?

ANDRÉ Nein! Ich habe sie auseinandergenommen! Los!

ALBERT Machst du nicht noch eine davon auf?

ANDRÉ Albert, ich lege mich hin!

ALBERT Aber...

ANDRÉ Ich lege mich hin!

Das Telefon klingelt.

Albert!... Ich verbiete dir, dieses Telefon anzufassen! *er hebt langsam ab* Hallo?... Ah sieh mal einer an, du bist's... Ich bitte dich, weißt du, wie spät es ist?...Ich verstehe nicht, was du meinst... Nein, ich halte dich nicht für einen Idioten... Nein, ich halte dich nicht für einen Idioten... Nein, ich halte dich nicht, das ist langweilig... Genau *er legt auf* Auf Wiedersehen. Sowas!

ALBERT *der die Gelegenheit nutzt, sich wieder hinzusetzen* Wer war das?

ANDRÉ Niemand. Ein Widerling.

ALBERT Alain?

ANDRÉ Ja! Brüder! Alain, einer der... gut, wir wissen es. Du, der, gut, der, ja... Ja! Und Arnaud, ein... Hampelmann, ein Nomade, ein Bettler!

ALBERT Du übertreibst!

ANDRÉ Ein Vagabund. Der Romamusik macht.

ALBERT Du meinst, Zigeunermusik?

ANDRÉ Die Zigeuner, sind das keine Roma?

ALBERT Arnaud und seine Gruppe machen keine Rom... sie machen nicht nur Zigeunermusik. Sie machen auch jüdische Musik

ANDRÉ Ja!

ALBERT Und armenische.

ANDRÉ Türkische!

ALBERT Nein, armenische.

ANDRÉ Das ist das Gleiche! Herrgott, dein Schiff steuert mit dem Rumpf in der Luft, und sie betrachten den Himmel mit ihren Füßen!

ALBERT Du betest?

ANDRÉ Sag mal, hast du bemerkt, daß es seit vierzig Tagen nur im Pariser Becken regnet?

ALBERT Die Gottesstrafe ist örtlich sehr begrenzt.

ANDRÉ Du mußt immer alles lächerlich machen! Es ist spät, es wartet ein harter Tag auf mich, du hast keine Ahnung! Hier, nimm eine Flasche mit, wenn du willst, trink in deinem Auto, nein nicht die da, warte, lieber die da und jetzt und jetzt und jetzt!!!

Aufgeregt gibt er ihm zu verstehen, daß er gehen soll.

ALBERT Na ja!
ANDRÉ Ja!
ALBERT Du vertreibst deinen Bruder wie Joseph von den seinen vertrieben wurde!
ANDRÉ Seine Brüder haben Joseph nicht vertrieben! Sie haben ihn verkauft!
ALBERT Das ist besser. Das bringt nicht wenig Gewinn.
ANDRÉ *plötzlich sehr heftig* Was unterstellst du mir? Willst du mich verklagen?
ALBERT Ich weiß nicht...
ANDRÉ Was schulde ich dir? Was schulde ich euch allen? Was habt ihr für mich getan, als ich in Schwierigkeiten war? Was!?! Was!?!
ALBERT Jeder weiß, daß die Getreidehändler in der Brie die reichsten Bauern der Welt sind!
ANDRÉ Wenn man eine Frau wie Annie-Claire hat, läuft man nicht in jeden Hof!
ALBERT Macht man nicht den Hof!
ANDRÉ Das ist das Gleiche!
ALBERT Jetzt sind wir soweit!
ANDRÉ Ja! Jetzt sind wir soweit!
ALBERT Aber Alexandra ruft mich jeden Augenblick an, ich kann nirgendwo hingehen!
ANDRÉ Sag mal, willst du auch mein Bett, um auf deine Türkin zu springen?!?
ALBERT Sie ist keine Türkin, und du hast aus meinem Zimmer kein Kartoffellager zu machen!!!
ANDRÉ Sag mal, ich bin bei mir zu Hause!
ALBERT Sag mal, du hast uns noch nicht alles ausgezahlt!
ANDRÉ Doch! Hier ist dein Scheck! Ich habe alles gezählt, die geforderten Zinsen eingeschlossen! Ich schulde euch nichts mehr! Der Hof gehört mir!

ALBERT Hast du im Lotto gewonnen?

ANDRÉ Ich habe mich ruiniert, Albert, um dir ins Gesicht sagen zu können, Albert geh, weil ich hier zu Hause bin!

ALBERT Verstehst du nicht, André, daß zwischen uns, André, keine Liebe ist?

ANDRÉ Zwischen uns?

ALBERT Ich liebe meine Frau, André, aber ich bin ein schlechter Ehemann, André! Ich liebe meine Geliebte nicht, aber ich bin ein guter Liebhaber. Verstehst du das!?!... Ich bin ein guter Liebhaber... Ich bediene mich ihrer! Ich liebe ihren Körper! Das Vergnügen, das sie mir bereitet! Ich benutze sie! Ich unterwerfe sie! Ich begegne jemandem, André, der sich in meinen Traum einsperren läßt!

ANDRÉ Du liebst sie nicht?

ALBERT Nein, sonst würde es nicht gehen! Das ist verrückt, André, was die Liebe mit einer Frau machen kann!

ANDRÉ Das ist Betrug!

ALBERT Nein! Weil sie es nicht weiß!

ANDRÉ Du belügst sie?

ALBERT In Affairen lügt man doch nicht!

ANDRÉ Bezahlst du sie?

ALBERT Das habe ich doch nicht gesagt!

ANDRÉ Herrgott... Na ja, du hast eine Geliebte, das ist alles, wir machen daraus keine Amtssache. Was für eine Verschwendung! Annie-Claire, die schönste Frau im Departement!

ALBERT Eine eisige Schönheit. Nie... Doch! Ein Mal! Ein einziges Mal ist sie auf mich gesprungen, um... mich zu ficken, während unserer Reise... Hochzeitsreise, in Saint-Louis im Senegal... Dieser Geruch!... mitten in den Fischen... toten Fischen, die noch zappelten...

ANDRÉ In dem Bett waren Fische?

ALBERT In welchem Bett?

ANDRÉ Herrgott! Ich verstehe nichts von dem, was du mir erzählst!

ALBERT Man muß akzeptieren, daß man sich ändert, André.

ANDRÉ Sag keine Gemeinheiten.

ALBERT Annie-Claire geht abends sehr früh ins Bett. Um neun Uhr schläft sie. Sie weiß genau, daß ich Zahnprobleme habe! Ist das mein Fehler, wenn ich meine Zahnwurzeln mindestens eine halbe Stunde lang reinigen muß?

ANDRÉ Geh früher ins Bett.

ALBERT Sie wartet nie auf mich! Es ist für mich inzwischen das Gleiche, ob ich onaniere oder mit ihr schlafe!!!

ANDRÉ Aber... das gibt es nicht...

ALBERT Sie kommt zu schnell! Und ich brauche Zeit, ich brauche Zeit, für mich muß sich die Inszenierung, die ich im Kopf habe, mit der Zeit entfalten! Ich bin achtundvierzig Jahre! Meine Brust wird weiß! Ich will mich amüsieren! Ich will, daß das Leben genau dem entspricht, was ich in meinem Kopf habe!... Das Glück, nicht mehr allein in die Swingerclubs gehen zu müssen...!

ANDRÉ Du solltest Ferien mit der Familie machen.

ALBERT Alexandra macht alles, was ich von ihr will. Alles!

ANDRÉ Alles was?

ALBERT Alles!

ANDRÉ Aber das gibt es nicht, das, alles! Alles...

ALBERT Alles und sogar mehr.

ANDRÉ Herrgott! Ich bin nicht würdig, dich zu empfangen, aber sprich nur ein Wort, und ich werde geheilt sein...

ALBERT Es ist unglaublich, welchen Nutzen man aus einem einzigen Körper ziehen kann! Sie schafft es sogar, mich zu überraschen! Gestern, ohne es mir zu sagen, diese schwarze Unterhose, die in der Mitte zerrissen war. Als mein Schwanz in das Fleisch drang, blieb er an den Seidenfädchen hängen und das vervielfachte den Genuß!

ANDRÉ Die Muschis schneidet man weg, das erleichtert jeden.

ALBERT Ich bin ein Gefangener der Bilder von anderen, André, ich habe zu viele Videos gesehen, aber jetzt, wo ich die Qualität dieser Bilder bei jemandem finde, der sie mit mir teilt, halte ich daran fest, halte ich daran fest, ich halte daran fest bis zum Tod! Ich mißhandele sie, André, das ist zuviel Glück, auf dem Höhepunkt weine ich, weil alles vergessen ist!

ANDRÉ Diese Geschichten der O., was für eine Schweinerei. Diese Mädchen mit verbundenen Augen, das alles! Jetzt verstehe ich, warum das, was dir auf dem Kopf sprießt, so häßlich ist, mit dem armseligen Dünger, den du da rein tust!

ALBERT Der Arsch von Alexandra ist eine Sonne, der meine alten Tage blendet...

ANDRÉ Was für ein Irrsinn! Was für ein Elend! Was für eine Unordnung! Du hättest besser alles wieder in Ordnung gebracht! Sie ist jünger als du, natürlich.

ALBERT Ja.

ANDRÉ In unserem Alter weiß man, was los ist. Sie wird dich verlassen, und dann wird es eine andere sein und dann eine andere und dann eine andere, und du wirst immer jüngere nehmen, und das wird in Thailand enden, alle diese Fantasien werden in Thailand enden, und du wirst AIDS kriegen, und du wirst hierher kommen zum Sterben, und man wird vor aller Welt verheimlichen müssen, woran du stirbst, was für eine Strapaze! Was für eine Schande für uns alle! An dem Tag werde ich nicht da sein!

ALBERT Annie-Claire...

ANDRÉ Ja?

ALBERT Sie hat die schönsten Augen der Welt, aber... sie hat die traurigste Muschi.

ANDRÉ Wie kannst du es wagen... die Mutter deiner Kinder! Verlasse mein Haus! Verlasse den Hof! Verlasse die Familie!

ALBERT Es regnet...

ANDRÉ Es wird niemals genug regnen, um den Essig von deinem Mund abzuwaschen! Das Ertrinken ist eine zu sanfte Gottesstrafe! Auf daß die tausend-und-ein Felsen vom Wald von Fontainebleau sich zum Himmel erheben und herabfallen und dich mit ihrer unerbittlichen Härte zerschmettern!

Kurze Pause. Alain stürzt in das Zimmer.

ALAIN Sag mal André, wenn es etwas gibt, was ich nicht ertrage, dann ist es, für einen Idioten gehalten zu werden. Leg das Gewehr weg! Leg das Gewehr weg!

ANDRÉ Es ist nicht geladen!

ALAIN Leg das Gewehr weg! *sie streiten sich um das Gewehr, Alain schafft es, es an sich zu nehmen, und prüft, ob es wirklich nicht geladen ist* Was sollen diese Flaschen? Sündiger Hochmut, sich für überschwemmbar zu halten auf einer Anhöhe. Heizt du nicht? Glücklicherweise habe ich meine Ohren überall! Mein kleiner Spießer, ich bin gekommen, um alles schwarz auf weiß festzuhalten. Dein Durcheinander... *entdeckt Albert* Guck mal!

ANDRÉ Jahve sagt zu Noah: »Gehe in die Arche, du und deine ganze Familie.«

ALAIN Was machst du denn da? Was hast du auf dem Kopf? Einen Fußabtreter?

ALBERT Nein.

ALAIN Sag mir nicht, daß das... Wie heißt das?

ALBERT Implantate.

ALAIN Sag mir nicht, daß das Implantate sind.

ALBERT Das sind Implantate.

ALAIN Das macht dich älter. Nein, das verändert dich...

ALBERT Danke!

ALAIN Beweg dich nicht!

ALBERT *bewegt sich* Ich bewege mich nicht. Ich wollte mir einschenken, willst du ein Glas?

ALAIN Und am Auge? Was hast du am Auge?

ALBERT Ich... Ich... Ich habe mir die Lider neu machen lassen. Sie... es... das ist... sie... sie hingen über die Augenwinkel.

ALAIN Wieviel hat dich das gekostet?

ALBERT Ich bin schon klargekommen.

ALAIN Genau. Du bist schon klargekommen. Du hast dir die Augenlider neu machen lassen!

ANDRÉ Ich hab's mir doch gedacht.

ALAIN Was?
ANDRÉ Daß das Auge...
ALAIN Daß das Lid!
ANDRÉ Daß das Lid...
ALBERT Du kannst das Gewehr weglegen. Es ist nicht geladen.
ALAIN Wo sind die Patronen? Wo sind die Patronen?
ANDRÉ In der Schublade.

Alain lädt das Gewehr und stellt es hin.

ALAIN Man weiß nie. Wenn ein Zigeuner... *sie erstarren alle drei* Also, was feiert ihr? Hast du nicht von einem Glas gesprochen? Die Rückkehr deiner Tochter? Das Ende der Sintflut? Den Verkauf des Hofes? Was ist das für eine Flasche? Ich dachte, die 29er Chateau-Lafite von Papa wären verschwunden?
ANDRÉ Ich habe sie wiedergefunden!
ALAIN Du hast sie wiedergefunden! Und wie machen wir das, jetzt, wo die Aufteilung unterschrieben ist? Wem gehören diese Flaschen?
ANDRÉ Nimm sie! Nimm sie! Es soll nicht heißen, ich hätte sie eingesteckt! Ein Viertel ist für dich, ich gebe es zu. Es gibt achtzehn Flaschen. Achtzehn geteilt durch vier, das macht äh...
ALAIN Das ist nicht ganz korrekt, aber das ist nicht das Schlimmste. Du rühr dich nicht!
ALBERT Ich gehe pinkeln. Ich habe zu viel getrunken.
ALAIN Auf der anderen Seite.
ALBERT Ich gehe draußen pinkeln.
ALAIN Ich komme mit.
ALBERT Ich kann ganz alleine pinkeln.
ALAIN Du gehst nicht draußen pinkeln!
ALBERT Willst du, daß ich drinnen pinkle?
ALAIN Man kann dir nichts verheimlichen. Ich suche dich schon seit sechs Monaten.
ALBERT Sechs Monate. Schon?

ALAIN Gehört dir der weiße Colorado?

ALBERT Ja.

ALAIN Mein armer Albert, wenn du deinen Kopf sehen würdest!

ALBERT Du hast gut reden, du könntest eine hübsche Fettabsaugung vertragen!

ALAIN Ich bin wie ich bin, ich muß kein anderer sein! Geh pinkeln!

Albert geht, Richtung Toilette.

Warum hast du mir das angetan, André?

ANDRÉ Du bist vielleicht nicht der Richtige, um mit mir über Moral zu reden, Alain!

ALAIN Aber ich rede nicht von Moral, André! Ich rede von Anstand.

ANDRÉ Wie geht es deinem Sohn?

ALAIN Was?

ANDRÉ Wie geht es deinem Sohn?

ALAIN Ich habe nie einen Sohn gehabt.

ANDRÉ Entschuldige, ich bin müde, wo bist du hergekommen?

ALAIN Über die Höhe. Ich wollte durch Saint-Clerq kommen, aber die Nationalstraße ist unter Wasser. Der Obstgartenweg ist unbefahrbar. Saint-Clerq ist von der Welt abgeschnitten, abgesehen von der Vignystraße. La Chapelle ist unter Wasser. Die Soldaten schlafen nicht mehr. Die Plünderungen nehmen zu. Die Versicherungsgesellschaften machen den Laden zu. Das ist mein Glück. Gestern hat mein neuer Colorado einen treibenden Schleppkahn gerammt.

ALBERT *kommt zurück* Ein roter Colorado?

ALAIN Ja. Rot. Woher kennst du die Farbe meines Autos?

ALBERT Naja, meiner hat auch den vorderen Kotflügel eingedrückt, aber es ist auf der anderen Seite, das heißt rechts, und meiner ist weiß, und der von André ist blau, also ist deiner rot. Blau weiß rot. Rot. Rot wie der Feind.

Rot wie der sonderbare Kranführer, den du vor der Lynchjustiz bewahrt hast, 68, indem du da hoch gestiegen bist, um ihn zu überzeugen, klein beizugeben. Rot, wie sein scharlachroter Lappen, der unsere eine Million Menschen in den Schatten stellte, die auf die Champs-Elysées gekommen waren, um den General zu unterstützen. Rot wie blutrot, wie Alain Cheutié, der Held der Familie, der Verteidiger der Witwe und des Waisen, abgesetzt von den Sozialisten, weil er vor den Fenstern des Elysée-Palastes randalierte. Rot wie das Karminrot der schwärzesten Kämpfe. Rot wie die Knebel, die Schlingen und alle eingesteckten Schläge!

ANDRÉ *singt*

»Ich gehe so weit zum Tisch des Herrn
Der Freude meiner Jugend.«

Na ja, es fehlt nur noch Arnaud, damit die vier Söhne von Raymond Cheutié vereint sind, mit dem Regen werden die Tage kürzer, wie lange ist es her, das letzte Mal war es bei der Kommunion von Sibylle, mindestens?

ALAIN *ironisch* Alles macht sich aus dem Staub.

ALBERT Ich war nicht bei der Kommunion von Sibylle. Ich war im Krankenhaus.

ANDRÉ Arnaud war da. Das war das letzte Mal, daß wir ihn gesehen haben.

ALAIN Machst du Witze?

ALBERT Wann denn dann... Ah!

ALAIN *zu André* Wenn ich daran denke, was du uns zu schlucken gegeben hast!

ANDRÉ Bei der Beerdigung von Papa?

ALBERT Arnaud war nicht bei der Beerdigung von Papa. Er war in Saintes-Maries-de-la-Mer!

ANDRÉ Was für eine Schande! Was für eine Schande! Das ganze Departement war da, und der jüngste der Cheutié-Söhne sang für die Zigeuner in Saintes-Maries-de-la-Mer!

ALAIN *hebt sein Glas* Auf Raymond Cheutié, Bürgermeister von La-Chapelle-en-Brie von 1927 bis 1989, und auf die Niederträchtigkeit seines Sohnes André, der es nicht geschafft hat, das Rathaus länger als eine Amtsperiode zu behalten!

ALBERT Auf André Cheutié!

ALAIN Ja! Auf André Cheutié, der uns seine Rechtschaffenheit mit einem schlappen Heiligenschein verkaufen will!

ANDRÉ Alain!

ALAIN Was?

ANDRÉ Du trinkst meinen Wein! Nein, der da! Der da, der gehört mir! 84er Mouton Baronne Philippe! Du kommst zu mir, und du trinkst meinen Wein! Du kommst zu mir, und du trinkst meinen Wein, und du ... Ich habe einen Scheck für dich! Zeig ihm deinen Scheck, Albert! Du bist hier bei mir zu Hause!

ALBERT *weinend* Papa ist sein ganzes Leben lang Stellvertreter in der Genossenschaft gewesen. Nie hätte auch nur ein Abgeordneter die Intelligenz besessen zu krepieren, um ihm seinen Platz zu hinterlassen!

ALAIN Was für ein Scheck?

ALBERT Das ist wegen des Zigeuners. Papa hat auf den Zigeuner geschossen!

ANDRÉ Psst! Papa hat niemals auf den Zigeuner geschossen! Das Gericht hat bewiesen, daß er auf den Bären geschossen hat!

ALBERT Ja, aber der Zigeuner ist gestorben!

ANDRÉ Aber nein, der Zigeuner ist nicht gestorben! Der Bär ist gestorben! ist gestorben!

ALBERT Aber wo war der Zigeuner dann? In der Haut vom Bären?

ANDRÉ Was redest du? Er hielt den Bären an der Leine!

ALBERT Aber jemand wurde getroffen, war es der Bär oder war es der Zigeuner?

ANDRÉ Du warst zu klein. Das war der Zigeuner, aber Papa hat gesagt, daß er auf den Bären geschossen hat, weil er auf ihn zukam!

ALBERT Aber wenn der Bär auf Papa zukam, und Papa den Zigeuner getötet hat, und wenn Papa den Bären nicht getötet hat, wie kam es dann, daß der Bär Papa nicht getötet hat?

ALAIN Es gab keinen Bären!

ALBERT Also hat er auf den Zigeuner geschossen?

ALAIN Es gab keinen Zigeuner!

ALBERT Man hat seine Leiche gefunden!

ALAIN Man hat die Leiche eines Bären gefunden, drei Tage nach dem Zwischenfall!

ALBERT Aber sie hatte nicht mehr die gleiche Farbe!

ALAIN Halt den Mund! *Alain geht auf Albert, der sein Gesicht mit seiner Hand schützt, los, um ihn zu schlagen, das Handgelenk kriegt den Schlag ab* Es ist nichts passiert an diesem Tag! Wir schliefen.

ALBERT *hält sein Handgelenk* Das war ein Jahr nach dem Tod von Mama.

ANDRÉ Das ist kein Zufall.

ALAIN Halt den Mund! Was ist los mit euch? Ich habe die Nase voll davon, euren Schwachsinn auszubaden! Mein ganzes verdammtes Leben habe ich euren Schwachsinn ausgebadet! Ich frage mich sogar, ob Gott mich nicht nur geschaffen hat, damit ich euren Schwachsinn ausbade! »Du wirst den Schwachsinn deiner Brüder ausbaden!« Und jetzt *zu André* kommst du mir mit sowas! Das reicht! Ein Hof aus dem 14. Jahrhundert, den wir 1789 dem Adel entrissen haben! Aber es ist mir egal, das sind keine Kreuzworträtsel... André Cheutié, der glühende Verteidiger der Brie, der Keuzworträtsel, aber... aber das ist es nicht mal, es ist... die Erde, auch nicht. Das Geld! Ja, das Geld, aber nicht mal... Und das Übereinkommen mit Lopez! Du, mit Lopez! Du hast alles kalt eingefädelt... ich... das ist unglaublich!

ANDRÉ Das reicht!

ALAIN Ja, das reicht!

ANDRÉ Genau, das reicht! Was glaubst du? Ich bitte dich! Sowas! Für wen hältst du dich? Wenn du glaubst, daß es reicht, der Älteste zu sein! Hier ist mein Zuhause, bis auf Weiteres! Was glaubst du? Daß ich nichts zu tun habe morgen früh!?! Ihr kommt und spielt euch auf, alle beide, ohne Rücksicht zu nehmen! Ich stehe um fünf Uhr auf! Nur weil der Computer den Pflug ersetzt hat, dreht der Bauer nicht Däumchen! Man muß es lieben, das Getreide! Man muß sich darum kümmern, um das Land! Vor allem zur Zeit. Es ist schlimmer als früher. Wenn ihr wüßtet! Es erfordert Anstrengungen jetzt, der Wettbewerb ist gnadenlos! Brüssel gibt seine Mittel an Moskau, das sein Getreide lieber in Toronto kauft! Und Sidney! Ich rede nicht von Sidney! Ich verbiete euch, von Sidney zu reden! Nicht zu reden von den Auflagen, unter dem Vorwand, ich würde nicht genug Brache lassen! Weil ihr BSP weniger wird, muß mein Getreide die spanischen Schweine ernähren! Für die EG wird es fünf vor zwölf und sie machen die Augen zu! Ihr geht mir auf die Nerven! Ich gehe zu Champion! Sie machen Abendverkauf! Es gibt Sonderpreise für die verschiedenen Sternzeichen! Genug ist genug! Ihr macht die Tür hinter euch zu! Tschüß! *Er geht.*

ALAIN Verdammt!

ALBERT Also der, läßt du ihn gehen?

ALAIN Er ist im Schlafanzug. Er wird wiederkommen.

ALBERT Du hast mir weh getan. Ich muß Dienstag Tennis spielen. Und außerdem, was ist das für eine Geschichte mit dem eingebeulten roten Colorado in Milly-la-Forêt? Was hast du mit meiner Frau gemacht? Schläfst du mit ihr?

ALAIN Hast du einen Detektiv engagiert?

ALBERT Ich... Nein.

ALAIN Albert, ich möchte gern, daß du weißt, daß ich Annie-Claire weit mehr respektiere als es für einen Mann menschlich ist zu ertragen. Ich sterbe vor Respekt für Annie-Claire. Ist das klar?

ALBERT Er ist unheimlich geizig. Es ist arschkalt hier. Er könnte heizen.

ALAIN Sie hat mich angerufen, um mit mir über dich zu reden.

ALBERT Über mich? Aber... Ah!

ALAIN Sie hat herausgefunden, daß du das Haus in Milly mit einer Hypothek beliehen hast.

ALBERT Das ist mein Haus!

ALAIN Sie macht sich keine Sorgen um das Haus, Albert, sie macht sich Sorgen um dich.

ALBERT Ah!... Und du?

ALAIN Wie, ich?

ALBERT Machst du dir auch Sorgen um mich?... Das ist komisch! Erinnerst du dich an diesen berühmten Sonntag, ich weiß nicht, was uns geritten hat, wir hatten eine Runde Ping-Pong gespielt, auf dem Eßzimmertisch, er hatte nicht die richtige Größe, auch kein Netz, natürlich, es war herrlich, ohne Netz zu spielen. Auf dein Wohl! *Er trinkt.*

ALAIN Hör auf!

ALBERT Das sind dieselben Wände. Das sind dieselben Möbel. Glaubst du, daß die Stühle von den Zigeunern geflochten worden sind, die...

ALAIN Das reicht!

ALBERT Wie alt war ich, als Mama gestorben ist?

ALAIN Vier.

ALBERT Papa wäre dieses Jahr Hundert. Er sprach nie von Mama. Erinnerst du dich, daß der Verlust seines Kurzzeitgedächtnisses umgekehrt proportional war zur Schärfe seines Langzeitgedächtnisses. Hundertmal erzählte er uns ausführlich von dem Fest in La Moisson. Man hatte ihn auf ein Gabelpferd gehoben, einen Treibstachel in der Hand, und er trieb ein Paar Ochsen vor sich her. Die drei Tiere zogen den Leiterwagen, der das Wagenbüro der Genossenschaft war. Papa thronte mit seinen sechs Jahren, stolz wie Artaban über der Menschenmenge aus La Chapelle, die ihm zujubelte. An diesem Tag muß in ihm der Gedanke entstanden sein, in die Spuren seines Vaters zu treten und erster Beamter in seiner Gemeinde zu werden, in La Chapelle-en-Brie, der Perle der Brie.

ALAIN Gib mir mein Geld zurück, bevor es zu spät ist.

ALBERT Was ist das, *es*?

ALAIN Es kommt ein Augenblick im Leben eines Mannes,

wo er seine Angelegenheiten in Ordnung bringen muß. Aber was geht dich das an? Ich habe eine bestimmte Summe geliehen, du tust alles, um mir aus dem Weg zu gehen, eine bestimmte Summe, das ist sechs Monate her, du gibst es mir zurück, Schluß, aus!

ALBERT Ich kann nicht.

ALAIN Du kannst nicht! Du läßt dir das Hirn garnieren! Du läßt dir die Augenlider neu machen und ich weiß nicht, was noch alles, innen drin wahrscheinlich, und du sagst, du kannst nicht! Wieviel verdienst du als Personalchef? 35 000?

ALBERT Ich kann nicht!

ALAIN 40 000?

ALBERT ICH KANN NICHT! Du kannst warten mit deinem doppelten Gehalt!

ALAIN Was für ein doppeltes Gehalt? Ich habe kein doppeltes Gehalt!

ALBERT Ja, naja, offiziell...

ALAIN Lenke nicht vom Thema ab! Hast du schlecht angelegt?

ALBERT Nein.

ALAIN Spielst du?

ALBERT Nein.

ALAIN Hast du eine Geliebte?

ALBERT Nein.

ALAIN Ich brauche dieses Geld. Jetzt!

ALBERT Annie-Claire...

ALAIN Annie-Claire hat damit nichts zu tun. Ihr seid nicht in Gütergemeinschaft verheiratet.

ALBERT Oh!

ALAIN Ja, oh! Warum lachst du dich tot?

ALBERT Nein, ich denke an Annie-Claire. Ich... das ist lächerlich.

ALAIN Sie weint oft, Albert, sie weint, zu Hause, in der Apotheke, und sogar auf der Straße.

ALBERT Sie weint in der Apotheke?

ALAIN Sie ist in großer Sorge.

ALBERT Was mischst du dich ein?

ALAIN Sie ist zerbrechlich. Sie wirkt so stark, aber sie ist zerbrechlich. Sie ist wie eine Blume. Wie eine... wie ein... wie eine... wie eine... wie eine Seerose. Eine Seerosenblüte.

ALBERT Oberarschloch!

ALAIN Du schuldest mir Geld. Bleib anständig!

ALBERT Aber schließlich ist es meine Frau, Scheiße!

ALAIN Sie ist unglücklich, Albert. Sie wird noch links wählen. Sie macht sich aus dem Staub nach Afrika mit »Apotheker ohne Grenzen«. Wir werden sie nicht mehr wiedersehen.

ALBERT Aber sag mal, mein Mistkerl, sagt sie dir alles?

ALAIN Na ja, alles!

ALBERT Lutscht sie dich gut?... Schlag mich nicht! Nicht auf den Mund! Nicht auf den Mund! Ich habe Probleme mit den Zähnen! *Alain schlägt in den Magen* Mist...

ALAIN Wenn ich jemals höre, daß du deine Frau betrügst, Albert, bringe ich dich um!

Das Telefon klingelt.

ALBERT Das ist Sibylle!

ALAIN Woher weißt du, daß es Sibylle ist?

ALBERT André hat mir gesagt, daß sie jeden Tag um die gleiche Uhrzeit anruft!

ALAIN Und?

ALBERT André will nicht, äh... daß man von ihr spricht.

ALAIN Dieses Mistvieh ist sich nicht darüber im Klaren, daß man diesem armen Mädchen helfen muß!

Er geht zum Telefon, um abzuheben.

ALBERT Warte! Geh nicht dran! Es gibt einen Code! *er stürzt zum Telefon, er stolpert über den Teppich und fällt vorwärts auf ein Möbelstück* Aua! Aua! Meine Zähne! Meine Zähne!

ALAIN Was soll dieser Zirkus? Aber... du blutest!

ALBERT Meine Zähne!

ALAIN Zeig!... Die Lippe hat was abgekriegt! Nein, die Nase!

ALBERT Bleib hier! Geh nicht dran! Man muß es desinfizieren!

ALAIN Erwartest du einen Anruf?

ALBERT NEIN!

ALAIN Dann hebe ich ab.

ALBERT Alain, ich bin bei Maousse rausgeflogen.

ALAIN Was, was sagst du?

ALBERT Nichts! Nichts! Doch! Doch! Die Wahrheit! Schließlich, früher oder später kommt alles raus.

ALAIN Seit wann?

ALBERT Seit sechs Monaten. Ich habe es Annie-Claire nicht erzählt. *das Telefon hört auf zu klingeln* Es blutet.

ALAIN Hier! *er holt ein kleines Arzneifläschchen aus seiner Tasche* Das ist nicht wahr! Und seit sechs Monaten? Heb den Kopf!

ALBERT Ich tue so, als ob. Ja, mein Herr-der-alles-weiß-und-der-nichts-weiß. Aua! *mit verstellter Stimme* Es war einmal ein junger und brillanter Personalchef, der das Glück hatte, bei Maousse einzutreten, dem Paradies für groß und klein. Offensichtlich hielt der Schein nicht, was er versprach, die Hanswürste, die die Maske der Freude aufsetzten, waren eigentlich Galeerensträflinge. Man entließ leidenschaftlich gern. Um die Reise fortzusetzen, mußte jeder auf seinem Rücken eine immer schwerer werdende Last tragen.

ALAIN Hör auf!

ALBERT Als der Direktor der »Costuming«-Abteilung gefeuert wurde, mußte der junge und brillante Personalchef diese Ritterrüstung anziehen und zwei Ämter für ein einziges Gehalt bekleiden. Er schlief nicht mehr, paukte Tag und Nacht die siebzehn Bände der Kostümgeschichte, erschienen im Verlag Maousse, die man ihm lebhaft angeraten hatte zu kaufen. Eines Tages *hält sich den Bauch*, schenk nach, du hast mir weh getan...

ALAIN Weiter!

ALBERT *wieder mit verstellter Stimme* Für einen »Special event« aus Anlaß des »Independence day« am 4. Juli, gab man ihm siebzig Kostüme in Auftrag. Da er in allen Punkten ihr Vorgesetzter war, trieb der junge Mann die kleinen Zeitarbeithelferhände, die für ihn arbeiteten, zur Eile an, und in einer Nacht fertigten ihre Feenfinger noch schönere Kostüme als die, die man am Hof des Königs Ludwigs des Fünfzehnten getragen hatte, genannt: der Vielgeliebte.

ALAIN Komm auf den Punkt!

ALBERT *nach und nach wieder mit normaler Stimme* Unglücklicherweise fand der Vorgesetzte des jungen Mannes die Kostüme zu französisch, sagen wir, nicht genug »Cartoon«. Die kleinen Hände weigerten sich, mehr davon zu machen. Auf jeden Fall wurden sie gefeuert, weil sie nicht die Absicht hatten, demjenigen ein Geschenk zu machen, der sie an der Kandare hielt.

ALAIN Du?

ALBERT Ja, ich! Die Abteilung wurde wegen Umstrukturierung geschlossen, die Kostüme in Paris vermietet, immerhin. Man machte den jungen Mann fertig...

ALAIN Den jungen Mann!

ALBERT Ja, wie, ist doch so! und schickte ihn, den Wartungsdienst zu überprüfen. Nach vierzehn Tagen brach er zusammen und war als Personalchef verpflichtet, sich selbst zu entlassen und wagte nicht, seiner Witwe und seinen kleinen Kindern zu gestehen, daß es kein Brot mehr geben würde. Es blutet nicht mehr.

ALAIN Bist du beim Arbeitsgericht gewesen?

ALBERT *wieder mit verstellter Stimme* Da sitzt eine Gewerkschaftlerin, die der junge Mann bei Maousse zu feuern versuchte, weil sie Ohrringe trug...

ALAIN Das ist nicht wahr!

ALBERT ... die nicht vorschriftsmäßig waren...

ALAIN Scheiße! Das ist nicht wahr!

ALBERT ... sieben Zentimeter lange Marsupilamis, während die vorschriftsmäßige Länge bei Maousse...

ALAIN Hör auf damit! Hör auf!

ALBERT Rätsel: wie heißt ein junger Wolf, der nicht mehr jung ist und nicht mehr Wolf?

ALAIN Halt die Schnauze!

ALBERT Nein, das ist nicht die richtige Antwort!

ALAIN Halt jetzt die Schnauze! Schnauze! *er schlägt ihn an den Kopf, was beiden weh tut* Scheiße aber auch! Das ist nicht wahr!

ALBERT Doch!

ALAIN Warum? Warum bist du mein Bruder?

ALBERT Schenk nach... ich muß telefonieren. Ich habe mein Adreßbuch im Auto gelassen. Jedenfalls, eine Sache ist klar: Wenn meine Frau mit dir schläft *läßt ihn nicht zu Wort kommen* und das ist mir so egal wie mein vierzigster Geburtstag!, dann nur, weil sie Mitleid mit dir hat! Ein riesiges Mitleid mit dem Artischockenherz, das tief im Innern des Körpers desjenigen verbrennt, der, durch und durch Polizist, der er ist, niemals das arme Kind vergessen macht, das die anderen auf dem Pausenhof Eule genannt haben und dessen Fett auf ewig die Kerze seines Leidens nährt!

ALAIN Verrecke!

ALBERT Aber, mein Bruder, genau das versuche ich jeden Tag... Adieu!

Albert geht. Alain bleibt allein. Er steht auf und kramt in den Papieren seines Bruders und findet die Kreuzworträtsel.

ALAIN »Melun. Avon. Uhlan. Sucy. Seine. Mutterkorn. Maousse. Gesetz.« Idiotenverein! *er zerknüllt das Kreuzworträtsel und wirft es irgendwohin; er nimmt ein anderes* »Müdigkeit. Heuernte. Irrtum. Idefix. Sibylle. Ohrenrobbe. Nichts.« *er zerknittert es ebenso aber als er es auf den Tisch legt, streicht er es wieder glatt. Er hebt das erste Papier wieder auf und streicht es ebenfalls glatt. Er nimmt sich die »Zweite Akte«. Er liest:* »Geschichte von La Chapelle-en-Brie« von André Cheutié... Meinem Vater... Auf dem briardischen Plateau erhob sich einst ein riesiger Wald. Kaiser Tiberius... der Nachtblinde, der die Germanen unterworfen hatte, deportierte vierzigtausend von ihnen in die Brie, wo er sie einer riesigen Urbarmachungsmaßnahme unterwarf. Gewaltige Aufgabe, wenn man bedenkt, daß dieser Wald nie zuvor einen Menschen gesehen hatte. Aber die Germanen gründeten einen Stamm. Bis ins Hohe Mittelalter blieb der Wald erhalten, Luftaufnahmen zeigen kreisförmige Anordnungen von Grundstücken mit Hütten auf Lichtungen, wo sich die Einsiedler niederließen. *die Geschichte von La Chapelle-en-Brie endet hier. Alain lacht. Sein Lachen nimmt zu in dem Maße, wie seine Augen das Eßzimmer durchwandern. Er findet einen Brief:* »Lieber kleiner Papa, wenn du stirbst la la lau, hau...« Was für ein Elend! *er nimmt die »Erste Akte«* »Genealogisches Archiv Garceneau, 1848 begründete Studie – Erbforschung – Frankreich und Ausland – Dreiundzwanzig Abteilungen...« Ah!... *er öffnet sie* Das ist nicht wahr! Das mußte früher oder später kommen... *das Telefon klingelt* Ja? Hallo?... Ja, das bin ich... Was? Nein, mein Bruder ist weggegangen... Ich glaube, er verspätet sich nicht... Alexandra Selymes, gut... Was? Ob mich das ärgert, wenn Sie sofort kommen? Nein. Überhaupt nicht. Warum sollte mich das ärgern?... Ich bitte Sie *er legt auf; plötzlich wird ihm klar* Sie hat mich für André gehalten!

Er nimmt die Akte Garceneau wieder und legt sie zurück auf den Stapel, als würde er sich daran die Finger verbrennen. Jemand niest draußen. Rückkehr von André.

ANDRÉ *verschnupft* Bist du immer noch da!?!
ALAIN Ich habe die Geduld von Jahrhunderten.
ANDRÉ Der Champion war geschlossen.
ALAIN Du läßt das Geheimnis aus deinen Schubladen quellen.
ANDRÉ Ich habe nichts zu verbergen.
ALAIN Ah ja?

ANDRÉ Ich habe mich um den Hof hier gekümmert, als Papa es nicht mehr machen konnte!

ALAIN Ja ja! Wir haben ihn dir gewährt, deinen Mehrverdienst, ein verfluchter Quell des Reichtums, den du auf unsere Kosten angesammelt hast!

ANDRÉ Sag mal, das war bloß gerecht!

ALAIN Sag mal, machst du dich über mich lustig, wir wissen genau, wie du dich zu Papas Lebzeiten arrangiert hast!

ANDRÉ Beim Notar...

ALAIN Beim Notar hatte ich nichts zu sagen. Heute ist es anders!

ANDRÉ Seien wir präzise! Beim Notar, Gilbert Gestin, sind wir übereingekommen, es war ein 19. Februar! um zehn Uhr dreißig morgens! während es draußen geschneit hat! das Büro roch nach kaltem Tabak, der Reif blieb am Fenster hängen, auf dem Sims lag ein toter Vogel, irgendeine Bachstelze! im Namen des Grundsatzes der Erbfolge, bestimmt durch das Gesetz, Artikel 832, Absatz 2 des Bürgerlichen Gesetzbuches...

ALAIN Putz dir die Nase!

ANDRÉ Daß der Besitz, der Hof und die Felder mir mit vollem Recht zukommen, und ihr wart einverstanden! Wie übrigens hättet ihr es nicht sein können, da es das Gesetz ist! Das Gesetz! Das Gesetz! ihr seid reichlich entschädigt worden, ich bin vierfach ausgeblutet, der Preis des Getreides war gestürzt, ich mußte einen neuen Traktor wieder verkaufen, um euch auszuzahlen, jetzt bin ich dran, jeder zu seiner Zeit!

ALAIN Und du glaubst, daß ich dich Zukunftspläne machen lasse?!?

ANDRÉ Ja!!!

ALAIN Der Grundsatz der Erbfolge ist sehr klar. Wenn einer der Erben einen landwirtschaftlichen Besitz betreibt, teilt man ihm vorzugsweise den Besitz und seine dazugehörenden Örtlichkeiten zu...

ANDRÉ Mit der Auflage, daß er die anderen Erben wegen des Nachteils, der ihnen bei dieser Gelegenheit erwächst, entschädigt. *er putzt sich die Nase* Das habe ich gemacht!

ALAIN Aber wir haben dir das Land nicht zum Verkauf gelassen! Das Land der Cheutiés, Mistkerl! Du solltest es bestellen!

ANDRÉ Ich bitte dich! Das Gesetz schweigt sich völlig dazu aus, was nach der Unterschrift zu tun oder zu lassen ist!

ALAIN Das ist illegal!

ANDRÉ Das ist völlig legal, du glaubst doch, daß ich meine Vorsichtsmaßnahmen getroffen habe!

ALAIN Ich mach dich fertig, du Stück Dreck! Ich mache den Vorgang ungültig!

ANDRÉ Hat dir das vor ein paar Jahren nicht gereicht, daß die anderen mich verleumden! Du mußt noch die Unverfrorenheit haben, mich zu Hause zu beschimpfen! Ich muß mich nicht von jemandem belehren lassen, der... der... der...

ALAIN Du greifst unsere Partei an?

ANDRÉ Glänzende Partei, die unter der Vorgabe, mich bei den letzten Gemeindewahlen zu unterstützen, mich in den Dreck gezogen hat!

ALAIN Und außerdem, sag mal, du hast uns noch nicht ganz ausbezahlt!

ANDRÉ Willst du den Rest deiner Auszahlung? Ah, aber sehr gern zahle ich dir den Rest deiner Auszahlung! Hier dein Scheck! Er beinhaltet deine Zinsen, ich habe nämlich nicht vergessen, daß du es warst, der darauf bestanden hat, daß sie höher sind als die normalen Zinsen!

ALAIN *unterbricht ihn* Du hast in Raten gezahlt!

ANDRÉ *unterbricht ihn* Ich schulde dir nichts mehr!

ALAIN Behalte ihn, deinen Scheck!

ANDRÉ Aber, Alain, ist es ein sehr großer Scheck!

ALAIN Dieses Vorgehen ist eine... Das ist eine... Eigentlich ist es eine Familienplünderung!

ANDRÉ Ah, du nennst das eine Familie! Aber ich, ich habe eine Philosophie!

ALAIN Ah ja?

ANDRÉ Ich gehe niemandem auf die Nerven, und mir geht niemand auf die Nerven!

ALAIN Das ist alles?

ANDRÉ Das reicht!

ALAIN Das ist ein bißchen wenig.

ANDRÉ Das reicht!

ALAIN Ich lasse dich wegen Hehlerei verfolgen.

ANDRÉ Wovon redest du?

ALAIN Es würde mich nicht wundern, wenn du noch anderes als die Château-Lafite von Papa versteckt hättest!

ANDRÉ *beschwichtigt* Aber, Alain, ist es mein Fehler, wenn mein Nachfolger, Lopez, die Möglichkeiten zu Bauen ins Spiel gebracht hat? Ich habe versucht, darüber im Departement zu reden...

ALAIN Stop! Hör auf! In zwei Minuten machst du dich lächerlich, wenn du mir versicherst, daß du versucht hast, die Region kampfbereit zu machen! Du vergißt, daß ich hier überall reinkomme, auch wenn es dienstlich ist, du manövrierst wie ein Idiot! Das ist unglaublich! Das muß dieser Nichtsnutz Lopez sein, der das alles arrangiert hat, hübsches Taschenspielerstück, du frißt aus der Hand von deinem... Henker! Halt den Mund! *er spricht schnell* Ich fasse zusammen: Du überläßt Lopez hier ein bißchen Land, wegen eines sturen Vorurteils, das unbegründet ist: »Die Leute kommen nicht auf das Plateau, um sich in einem Festsaal zu treffen, der mitten in einem Rübenfeld liegt.« Aber darauf geht Lopez noch einmal den Flächennutzungsplan durch und deine Felder werden, wie durch ein Wunder, Bauland. Daraufhin schenkt dir das Schicksal eine großartige letzte Pointe. Es regnet, es regnet, das Wasser kommt bis ans Dorf, man ist verpflichtet, die Ausweitung der Überschwemmungsgebiete bekanntzugeben, jeder schielt nach dem Plateau. Lopez, der ehrgeizig ist, weil er nicht verdaut hat, daß Maousse sich auf der anderen Seite des Flusses niedergelassen hat, hofft hier den zigsten Freizeitpark durch die zigste neue Stadt zu schaffen und du, du erzielst den Profit des Jahrhunderts!

ANDRÉ Das ärgert dich am meisten, wie, daß ich so gut dabei wegkomme!

ALAIN Morgen wird das hier eine Vorstadt sein.

ANDRÉ Das ist das Schicksal der Brie.

ALAIN Du wirst sie sehen, die Roma, wie sie ihre Zelte auf den Parkplätzen einer Stadt aufschlagen, die, so neu sie ist, in zwanzig Jahren alt sein wird, ausgehöhlt durch Drogen und Prostitution.

ANDRÉ Das ist nicht mein Problem. Ich werde nicht mehr da sein. Du redest mit einer Postkarte.

ALAIN Bist du frankiert?

ANDRÉ *zückt zwei Flugtickets* Und warum soll ich kein Recht haben auf Paréos!?!

ALAIN *nimmt die Tickets* Was ist das? Paréos gibt es auf Tahiti, nicht in Neukaledonien. Wann gehst du, nach Nouméa? Warum zwei Plätze?

ANDRÉ Für Sibylle.

ALAIN Also trinkst du die ganze Flaschen nicht zum Vergnügen, sondern bloß, damit nicht ein anderer an deiner Stelle davon profitiert!

ANDRÉ *nimmt die Tickets wieder zurück* Ich warte, bis das Wasser zurückgeht.

ALAIN Du wartest auf Sibylle! Du wirst nie nach Neukaledonien gehen, mein armer André, denn Sibylle wird nicht zurückkommen. Armer Junge! Du hast mehr Zeit in diesen letzten Jahren damit verbracht, deine Produktion wachsen zu sehen, als deine Tochter aufwachsen! Arme Sibylle... Armes kleines Pflänzchen...

ANDRÉ Halt den Mund!

ALAIN Immer einen Zug zu spät, André! Eigentlich war dein einziger Verdienst am Anfang der, der Älteste zu sein. Schöner Verdienst, wenn man sieht, was du daraus gemacht hast! Wenn Papa, dessen Sarg haltlos herumtreibt, sehen würde, daß du den Hof verkaufst! Aber um den Hof mache ich mir nicht allzuviele Sorgen. Lopez ist ein Realist: Der Hof wird zu einem Museum werden, wo sie den ganzen verrosteten Mist auftürmen, von dem wir uns in den fünfziger Jahren befreit haben, und die Bewohner **deiner** neuen Stadt werden sonntags kommen und das Schicksal einer verschwundenen Welt beweinen. Aber die Felder! Du hast die Seele verkauft, mit der du uns in den Ohren gelegen hast, um eine dumme Rache zu befriedigen. Gegen mich. Gegen das Andenken von Papa. Halt den Mund! Gegen deine Brüder. Gegen Annie-Claire. Gegen unsere Partei. Die ganzen Monate kaltblütiger Freude, in denen du den kümmerlichen Plan ausgebrütet hast, den du unter deinen Kreuzworträtseln versteckt hast! Das ist nicht Lopez, der dich bei den Gemeindewahlen geschlagen hat! Das sind nicht die Exilpariser in La Chapelle, die dich nicht gewählt haben! Das ist nicht unsere Partei, die dich verraten hat! Das ist deine geistige Armut, dein hinterwäldlerischer Despotismus, die Eifersucht, die du Papas Erfolg gegenüber empfindest, wenn man das einen Erfolg nennen kann... die dich blind gemacht haben! Blind und ungeschickt! Blind, taub und ungeschickt! Du wolltest den Klugscheißer spielen, damals, und dich nicht anschließen lassen, zusammen mit den umliegenden Gemeinden, an ein gemeinsames Abwassersystem. Beklage dich! Unterstützt von den Alteingesessenen deines Stadtrates hast du dir deine kleine offene Kläranlage gebaut, ohne öffentliches Nutzungsrecht und ohne Baugenehmigung. Alles um drei Francs sechzig zu sparen und deinen Ruf zu verlieren und die Wahl gleich hinterher!

ANDRÉ Ich konnte nicht wissen...

ALAIN Deine Sickergrube, die zu einem offenen Gully geworden ist! An manchen Tagen blies der Wind die Ausdünstungen bis nach Fontainebleu! Die Kondensierung dieser Scheißgrube hat die Atmosphäre aufgeheizt und unbekannte Mückenrassen erzeugt, die schlimmere Krankheiten mit sich herumgeschleppt haben als Malaria! Es gab Todesfälle. Ein kleines Mädchen wurde von den Ratten gefressen, und du machst mir Vorwürfe, mir und uns allen, unserer Partei, dich nicht unterstützt zu haben. Wie soll man das Unhaltbare unterstützen?

ANDRÉ Wir sind großgezogen worden, und uns wurde die Wahrheit gelehrt von Menschen, deren Leben durchkreuzt war von der Lüge.

ALAIN Das ist das Gesetz.

ANDRÉ Herrgott, wenn ich den Verrat zusammenrechne, stürzen alle Mauern um mich ein...

ALAIN Genau!

ANDRÉ Es bleibt nur die Brie, wie sie einmal war. Ich kann Frankreich verlassen und sie in meinem Gepäck mitnehmen. Sie ist ewig. In mir wird die Brie immer leben.

ALAIN Hör mit dem Theater auf!

ANDRÉ Die Brie, das ist Frankreich.

ALAIN Mach die Augen auf!

ANDRÉ Melun hätte Paris sein können.

ALAIN Wach auf...

ANDRÉ Es hätte wenig gefehlt. Ein großer Fluß, zwei Inseln, fruchtbare Uferböschungen, eine unvergleichliche geographische Lage! Also, wenn die Brie Frankreich ist, weil Melun Paris hätte sein können, dann gehe ich auch in die Brie, wenn ich nach Neukaledonien gehe.

ALAIN Geh deinen Schwachsinn am anderen Ende der Welt auskurieren. Ich weiß jetzt, was ich wissen wollte... *das Licht flackert* Was ist das?... Deine Millionen werden dich nicht glücklicher machen und du wirst auf ewig Witwer deines zweiten Tickets bleiben! *das Licht geht aus; Pause.* Hast du irgendwo eine Taschenlampe?

ANDRÉ In der Schublade.

Alain tastet ein bißchen herum, findet eine elektrische Taschenlampe, die eine unbekannte Gestalt erleuchtet.

ANDRÉ *erhebt sich* Der Bär! Der Zigeuner!

Greift nach seinem Gewehr und schießt. Eine Flasche geht in Scherben.

ARNAUD Schießt nicht! Ihr seid bekloppt! Ich bin's, Arnaud!

Das Licht geht wieder an.

ANDRÉ Arnaud? Nanaud?

ARNAUD Ich sehe, daß sich die Tradition der Gastfreundschaft in der Familie nicht verliert. Jagst du im Schlafanzug?

ANDRÉ Ich habe geglaubt, das war ein... Du bist angezogen wie Pik As! Man könnte meinen, du wärst ein Bär.

ARNAUD Ich komme aus Deutschland. Es ist kälter als hier, aber wenigstens regnet es nicht, guten Tag, Alain!

ALAIN Guten Tag, Arnaud.

ANDRÉ Du trägst jetzt Bart, letztes Mal war es ein Schnauzer, immer diese Änderungen! Das ist unglaublich! Was für eine Nacht! Das ist unglaublich...

ARNAUD Ja. Das sagt man in so einem Fall. Du solltest das Gewehr wegstellen. Bei der Aufregung weiß man nie.

ALAIN Achtzehn Flaschen durch vier zu teilen, war schon schwierig, aber jetzt siebzehn!

ANDRÉ Was habe ich kaputt gemacht?

ALAIN Was glaubst du? Eine von Papas Château-Lafite.

ARNAUD Ich dachte, sie wären verschwunden.

ALAIN André hat sie wiedergefunden.

ARNAUD Großartig!

ALAIN Du bist nie streitsüchtig gewesen.

ARNAUD Hast du Angst, überschwemmt zu werden? Heizt du nicht? Was bietest du mir an?

ANDRÉ Äh... Ich habe kalten Weißwein.

ARNAUD Ich dachte, daß dich das nicht schlafen läßt.

ANDRÉ Ich denke nicht, daß mich das nicht schlafen läßt. Wie geht es deinem...

ALAIN Er hat keinen Sohn!

ANDRÉ Ah ja...

ARNAUD Doch, ich habe einen Sohn! Naja, meine Frau! Naja, meine neue Frau! Naja, die Frau, mit der ich lebe, hat einen Sohn.

ANDRÉ Ist sie türkisch?

ARNAUD Nein, sie tätowiert.

ANDRÉ Tätowiert?

ARNAUD *fängt an, seine Hose aufzumachen* Willst du sehen?

ANDRÉ Nein. Nein. Wann haben wir dich das letzte Mal gesehen?

ARNAUD Na ja, beim Notar. Eben deshalb arbeite ich so viel, weil ich das Jagdschlößchen im Wald von Sauveterre halten wollte. Man muß alles renovieren.

ALAIN Mit ein bißchen Glück wird die Regionalbahn direkt vor deiner Haustür halten.

ARNAUD Warum sollte die Regionalbahn direkt vor meiner Haustür halten? Sag mal, sie haben die Pappeln gefällt!

ANDRÉ Na ja, eine Vierertrasse muß eine Vierertrasse werden.

ARNAUD La Brie est en train de changer.

ANDRÉ What?

ARNAUD The Brie is changing.

ALAIN *schenkt Arnaud ein* Genau.

ANDRÉ Was hat er gesagt?

ARNAUD Danke.

ALAIN Auf die Zukunft!

ARNAUD Auf die Zukunft!

ANDRÉ Auf die Eurige!

ARNAUD Es fehlt nur noch Albert.

ALAIN Er war vorhin da.

ANDRÉ Sein Haarwuchs ist weniger entwickelt als deiner, na ja, übrigens jetzt nicht mehr, wo er ... naja, nein, nichts! Schläfst du hier?

ARNAUD Ich bin in Eile.

ANDRÉ *erleichtert* Ah...!

ARNAUD Ich bin vorbeigekommen, weil ich vorbeikam. Aber ich habe eine großes Problem. Ich komme aus Saarbrücken. Der Klang von meiner Geige ist nicht in Ordnung. Ich habe enorme Bässe, das ist ein bißchen technisch, entschuldigt. Das ist während des Konzertes passiert. Ich bin sofort danach gefahren. Ich muß meinen Geigenbauer morgen früh in Paris treffen. Wir spielen morgen abend *er schaut auf seine Uhr,* heute Abend in Frankfurt. Es wäre gut, wenn ich um 18 Uhr dort wäre, wegen des Einspielens. Nein danke, ich muß gehen.

ANDRÉ Wie ist es dazu gekommen?

ARNAUD Was?

ANDRÉ Daß du vorbeigekommen bist?

ARNAUD Die Brücke über der Autobahn, gegenüber von Croisy, ist eingestürzt. Sie haben eine Umleitung eingerichtet, aber ich bin sofort Richtung Plateau los, ich habe mir gedacht, daß da weniger los ist. Was für eine Geschichte! In Deutschland ist es besser! Und das ist nicht alles. Als ich nach Saint-Clerq runterkomme, ist da eine Menschenansammlung. Ein weißer Colorado ist vom Wasser mitgerissen worden. Die Feuerwehr war stromabwärts gegangen, um zu versuchen, ihn rauszuholen, er konnte nicht weit gekommen sein, der Kneipier hat mir gesagt, daß er sofort untergegangen ist. Sie guckten einfach nur die Strudel an, als hinge ihr Leben davon ab. Ein Typ, der ganz allein mit einem mehr oder weniger beschädigten Auto gerast ist, er ist mit dem Hinterteil, wie ein Krebs, gegen die Brüstung geprallt, die man unter dem Wasser nicht sehen konnte, was für ein Blödsinn, ich war gezwungen einen Umweg über Vigny-la-Côte zu machen, fünfzundzwanzig Kilometer mehr, und jetzt gehe ich, danke, sag mal, ist das nicht meine Blechwanne, die, in der man mich gebadet hat, als ich klein war?

Das Telefon klingelt. André hebt ab.

ANDRÉ Ja, das bin ich... Ah, guten Tag, Unteroffizier... Froschmänner...
Machen Sie es so gut wie möglich *er will den Hörer auflegen* Herrgott... *die Stimme des Unteroffiziers holt ihn zurück* Wie? Wieso denn setzten? Nein, ich stehe... Nein, danke, ich habe keine Lust, mich zu setzen. Wie noch was anderes, das ist nicht genug? Los!... Was ist eine Überdosis?... Ah, eine over-dose, ja, und?... Ich danke Ihnen Un-

teroffizier, ich bitte Sie, auf Wiederhören *er legt auf* Das ist nicht wahr. Das ist nicht wahr, das ist nicht wahr. Das ist nicht wahr. *es klingelt an der Tür* Das ist nicht wahr. Das ist nicht wahr.

ARNAUD Was hat er?

Es klingelt erneut an der Tür. Arnaud geht aufmachen.

ANDRÉ Das ist nicht wahr. Das ist nicht wahr. Das ist nicht wahr.

ARNAUD *kommt zurück* Es ist eine Frau, die äh... die wegen Albert kommt.

Auftritt Alexandra. Sie ist geschmackvoll gekleidet, aber der Regen hat aus dieser geschmackvollen Kleidung ein Desaster werden lassen. Sie hat eine Stupsnase und einen großen Mund. Sie ist erheblich jünger als Albert, aber nicht so jung. Sie hat einen leichten Akzent.

ALEXANDRA Guten Tag, ich bin Alexandra Selymes. Ich komme Albert holen, das ist...

ANDRÉ Das ist nicht wahr.

ARNAUD Aber was passiert eigentlich?

ALAIN Komm mit mir, ich werde es dir erklären.

ARNAUD Aber... wo gehen wir hin?

ALAIN Wir gehen zurück nach Saint-Clerq.

ARNAUD Aber...

ALAIN Komm!

Sie gehen.

ANDRÉ Das ist nicht wahr!

ALEXANDRA Sind Sie André, Herr André Cheutié?

ANDRÉ Das ist nicht wahr!

ALEXANDRA Sie sind nicht Herr Cheutié?

ANDRÉ Das ist nicht wahr. Doch!

ALEXANDRA Störe ich Sie? *sie entdeckt ihr mit Blut ver-*

schmiertes Knie Hätten Sie etwas Jod? *bemerkt das Arzneifläschchen, das auf dem Tisch stehengeblieben ist* Danke! Ich habe mir wehgetan, ich beklage mich nicht, es gibt Menschen auf der Welt, die leiden zwei Mal mehr *sie bepinselt ihr Knie,* drei Mal mehr. Einmal hat er es geschafft, sich drei Tage frei zu machen, er verspricht mir eine ganze Nacht im Departement Seine-et-Marne. Ich rede laut. Ich bin oft allein. Ich bin mir dessen nicht immer bewußt, wenn ich laut rede. Jetzt ist es mir bewußt. Heizen Sie nicht? Diese Kerzenleuchter, was für eine charmante Aufmerksamkeit. Ist das von Albert? Das könnte von Albert sein, aber ich weiß, daß es nicht von ihm ist. Erwarten Sie jemanden? Man kann nicht immer im Verborgenen leben. Albert erzählt mir oft von Ihnen. Ich mußte Sie früher oder später treffen. Lieber früh als nie. Ist diese Pflanze tot oder ist sie krank? Sie... Sie weinen?

ANDRÉ Meine Tochter...

ALEXANDRA Sibylle?

ANDRÉ Sie ist... die Wörter sind... Sie hat... Sie ist... sie ist gestorben.

ALEXANDRA Das ist nicht wahr!... Das tut mir leid...

ANDRÉ *weinend* Die Zwiebeln, das ist...

ALEXANDRA Die Zwiebeln?

ANDRÉ Die Zwiebeln. Die Haut von den Zwiebeln. Jede Haut ist wie ein Leben, das eins nach dem anderen vergeht. Kinder sind kompliziert. Ich habe sie allein großgezogen. Man versteht nicht, was die Kinder reden. Sie sind zu weit unten. Ich habe immer »Ja! Ja!« geantwortet. Ich hätte mich wohl ein bißchen öfter zu ihr hinunter beugen sollen. Jetzt wo sie tot ist, ist es besser. Wenigstens werde ich mir keine Sorgen mehr machen.

ALEXANDRA Das tut mir leid...

ANDRÉ Ich danke Ihnen. Ich muß sie identifizieren gehen.

ALEXANDRA Wollen Sie, daß ich Sie begleite, mein Wagen hat eine Panne. Ich mußte ihn an einer Kreuzung hinter äh... Musset-la-Côte stehen zu lassen.

ANDRÉ Vigny-la-côte!

ALEXANDRA Vigny-la-côte. Musset... Vigny...

ANDRÉ Es gibt kein Musset-la-Côte im Departement Seine-et-Marne. Sie müssen das mit einem anderen Departement verwechseln.

ALEXANDRA Alfred.

ANDRÉ Nein, André.

ALEXANDRA Alfred de Vigny. Kennen Sie ihn?
»Der Pfarrer, verfolgt von einer feierlichen Stimme:
Adieu, Welt ohne Grenzen, oh Mutter Erde!
Formen des Horizonts, Schatten der Wälder,

Sie kann nicht aufhören zu reden, ist sich aber der etwas unpassenden Situation bewußt:

Höhlen der Berge, duftend und geheim;
Adieu! alles wird enden, alles verlöschen,
Des Menschen Zeit ist heute vergangen,
Morgen wird nichts mehr sein. Nicht durch das Schwert,
Nachkomme Adams, wirst du geschlagen

Schnell:

Nicht durch die Leiden des Körpers oder die Kummer des Herzens;
Nein, ein Element wird dein Besieger sein.

Wieder langsamer:

Die Erde wird sterben unter den ewigen Wassern,
Und des Engels Flügel ermüden, indem er sie sucht.«
Ich bin Linguistin.

ANDRÉ Sie sind aus Melun?

ALEXANDRA Aus Melun?

ANDRÉ Melun!

ALEXANDRA Melun?

ANDRÉ Sie sind nicht aus Melun?

ALEXANDRA Ja aber nein. Das schreibt sich Melun, aber man sagt Meloune.

ANDRÉ Ist das in der Türkei?

ALEXANDRA Nein, in Kroatien. Meloune ist eine Stadt, die berühmt ist für ihren Marienkult. Wir haben eine Statue von der weinenden Jungfrau, ja ich weiß, aber unsere weint wirklich. Blutstränen. Es gibt eine Wallfahrt. Naja, es gab, weil die Serben... Wie das Unnennbare nennen, wenn die Bilder des Greuels heute genauso künstlerisch sind wie die Bilder der Parfumwerbung?

ANDRÉ Wissen Sie, uns, mir, ging es auch schlecht.

ALEXANDRA Unsmir? Ist das in der Türkei?

ANDRÉ In der Brie. Uns Komma mir, in der Brie. Der... Brie. Den... Briarden.

ALEXANDRA Die Briarden, sind das nicht Hunde?

ANDRÉ Das sind zuerst einmal Menschen. Sie haben uns alle überrannt. Die Preussen. Die Deutschen. Die Österreicher. Die Russen. Die Schweden.

ALEXANDRA Ich habe Glück. Ich konnte allem entkommen. Meine Mutter ist noch dort, aber Albert lässt sie kommen. Es ist besser, ich gehe zu meinem Auto zurück.

ANDRÉ Sie tragen... Sie gehen drunter... Sie tragen nichts... Sie gehen schon?

ALEXANDRA Ich habe meine Fernabfrage im Handschuhfach vergessen. Albert ist nicht hier. Wenn ich meinen Anrufbeantworter abhören will, muß ich zurück zum Wagen.

ANDRÉ Werden Sie zurückkommen? Ich habe zwei Tickets nach Neukaledonien. Wollen Sie nicht nach Neukaledonien gehen?

ALEXANDRA Mit Albert?

ANDRÉ Sie werden mich das Exil lehren, weil Sie es kennen.

ALEXANDRA Albert und ich heiraten in vierzehn Tagen.

ANDRÉ Aber das ist unmöglich, er hat Sie...

ALEXANDRA Ja?

ANDRÉ Er wird seine Frau niemals verlassen... Herrgott, was rede ich?

ALEXANDRA Ja! Was reden Sie?!?

ANDRÉ Sind Sie nicht durch Saint-Clerq gekommen? Nein, Sie... Herrgott! Sprich nur ein Wort, und ich werde geheilt sein. Sie sind die schönste Frau, die ich jemals getroffen habe.

Singt:

»Sei bei uns die Königin,
Wir gehören dir,
Herrsch allein mit frohem Sinn,
Bei uns hier, bei uns hier.
Sei unser Madonnenbild...«

Albert ist gestorben. Er ist vor einer Stunde in seinem Wagen ertrunken.

Alexandra wird ohnmächtig. André nimmt sie in seine Arme.

ANDRÉ Wachen Sie auf! *er küsst sie* Wachen Sie auf! Ich habe Sie geküsst! Warum schläft sie? Warum bin ich wach? Sie sind ganz nass. Ich bringe Sie nach oben. Ich lasse jemanden kommen, der nach Ihnen sieht. Also, hier sehen Sie Vogelkirsche. Das Korn wird darin aufbewahrt. Das sind Möbel aus der Zeit von Louis-Philippe. Gehen wir. *sie gehen; man hört André weiter sehr deutlich* Das ist ein Hof aus dem 14. Jahrhundert, ein befestigter Hof. Unsere Vorfahren, einst Leibeigene, dann Handwerker, haben geduldig auf 1789 gewartet, dann haben sie mit ihren Ersparnissen das Angebot gekauft, man weiß sich zu verteidigen! Jetzt, hier, wenn Sie aufwachen würden, wäre hier das Badezimmer, Papa hat es extra für unsere Mutter bauen lassen, die zu früh gestorben ist, es ist schön, wie sie äh... nicht sehen können, es ist, Herrgott sind Sie schwer, warum muß ich Sie lieben? Ich lege Sie zu Sibylle. Und dann werde ich Sie festbinden. Dann bewegen Sie sich nicht. Angeblich lieben Sie das.

Rückkehr von Alain und Arnaud.

ARNAUD Es ist dunkel hier. Dieser Hof ist wie ein leeres Schneckenhaus. Kein Hahn mehr, der den Morgen begrüßt. Er hätte gestern oder übermorgen sterben können. Warum heute Nacht? Wie spät ist es?

Er hat seine Geige bei sich. Er lässt nervös die Saite klingen.

ALAIN Beruhige dich.
ARNAUD André ist nicht da. Ich warte nicht auf ihn. Warum wird es nicht hell?
ALAIN Beruhige dich. Wir haben November.
ARNAUD Er ist mit Haaren auf dem Kopf gestorben.
ALAIN Er hat nicht viel davon gehabt.
ARNAUD Was hat Annie-Claire gesagt?
ALAIN Dass sie kommt.
ARNAUD Sie ist nicht da.
ALAIN Wir sind vom Rest der Welt abgeschnitten.
ARNAUD Liebst du sie immer noch?
ALAIN Und du?
ARNAUD Oh, bei mir war es nur wegen euch!
ALAIN *zeigt auf die Flaschen Château-Lafite* Sag mal!
ARNAUD Nach alledem.
ALAIN Warum nicht?
ARNAUD Ist das der richtige Augenblick?
ALAIN In meinem Alter fängt man an, die Sachen nacheinander zu machen, das heißt so, wie sie kommen.

Er entkorkt die Flasche.

ARNAUD Man müßte ihn atmen lassen.
ALAIN Ich dachte, du wärst in Eile.
ARNAUD *hebt sein Glas* Auf... Auf was?
ALAIN Auf nichts.
ARNAUD Genau. Auf nichts. Das ist das Beste. *sie trinken* Das ist bodenlos.
ALAIN Das ist bodenlos, aber das ist nicht gut. Es gibt Geheimnisse, die man besser ruhen lässt.

ARNAUD Er muß atmen.

ALAIN Nein. Es ist zu spät. Vor fünf Minuten war dieser Wein noch ein Vermögen wert. Jetzt, wo wir ihn aufgemacht haben, ist er nichts mehr wert.

ARNAUD Ich gehe.

ALAIN Geh.

ARNAUD Was machst du zur Zeit?

ALAIN Ich werde morgen früh verhört. Nachher.

Arnaud verschluckt sich. Alain schlägt ihm auf den Rücken.

ARNAUD Entschuldige.

ALAIN Nein, ich entschuldige mich. Weißt du, das hier ist nicht Marseille. Es wird keinen Skandal geben.

ARNAUD Aber...

ALAIN Eine Grundwasserumleitungsgeschichte. In meinem Gutachten habe ich den Wasserspiegel und das Kostenniveau etwas angehoben. Veruntreuung öffentlicher Gelder. *er lacht* Das trifft sich gut, ich brauchte Ruhe.

ARNAUD Alain Cheutié, Pionier... und ohne Tadel... Wie?

ALAIN Ja, ein bißchen... Pionier... Tapferer Soldat. Wenn du eine entsicherte Granate in deiner Hand hältst, und wenn man dir sagt, behalte sie für dich, stellst du dir keine Fragen. Ich werde mich nicht einer Partei entledigen, die mich ernährt hat. Man weiß zu leben.

ARNAUD Aber seit wann bist du Trinkwasserexperte?

ALAIN Seit ich es auf meine Visitenkarte habe schreiben lassen.

ARNAUD Ha!... Ha ha ha!

Sie lachen alle beide, bis sie nicht mehr können.

Ich muß gehen.

ALAIN *mit Tränen in den Augen vor Lachen* Hier!

Er gibt ihm die Akte Garceneau. Arnaud lacht überhaupt nicht mehr, nachdem er sie aufgemacht hat.

ARNAUD Was heißt das? Was heißt das?

ALAIN *hört auf zu lachen* Das heißt, das heißt, daß während des letzte Krieges, ein Mann, eine angesehene Person, mit der Besatzungsmacht verhandelt hat, um eine Zigeunerfamilie zu retten. Das heißt, daß für diese Familie, die in der Durchgangszentrale von La Chapelle-en-Brie auf ihren Abtransport in die Todeslager wartete, der zu bezahlende Preis war, diesem Mann, dieser angesehenen Person, eine ihrer Töchter zu überlassen, ein Kind... Ein paar Jahre später wird einer ihrer Brüder versuchen, es zurückzuholen, aber die angesehene Person wird ihn töten... Das heißt, daß dieser Mann, diese angesehene Person, diesem Kind vier Söhne gemacht hat, dieser Frau, dieser...

ARNAUD Sag es.

ALAIN Roma. Manusch. Zigeunerin. Wahrsagerin. Zigan.

ARNAUD Ich wußte es nicht, aber ich wußte es.

ALAIN Die Geige hat für dich entschieden. Ich habe nie entschieden, und ich wollte es wissen.

ARNAUD Wie hast du es entdeckt?

ALAIN Zufällig, am Tag von Pompidous Tod. Wie kann man, egal mit wem, über etwas so Intimes reden am Tag von Pompidous Tod, wenn jeder nur an eine einzige Sache denkt: an Pompidous Tod?

ARNAUD Albert wußte es nicht?

ALAIN Nein. André hat es gerade entdeckt.

ARNAUD Aber, Alain, ich dachte daß Papa bei der Résistance war?

ALAIN Ja... 47!

ARNAUD Warum ist sie gestorben?

ALAIN Weil sie leben wollte, kleiner Idiot. Kannst du dir La Chapelle Anfang der 50er Jahre vorstellen?

ARNAUD Schwer.

ALAIN Für mich hat alles aufgehört, als ich sieben war. Ich war im Strandrestaurant, hatte ein Eis in meiner rechten Hand. Sie hat sich umgedreht, hat die Nase gerümpft oder gelächelt, weißt du, wie wenn man sich entschuldigt, sie hat die Gummischwimmer hochgehoben, die den Badebereich abtrennen. Sie ist darunter weggetaucht, und ich habe sie nicht mehr gesehen.

ARNAUD Und dann?

ALAIN Was und dann? Es wurde geschrien, gerufen. Ein Schwimmlehrer hat ihre Leiche zurückgebracht. Meine Kugel Eis war auf die Erde gefallen. Danach bin ich bis hierher gerannt, barfuß in meiner wollenen Badehose, und habe den Gemüsekorb getragen, in dem du gebrüllt hast, und da ist mir bewußt geworden, daß ich die Waffel nicht losgelassen habe.

ARNAUD Wir sind die Kinder einer unmöglichen Kreuzung.

ALAIN Alle Kreuzungen sind unmöglich.

ARNAUD Glaubst du, daß man sein Blickfeld mit Schlitzaugen vergrößert?

ALAIN Was redest du?

ARNAUD *weinend* Aber... wir sind ein bißchen asiatisch... oder?

ALAIN Wir waren zu jung, um sie zurückzuhalten.

Arnaud, der an den Saiten seiner Geige zupft, stimmt ein Zigeunerlied an. André kommt wieder hinunter zu seinen Brüdern. Er trägt einen zu großen Anzug. Einen Anzug aus den 50er Jahren. Er hat einen vertrockneten Blumenstrauß in der Hand.

ANDRÉ Psst! Ich bitte euch. Ihr macht zu viel Lärm. Ich habe die Kleine festgebunden. Sie schläft.

Seine beiden Brüder schauen ihn an. Black.

Christophe Pellet

Das Giraffenkind

Trilogie

Aus dem Französischen von Reinhard Palm

PERSONEN

CLARISSE DELTOUR

NATHALIE DULLAC

JULIEN MORESTIN

NORMAN REES

JIM MARTENOT

DER JUNGE IM REGENMANTEL

DER MANN VON FÜNFZIG JAHREN

THIERRY PETIT

NILS DULLAC

LUCIE CHASLES

LUCAS NEVEUX

SCHAUPLÄTZE

Erster Teil: Eine Kleinstadt am Ozean (in den Achtziger Jahren)
Zweiter Teil: Eine europäische Hauptstadt (in den Neunziger Jahren)
Dritter Teil: Die Kleinstadt am Ozean (zu Beginn des Einundzwanzigsten Jahrhunderts)

Im Einverständnis mit dem Autor weicht die vorliegende deutsche Übersetzung an wenigen Stellen von der französischen Buchausgabe (L'Arche Editeur 2000) ab.

Originaltitel: Le Garçon girafe

Première partie
Encore une année pour rien
Les années quatre-vingt

1. Un café

Musique d'ambiance.
Julien Morestin est à une table, un verre de bière devant lui. Il ne fait rien. Il attend. Il est le seul client visible. Norman Rees apparaît et s'installe à ses côtés.
Ils ont tous deux une vingtaine d'années. Julien est roux, Norman, blond.

JULIEN Tu prends quoi? Moi une autre bière.
NORMAN Non. Pas de bière. J'ai assez bu hier soir. *Il réfléchit* Peut-être... quelque chose de gazeux...
JULIEN Un coca alors?
NORMAN Non. Quelque chose de gazeux, mais sans sucre.. Attends... *Il réfléchit.*
JULIEN Une eau minérale?
NORMAN Non. Quand même pas... C'est triste. En plus j'ai soif. Bon, prends-moi une bière : c'est gazeux, c'est sans sucre.
JULIEN *fait un signe* Deux bières s'il vous plaît...

Temps.

NORMAN C'était bien la soirée d'hier, non? C'était bien, tu trouves pas?
JULIEN Oui. J'ai bien aimé.
NORMAN J'étais saoul. Comment je suis quand je suis saoul? Comment j'étais, hier soir par exemple? Ça allait, tu trouves?
JULIEN Mais oui... Tu étais normal, quoi.
NORMAN Normal? Mais non, puisque j'étais saoul. J'étais pas normal

ERSTER TEIL
Wieder ein Jahr umsonst

Originaltitel: Encore une année pour rien

Die Achtziger Jahre

PERSONEN

CLARISSE DELTOUR
NATHALIE DULLAC
JULIEN MORESTIN
NORMAN REES
DER MANN VON FÜNFZIG JAHREN

Kleinstadt am Ozean

1. Ein Café

Hintergrundmusik.
Julien Morestin sitzt an einem Tisch bei einem Glas Bier. Er tut nichts. Er wartet. Er ist der einzige Gast. Norman erscheint und setzt sich an Juliens Tisch. Sie sind beide Anfang Zwanzig. Julien ist rothaarig, Norman blond.

JULIEN Was nimmst du? Ich noch ein Bier.
NORMAN Nein, kein Bier. Ich hatte genug gestern abend. *Er überlegt.*
Vielleicht... irgendwas mit Kohlensäure...
JULIEN Cola also?
NORMAN Nein. Etwas mit Kohlensäure, aber ohne Zukker... warte... *Er überlegt.*
JULIEN Mineralwasser?

Comment j'étais avec Clarisse? Je parlais fort, non?

JULIEN Non. Juste comme il faut, je crois. Pas plus que les autres.

Nathalie Dullac, la serveuse, apparaît : une trentaine d'années, brune. Elle pose deux verres de bière sur la table et se retire.

NORMAN J'étais bien alors? Comment exactement? Comment j'étais avec Clarisse? Je parlais fort. Je suis sûr que je parlais fort. Et j'avais l'air saoul? Franchement?

JULIEN *boit une gorgée* Tu as couché avec Clarisse?

NORMAN *surpris* Mais non. Pourquoi tu dis ça?

JULIEN Pour rien.

Silence.

J'ai ce rendez-vous dans une demi-heure. J'ai peur, c'est bête. Si j'ai l'emploi, plus de problèmes d'argent. Et pas mal de temps libre. Le bonheur.

Silence.

NORMAN Pourquoi tu me demandes si j'ai couché avec Clarisse?

JULIEN Je ne sais pas. Juste comme ça.

NORMAN Qu'est-ce qui te fais penser à ça? Pourquoi Clarisse et moi, là, maintenant? Tu as vu quelque chose hier soir? Comment j'étais? Saoul? C'est pour ça? Qu'est-ce que j'ai dit? *Il réfléchit* Rien de spécial, je m'en souviens. Je parlais fort, oui. Mais rien de spécial.

JULIEN Non rien.

Je me demande combien on sera à se présenter pour la place. Oui, c'était bien, la soirée d'hier. Juste ce qu'il me fallait pour ne pas trop penser à aujourd'hui, à maintenant.

C'est bien que tu sois là avec moi, maintenant, juste avant. Tu bois pas ta bière?

NORMAN Nein. Also wirklich... Das ist trist. Außerdem hab ich Durst. Na gut, ein Bier, das ist mit Kohlensäure und ohne Zucker.

JULIEN *winkt* Zwei Bier bitte... *Pause.*

NORMAN Das Fest war gut gestern, oder? Es war gut, findest du nicht?

JULIEN Ja. Ich mochte es.

NORMAN Ich war besoffen. Wie bin ich, wenn ich besoffen bin? Wie war ich gestern abend zum Beispiel? Fandest du es okay?

JULIEN Aber klar... Du warst ganz normal.

NORMAN Normal? Aber nein, ich war doch besoffen. Ich war nicht normal.
Wie war ich mit Clarisse? Ich hab laut geredet, oder?

JULIEN Nein. Ganz anständig, glaube ich. Nicht lauter als die anderen.

Nathalie Dullac, die Kellnerin, erscheint; sie ist um die Dreißig, braunes Haar. Sie stellt zwei Glas Bier auf den Tisch und verschwindet.

NORMAN Ich war also gut? Wie genau? Wie war ich mit Clarisse? Ich hab laut geredet. Ich bin sicher, ich hab laut geredet. Und ich machte einen besoffenen Eindruck? Ehrlich?

JULIEN *trinkt einen Schluck* Hast du mit Clarisse geschlafen?

NORMAN *überrascht* Aber nein. Warum sagst du das?

JULIEN Nur so.
Schweigen.
In einer halben Stunde hab ich dieses Gespräch. Ich habe Angst, ist das dumm. Wenn ich die Stelle habe – keine Geldsorgen mehr. Und genügend Freizeit. Glück.

Schweigen.

NORMAN Warum fragst du, ob ich mit Clarisse geschlafen habe?

NORMAN Non. J'ai trop bu hier. J'étais vraiment saoul, hein?
JULIEN *prend le verre de Norman* Je peux la boire alors?
NORMAN C'est Clarisse qui t'a fait penser à ça?
JULIEN À quoi? je la bois, alors. *Il boit.*
NORMAN Cette idée que tu as : nous voir ensemble, elle et moi.
JULIEN Non, juste une idée comme ça. Une idée qui passe. Rien d'autre.
NORMAN, *nerveux* Mais non, pas rien. Alors c'est moi? Qu'est-ce que j'ai fait...? Je ne me souviens plus. J'étais lourd avec elle? Collant? Et comment je suis quand je suis saoul? Pourquoi tu penses qu'on a couché ensemble? À cause d'elle? De moi? De quoi? De nous deux?
JULIEN Mais non. Juste pour savoir.
NORMAN Mais si, dis-moi : j'ai parlé? J'ai dit des choses? Je parle fort quand je suis saoul, hein? Je parle fort, je sais. Et ma voix, comment elle était?
Aiguë? Moche.
JULIEN Non, non. Comme d'habitude.
NORMAN J'ai toujours cette voix-là? C'est moche alors. Hein que c'est moche?
J'aime pas ma voix. Un jour je l'ai entendue sur un enregistrement. Tu t'en souviens. Tu avais enregistré une conversation dans une soirée. On s'était écouté, après.
JULIEN C'était il y a dix ans. Ta voix a changé depuis.
NORMAN Non. Elle est toujours aussi aiguë. Et quand je suis saoul, c'est pire. Dis-le moi que c'est pire, puisque c'est la vérité.
JULIEN C'est pas mieux. Comme pour tout le monde. Rien de plus. Je finis ta bière. *Il boit.*
NORMAN J'étais nul, hier soir, hein?
JULIEN *repose son verre vide* Mais non. Tu étais bien.
NORMAN Ah oui? J'étais bien? Mais quoi? Comment ça bien? Juste bien? Tu m'as dit tout à l'heure que j'étais normal. J'étais pas normal, puisque j'étais bien. J'étais bien, comme quelqu'un de saoul?
JULIEN Tu étais bien, c'est tout.

JULIEN Weiß ich nicht. Einfach so.

NORMAN Wie kommst du darauf? Warum ausgerechnet Clarisse und ich? Hast du irgendwas bemerkt gestern abend? Wie war ich? Besoffen? Ist es deswegen? Was hab ich gesagt? *Er überlegt.* Sonst nichts, ich erinnere mich. Ich hab laut geredet, das ja, aber sonst... nichts.

JULIEN Nein, nichts.
Ich frage mich, wie viele sich um die Stelle bewerben.
Ja, das Fest gestern war gut. Gerade, was ich brauchte, um nicht zu viel an heute zu denken, an jetzt.
Ich bin froh, dass du jetzt hier bist, kurz davor.
Trinkst du dein Bier nicht?

NORMAN Nein. Ich hatte gestern schon zu viel. Ich war wirklich besoffen, ha?

JULIEN *nimmt Normans Glas* Ich kann es also trinken?

NORMAN Denkst du wegen Clarisse daran?

JULIEN An was? Ich trinke es also. *Er trinkt.*

NORMAN Wie kommst du auf die Idee: wir zusammen. Sie und ich.

JULIEN Bloß so eine Idee. Ein flüchtiger Gedanke. Mehr nicht.

NORMAN *nervös* Aber nein, nicht mehr. Dann liegt's also an mir? Was hab ich getan...? Ich erinnere mich nicht mehr. War ich grob? Wurde ich zudringlich? Wie bin ich, wenn ich besoffen bin? Warum glaubst du, dass wir miteinander geschlafen haben? Wegen ihr? Wegen mir? Wegen was? Wegen uns beiden?

JULIEN Aber nein. Nur einfach so.

NORMAN Aber ja, sag's mir: hab ich geplappert? Hab ich irgendwas gesagt? Ich rede laut, wenn ich besoffen bin, ist es das? Ich rede laut, ich weiß es. Und meine Stimme, wie war sie?
Schrill? Hässlich?

JULIEN Nein, nein. Wie immer.

NORMAN Hab ich immer so eine Stimme? Das ist ja grässlich. Grässlich, ja?
Ich mag meine Stimme nicht. Einmal hab ich sie auf Band

gehört. Du weißt schon. Du hast eine Unterhaltung mitgeschnitten bei einem Fest. Wir haben uns das nachher angehört.

JULIEN Das ist zehn Jahre her. Deine Stimme hat sich verändert seitdem.

NORMAN Nein. Sie ist immer noch genauso schrill. Und wenn ich besoffen bin, ist es noch schlimmer. Sag mir, dass es schlimmer ist, denn es ist die Wahrheit.

JULIEN Das macht es auch nicht besser. Wie immer. Nicht mehr und nicht weniger. Ich trink dein Bier aus. *Er trinkt.*

NORMAN Ich war Scheisse gestern abend, ja?

JULIEN *stellt sein leeres Glas ab* Aber nein. Du warst gut.

NORMAN Ja? War ich gut? Aber wie? Irgendwie gut? Gerade noch gut? Eben hast du mir gesagt, ich war normal. Ich war nicht normal, weil ich gut war. Ich war gut, wie jemand, der besoffen ist?

JULIEN Du warst gut. Das ist alles.

NORMAN Alles? Nicht ganz so gut also. Ich war nicht wie gewöhnlich, nicht normal. So ist das, wenn man besoffen ist. Die Stimme ändert sich, man redet laut. Wie war ich? Und mit Clarisse? Warum kommst du ausgerechnet nach diesem Abend auf die Idee, dass wir miteinander geschlafen haben? War da was? Sie vielleicht? Ist dir irgendwas aufgefallen?

JULIEN Was willst du, dass ich sage?

NORMAN Du willst, dass ich es sage. Ob ich mit Clarisse geschlafen habe: nein, nein und nein!

JULIEN Gut, ist ja sehr gut.

NORMAN Warum sehr gut? Bist du zufrieden?

JULIEN Aber nein.

Ich muss jetzt los. *Er steht auf.* Wartest du auf mich? Es wird nicht lange dauern. Seh ich gut aus?

NORMAN Ja, in Ordnung.

JULIEN Gut. Bis gleich.

Er geht ab. Norman erstarrt, wartet.

Dunkel.

2. Das Café

Norman ist noch immer da. Er gibt mit der Hand einen Wink.

NORMAN Clarisse!

Clarisse Deltour erscheint: Anfang Zwanzig, braunhaarig, unruhiger Blick. Sie nimmt neben ihm Platz.

CLARISSE Mein Fest war gut gestern, oder?
NORMAN *trübselig* Ja. Nicht schlecht.
CLARISSE Und Julien. Sein Job?
NORMAN Er kommt gleich zurück. Es ist hier gegenüber. Er wird uns berichten.
Er war besoffen gestern abend, oder?
CLARISSE Wie alle, glaube ich.
NORMAN Wie war er? Er hat laut geredet, oder?
CLARISSE Was? Weiß ich doch nicht!
Sie beugt sich zu Norman. Leise.
Schau dir die Chefin an... Sehr Siebzigerjahre, nicht wahr? Mit ihren hochfrisierten Haaren und so. *Sie lacht.*
NORMAN Ah ja?
Schweigen.
Und ich? Wie wirke ich? Welche Epoche?
CLARISSE Du – Dreißigerjahre.
NORMAN Ach? Warum Dreißigerjahre? Warum nicht von heute?
CLARISSE Weiß ich nicht. Dreißigerjahre. Meine Mutter ist Sechzigerjahre.
NORMAN *unruhig* Warum Dreißigerjahre? Ich sehe das überhaupt nicht. Das irritiert mich, Dreißigerjahre. Warum nicht von heute? Was heißt das?
CLARISSE Dreißigerjahre – die sind doch sehr gut.
NORMAN Und Julien, was ist der?
CLARISSE Weiß ich nicht. Nichts Bestimmtes.

Dunkel.

3. Das Café

Norman ist noch immer da. Julien ist zurück. Clarisse ist weg.

NORMAN *sehr traurig* Bloß um mir das zu sagen: Dreißigerjahre. Und dann ist sie wieder gegangen.
JULIEN Dreißigerjahre – das ist eher gut.
NORMAN Aber wieso nicht von heute.
Schweigen.
Wie findest du mich?
JULIEN Gut. Normal.
NORMAN Aber nein, ich bin nicht gut! Wie du mich findest! Ehrlich?
Ich bin dick, schau.
Er streckt seinen Bauch hervor.
Ich bin dick, da. Siehst du?
JULIEN Aber nein. Gerade recht.
NORMAN Nein. Ich sehe es genau. Ich sehe die Dinge, wie sie sind.
Ich habe eine Wampe, da.
Er betrachtet seinen Bauch aufs neue.
JULIEN Aber nein. Du bist in Ordnung, sag ich dir.
NORMAN Was ist das, in Ordnung?
Ich bin dick, da.
Ich sehe genau, was los ist.

Dunkel.

4. Ein Zimmer bei Julien

Musik, Stimmen und Gelächter dringen aus den anderen Räumen. Julien sitzt auf seinem Bett. Norman steht vor einem an die Wand gelehnten Spiegel.

NORMAN Sie hat kein Wort gesagt. Nicht ein einziges, seit ich gekommen bin. Wie bin ich? Ich bin nicht besoffen, das siehst du doch, oder?

JULIEN Du hast zu ihr auch nichts gesagt.

NORMAN Hörst du diese Musik? Die ist zu laut. Ich will nicht dauernd schreien müssen. Wenn ich laut rede, wird meine Stimme so hässlich. Hast du's bemerkt? Wie soll ich meine Stimme verändern? Wenn ich im Ausland bin, kein Problem; ich achte gar nicht darauf. In einer anderen Sprache geht es gut.

JULIEN Wie findest du mein Fest? Gut? Ich muss zurück, oder?

NORMAN *noch immer vor dem Spiegel* Vielleicht liegt es an meiner Jacke. Sie macht schmale Schultern. Ich hätte eine andere anziehen sollen. Ich habe keine Lust, sie auszuziehen, die anderen Typen behalten sie alle an.
Findet sie mich noch immer Dreißigerjahre?

JULIEN *zieht seine Jacke aus* Probier meine.

NORMAN Nein. Du bist schlank. Ich hab einen Bauch. Ich hätte die Bomberjacke anziehen sollen. Aber die anderen tragen keine. Es ist zu warm.

Es klopft an der Tür.

CLARISSE *von draußen.* Julien? Warum sperrst du dich ein?
Die Tür ist abgeschlossen.
Mach auf!

NORMAN *leise zu Julien* Die Tür ist abgeschlossen? Warum?

JULIEN *zu Clarisse* Was willst du, Clarisse?

CLARISSE *von draußen* Weißt du, wo Norman steckt? Ich sehe ihn nirgends.

Julien steht auf, dreht den Schlüssel um. Die Tür geht auf. Clarisse tritt ein. Blick auf Norman.

zu Norman Warum schließt ihr euch ein?
JULIEN Wir schließen uns nicht ein.
CLARISSE *ohne Norman aus den Augen zu lassen* Doch. Die Tür war abgesperrt.
NORMAN Aber nein. Das war ein Versehen.
CLARISSE *betrachtet sich im Spiegel, macht ihre Haare zurecht* Und deine Stelle, Julien?
NORMAN Er wartet auf Bescheid.
JULIEN Ich muss zurück. *Zu Clarisse* Gefällt dir mein Fest?
CLARISSE Sehr Fünfzigerjahre. Du weißt... ein wenig unterkühlt, ein paar Flirts in den Ecken.

Julien geht ab. Stößt die Tür hinter sich zu. Clarisse nähert sich Norman. Sie sehen sich schweigend an. Sie kommt noch näher an ihn heran. Sie küssen sich. Er zieht sie zum Bett.

NORMAN Warum mit mir?
CLARISSE Mit dir ist es wie mit allen anderen.
NORMAN Auch mit Julien?
CLARISSE Nein. Mit ihm nicht. Julien ist was Besonderes.
NORMAN Also warum nicht mit ihm?
CLARISSE Ich könnte nur mit ihm zusammen sein. Das macht mir Angst.
Kannst du die Tür absperren?
NORMAN *bleibt dicht an ihr* Nein, nicht nötig.

Dunkel.

5. Das Café

Norman sitzt bei einem Bier. Er trägt eine dunkle Brille, macht nichts Bestimmtes. Nathalie serviert einen Nebentisch ab und wirft einen Blick auf Norman. Sie zögert einen Moment, stellt ihr Tablett ab und tritt vor ihn hin.

NATHALIE Sie tragen eine dunkle Brille heute?

NORMAN Steht mir das nicht? Ich hab zwar kein Brillengesicht, aber heutzutage tragen alle dunkle Brillen. Haben Sie's gemerkt?

NATHALIE Wer, alle?

NORMAN Die anderen. Die anderen Typen und die Frauen auch. Das verleiht ihnen so etwas Siegesgewisses, finde ich, eine Eleganz. Eine Art Stil. Sowas steht mir nicht, oder? Wie sehe ich damit aus?

NATHALIE Ohne steht Ihnen besser.

NORMAN Nein: ohne ist noch schlimmer. Ich habe Falten um die Augen. Mit fünfundzwanzig fängt es an. Da merkt man das Alter.

Mit ist es zwar auch nicht besser. Aber zumindest alterslos: ein eingefrorenes Bild. Ein verschlossenes Gesicht.

NATHALIE Sie haben unrecht. Ich mag Ihre Augen, die Farbe. Die ist mir gleich aufgefallen: ein verschwommenes Grün.

NORMAN *verdrießlich* Ein verschwommenes Grün? Na vielen Dank!

NATHALIE Verschwommenes Grün, ja. Das trifft es. Sie haben verschwommene Augen.

NORMAN *düster* Ja, genau. Sie sagen mir nichts Neues. Ich jedenfalls sehe die Dinge, wie sie sind.

NATHALIE Nun verzagen Sie nicht. Es ist nicht, wie Sie denken. Ich meine den genauen Wortsinn. Ein verschwommenes Grün: ein Grün, das an das Wasser des Meeres erinnert. Das ist doch nicht böse gemeint? Sie können in einem Wörterbuch nachschlagen. Die Farbe des Meerwassers. Ihre Augen sind nicht kristallgrün, sondern wassergrün. Verschwommen. Wie das Blau des Ozeans, aber grün.

NORMAN Ah? Dann ist das ein Kompliment, verschwommenes Grün?

NATHALIE *nimmt ihr Tablett* Aber ja. Warum nicht? Auch ich sehe die Dinge, wie sie sind.

Nathalie geht ab.

Dunkel.

6. Das Café

Norman noch immer am gleichen Platz mit seiner dunklen Brille. Neben ihm sitzt Clarisse.

NORMAN War schön gestern, das Fest bei Julien.

CLARISSE Und deine Arbeit, hast du was gehört?

NORMAN Das bin nicht ich, du verwechselst mich mit Julien. Er wartet auf Bescheid.

CLARISSE Aber du, suchst du?

NORMAN Ja, ich suche.

Norman trinkt sein Bier, sehr langsam. Schweigen.

CLARISSE Im nächsten Jahrtausend wird es einfacher sein.

NORMAN Warum im nächsten Jahrtausend? Warum nicht jetzt?

CLARISSE Dieses Jahrhundert hört nicht auf. Kein Ende absehbar.

NORMAN Es ist traurig, wenn man so denkt. Warum denkst du jetzt so? Wegen mir?

CLARISSE Du? Du bist Dreißigerjahre.

NORMAN Ist meine Brille gut? Wie steht sie mir? Wie den anderen?

CLARISSE Aber ja. Nicht besser und nicht schlechter.

NORMAN Ich bin froh, dass du gekommen bist. Sehen wir uns also wieder? Hast du was dagegen? Heute abend?
CLARISSE Nein, ich hab nichts dagegen. Aber nicht heute abend.
NORMAN Ich mag deine Augen. Sie sind blau, blau wie das Meer. Und meine? Wie findest du meine Augen?
CLARISSE Gut. Sie sind gut.
NORMAN Nein. Ihre Farbe? Wie findest du ihre Farbe?
CLARISSE *sie dreht sich zu ihm* Mit dieser Brille? Zeig mal...?

Clarisse will Norman die Brille abnehmen. Er weicht aus. Die Hand von Clarisse greift ins Leere.

NORMAN Nein. Also, welche Farbe?
CLARISSE Mein Gott! Was soll das! Und die Augen von Julien? Welche Farbe?
NORMAN Blaugrau. Mit gelblichen Sprenkeln im Sonnenlicht.
Streng dich an! Erinnere dich. Welche Farbe haben meine Augen?
Nach zwei Monaten, immerhin. *Schweigen.*
Hell oder dunkel?
Schweigen.
Sie sind gut, das ist alles?
CLARISSE Ja, sie sind gut. *Sie steht auf.*
Also, ist dir morgen abend recht?
NORMAN Nie wieder.
CLARISSE *gibt ihm einen Kuss auf den Mund* Dummkopf! War doch gut, heute nacht, oder?
NORMAN Ja, es war gut.
CLARISSE Also?
NORMAN Das Glück ist nicht in Mode.
CLARISSE *setzt sich wieder* Hast du die da gesehen? Unglaublich: sie muss... mindestens Fünfundzwanzig sein und macht alles, um wie Achtzehn zu wirken... Auf einmal sieht sie wie Dreißig aus...
NORMAN Weil sie traurig aussieht. Oder nein: eben weil sie

nicht traurig aussieht. Sie tut so, als ob sie nicht traurig wäre. Sie tut nur so. Sie ist Fünfundzwanzig: sie will mindestens fünf Jahre jünger aussehen und wirkt fünf Jahre älter. Sie ist traurig: sie möchte glücklich aussehen, sie ist rührend.

CLARISSE *dozierend* Will man jünger aussehen als man ist, sieht man desto älter aus.

NORMAN Das Glück macht Angst: wenn man es festhält, hütet man es wie ein schreckliches Geheimnis. Und vor allem teilt man es nicht mit den anderen. Am witzigsten ist, dass diejenigen, die überall scheitern, am meisten tun, um glücklich zu erscheinen: aber ihr Glück existiert gar nicht.

CLARISSE *achselzuckend* Du kennst diese Frau doch gar nicht? Was redest du überhaupt?

NORMAN Und ich? Wie findest du mich? Gut, was meine Augen angeht, weißt du es nicht... Und sonst noch?

CLARISSE Hättest du deine Brille abgenommen, hätt ich es dir sagen können.

NORMAN Nein, dazu war es schon zu spät.
Und sonst noch?

CLARISSE In einem Punkt bin ich meinem Vater sehr ähnlich: es fällt mir schwer, die Dinge zu sehen, wie sie sind.

NORMAN Es zählt nicht, was man ist, sondern wie die anderen einen sehen. *Düster* Ich, ich weiß, wie ich bin.

CLARISSE Ich hab noch was mit meinem Vater gemeinsam: ich habe ein gutes Gefühl für Stimmen.

NORMAN *beunruhigt* Ah?

CLARISSE Ich erinnere mich, als ich abends nach Hause kam, da konnte mein Vater nach kürzester Zeit in meiner Stimme die eines anderen hören: »Du hast den ganzen Tag wieder mit diesem Nichtsnutz von Dan verplempert...« Oder: »Wie kommt es, dass du heute deine Mutter getroffen hast, das ist nicht ihr Tag...«

NORMAN Und meine Stimme, wie findest du meine Stimme? Ich rede zu laut.

CLARISSE Mein Vater war darin unschlagbar. Ein klitzekleiner Hinweis, für niemand sonst hörbar. Aber in den wesentlichen Dingen eine Katastrophe: er brauchte Jahre, um zu begreifen, dass meine Mutter ihn betrog, er wollte es einfach nicht wahrhaben.

Stille.

NORMAN *teilnahmslos* Ja, das ist ziemlich ärgerlich.

CLARISSE Meine Mutter achtete sorgfältig darauf, ihn nur mit Männern zu betrügen, die er nicht kannte. Immer Unbekannte. Vielleicht wegen dieser Stimmengeschichte, weil gerade dieses winzige Detail sie verraten hätte. Das war das einzige, was ihm die Augen geöffnet hätte, diese Winzigkeit.

Du hast die gleiche Stimme wie Julien. Ihr habt übrigens alle die gleiche Stimme und die gleiche Wortwahl.

Wenn ihr den Mund aufmacht, weiß man bereits, was ihr sagt und auch, wie ihr es sagt. Letztes Jahr war ich mit einem Ungarn unterwegs, der sprach nicht ein Wort Französisch.

Das war so entspannend und – erregend.

NORMAN Ich weiß, meine Stimme ist grauenhaft. Sie hätte sich mit der Zeit bessern sollen, aber nein.

CLARISSE Das ist nicht so schlimm, die Stimme. Du kannst nichts dafür. Und außerdem spielt es überhaupt keine Rolle! Überhaupt keine... Man muss abstrahieren können.

NORMAN Für den Job ist es wichtig. Bevor man gesehen wird, wird man gehört.

CLARISSE Hast du Pläne?

NORMAN Ich hab da was laufen.

CLARISSE Was?

NORMAN Ein bestimmtes Projekt.

CLARISSE Aha? Sehr gut.

Julien kommt herein, setzt sich aber nicht.

JULIEN *stellt sich Norman und Clarisse gegenüber* Ich fange morgen an... Wir arbeiten in einem Viererteam... Ich hab gleich meine erste Besprechung... Ich halte euch auf dem Laufenden...

NORMAN Ziehst du also nicht mehr um?

JULIEN Nein! Jetzt hab ich die Miete.

NORMAN *zu Clarisse* Im nächsten Monat zieh ich bei ihm ein. Wir teilen die Miete.

JULIEN *zu Clarisse* Ja, so machen wir's.
Ich ruf euch heute abend an. *Er entfernt sich.*

CLARISSE Das wird nicht einfach.

NORMAN Doch, das wird einfacher. Weniger hinausgeschmissenes Geld. Für ihn und für mich.

CLARISSE *bitter* Und für uns beide?

NORMAN Warum nicht bei dir?

CLARISSE Mein Freund. Bei mir ist auch bei ihm.

NORMAN Das wird nicht einfach.

CLARISSE Mit dir ist ohne ihn.

NORMAN *düster* Wenn es mit ihm ist, ist es ohne mich.

CLARISSE *trocken und deutlich* Ich kann ihn nicht verlassen. Fünf Jahre zusammen.

NORMAN *gibt nach einem Augenblick des Nachdenkens auf* Gut, einverstanden. Aber du übernimmst meine Wohnung und wir treffen uns dort.

CLARISSE Ich will keine Miete zahlen.

NORMAN Und warum soll ich bezahlen? Um dich von Zeit zu Zeit zu sehen, wenn dein Freund nicht da ist? Ich teile mir lieber die Wohnung mit Julien. Die hat Blick auf das Meer. Der Blick auf das Meer beruhigt mich. Ich weiß nicht, ob du auf mich die gleiche Wirkung hast. Tatsächlich hätte ich gern meine Ruhe.

CLARISSE *aufgebracht* Du wirst sie haben, mein Lieber, und schneller als du denkst.

Sie springt auf, schmeißt ein paar Münzen auf den Tisch und verlässt das Café. Norman hat nichts unternommen, um sie zurückzuhalten. Nathalie kommt, nimmt das Geld, räumt auf.

NORMAN Eine Minute früher, und Sie hätten das Ende einer Liaison erlebt, live.

NATHALIE Werden Sie leiden?
NORMAN Sehe ich aus wie jemand, der leidet? Ehrlich?
NATHALIE Im allgemeinen, ja. *Sie macht eine flüchtige Geste.* Also, im Moment nicht besonders. *Sie entfernt sich.*

Dunkel.

7. Bei Julien

Ein Zimmer, provisorisch eingerichtet. Ein Clubsessel in der Mitte. Norman sitzt da und öffnet eine kleine Schachtel. Julien steht am offenen Fenster, lehnt sich hinaus: man hört das Rauschen der Wellen. Norman nimmt ein Fläschchen aus der Schachtel und hält es in Richtung Julien, der ihm den Rükken kehrt, in Gedanken versunken.

NORMAN Ein Serum gegen das Altern oder gegen Faltenbildung, wenn du willst...
Drei Tropfen auf das Gesicht, jeden Abend vor dem Schlafengehen.
Norman wirft seinen Kopf in den Nacken, gibt einen Tropfen auf die rechte Wange, einen zweiten auf die linke. Mit ausladender Geste
Ich verteile es gründlich unter den Augen. Denn dort fängt es an.
Stille. Den Kopf noch immer nach hinten gebeugt, hält er inne, das Fläschchen in der Hand.
Und den dritten? Wohin mit dem dritten Tropfen?
Das ist nicht logisch. Zwei müssten genügen. Warum drei?
Auf das Kinn? Auf die Nase? Da sind keine Falten.
JULIEN *ohne sich umzudrehen* Gib zwei auf eine Seite heute abend und morgen zwei auf die andere.
NORMAN Ich stelle sie links ab. Damit ich mich erinnere: linke Seite.
Er gibt einen Tropfen unter sein linkes Auge.
Morgen ist es die rechte Seite.

Er stellt das Fläschchen auf den Boden und lässt den Kopf nach hinten gebeugt.
Man muss warten, bis es einzieht, nehme ich an.
Komisch, ich sehe die drei Tropfen aus diesem Augenwinkel völlig klar. Sie erscheinen mir schwarz von hier aus.
Es ist das erste Mal. Ich habe beschlossen, jetzt damit anzufangen, vor Dreißig. Es heißt, man holt fünf Jahre ein in drei Monaten. Mit Dreißig sieht man aus wie Fünfundzwanzig. Steht auf dem Beipackzettel.

JULIEN Ja. Aber du bist Fünfundzwanzig.

NORMAN Na gut, dann werde ich eben wie Zwanzig aussehen. Logisch.

Stille. Julien reagiert nicht.

NORMAN Bei der Arbeitssuche ist das von Vorteil. Du solltest es ausprobieren.
Erinnerst du dich an Marjorie? Letzte Woche hat sie einen Termin für einen Job bekommen: angenehmes Gespräch, absolut problemlos. Am Abend ruft mich Marjorie wieder an, zuversichtlich. Am nächsten Morgen: Anruf mit Bedauern. Es wird doch nichts. Und die Begründung, weißt du was? Ihre Fähigkeiten stehen außer Zweifel, aber sie wollen ein jugendliches Image. Weißt du, wie alt Marjorie ist?
Stille.
Fünfunddreißig.
Stille.
Ich wirke jünger als ich bin. Zweiundzwanzig, dreiundzwanzig? Wie?
Stille.
Zwei Jahre müsste ich noch einholen: dreiundzwanzig wäre gut im Moment... Zwei Jahre... Oder besser gesagt loswerden. Dass sie sich auflösen, nie existierten. Übrigens war gar nichts Besonderes los in diesen letzten zwei Jahren. Zwei Jahre umsonst. Ich habe das volle Recht, sie zu vergessen, sie verschwinden zu lassen. Nicht der Rede

wert. Das sind zwei Jahre zu viel; die machen mich traurig, wenn es Abend wird. Wenn ich sie einmal ausgelöscht habe... Es gibt einen Weg... weißt du... ich hab's schon einmal versucht: es ist ein paar Jahre her. Als ich meinen Pass erneuern musste: die Beamtin, eine nicht mehr ganz junge Frau, ließ mich das Formular ausfüllen, da hab ich mein Geburtsjahr verändert. Es kam einfach so... im Moment selbst, ohne groß zu überlegen. Ich schrieb Sechsundsechzig statt Vierundsechzig. Die Frau warf einen Blick auf den abgelaufenen Pass, dann hat sie mit meinem Formular den neuen Pass ausgestellt. Ich hielt meinen Atem an und schaute ein wenig abwesend, wie man an einem Schalter eben schaut. Sie reichte mir meinen neuen Pass, ich trat auf die Straße hinaus und machte ihn auf: Sechsundsechzig! Ich war Jahrgang Sechsundsechzig! Ich war zwei Jahre losgeworden!
Stille.
Im Monat darauf hab ich den Pass verloren, in Amerika. *Pause.* Ich war sehr verärgert, ehrlich... Zurück in Frankreich, ging ich wieder ins Rathaus, um mir den neuen Pass zu holen. Aber schon beim Hineingehen war mir klar... Ich wusste im voraus, dass ich es wieder versuchen würde... zu fälschen, verstehst du, aber dieses Mal war es anders: ich fühlte mich sehr unwohl. Noch dazu wirkte dieser Typ hinter dem Schalter sehr jung. Und ich hab's nicht gewagt. Er hätte es gemerkt. Ich weiß, dass er's gemerkt hätte... ich spürte es. Und ich wollte nicht, dass er's weiß. Also hab ich's gelassen.
Stille.
Diese jungen Typen mit Zwanzig. Da meint man, sie sind so alt wie wir und platsch! servieren sie's dir: »Zwanzig«. Wie deprimierend. Daran spürt man, dass man auf die Dreißig zugeht. Mit jedem Schritt wird man daran erinnert. Anfangs kommt es dir vage vor, fast irreal: »Nein, das bin nicht ich, das hat nichts mit mir zu tun.« Dann, nach und nach nimmt es Form an... Mit einem kleinen Fleckchen. Die Zeit verändert die Züge unseres Gesichts, die

Venen unserer Hände, die Farbe unserer Haare... und ihren Glanz. Mein Haar war so flammend rot und so fein, es ist noch gar nicht lange her. Heute ist es Rosshaar. Fettiges, abgestumpftes Rosshaar. Eine matte leblose Substanz, die nichts will als fallen. Sie fallen aus. Sie fallen aus, ehrlich... man muss es sich eingestehen... Hingegen die Härchen, die wachsen überall, nur da nicht, wo sie sollten: in den Ohren, in der Nase, unter den Achseln... Ich erinnere mich an einen Abend diesen Winter... da war diese Frau. Sie wirkte älter als die anderen. Irgendwann kommt sie näher, fängt eine Unterhaltung an...
Sie war nett, ein wenig verloren und sagt plötzlich: »Jetzt, mit Vierundzwanzig, habe ich Lust, ein Kind zu bekommen.« Sie war in meinem Alter, verstehst du, vielleicht sogar ein paar Monate jünger. Sie wirkte so alt. Also musste ich genauso aussehen wie sie. Deshalb hat sie sich mich ausgesucht. Sie wusste es. Wir hatten das gleiche Gesicht: das gespannte Gesicht, noch nicht alt, nicht wirklich, aber bereits auf dem Weg dahin...

JULIEN Frauen sehen immer älter aus.

Julien geht vom Fenster weg auf Norman zu, der immer noch im Fauteuil sitzt, den Kopf nach hinten gelehnt, und beugt sich über dessen Gesicht.

JULIEN Die trocknen nicht. Man könnte meinen, es sind drei erstarrte Tränen.

NORMAN Das liegt an meiner Haut. Sie ist nicht bereit für eine solche Behandlung. Ich bin zu jung. Warum sonst zieht dieses Mittel nicht ein?

Julien greift nach der Packung, zieht den Beipackzettel heraus, faltet ihn auf und überfliegt ihn.

JULIEN *liest* »Die Tropfen mit einer Nachtcreme einwirken lassen, indem man beides gleichmäßig über das Gesicht verteilt.«

NORMAN Eine Nachtcreme? Hab ich nicht.
Was mach ich jetzt?

JULIEN *beugt sich abermals über Normans Gesicht* Sie scheinen nicht von allein hineinzuwollen. Es braucht diese Creme. Ich muss irgendwo eine Nivea haben, vielleicht geht es dann. Jedenfalls musst du es verstreichen. Seltsam als Vorgang... Wie flüssiger Kristall oder durchsichtiges Quecksilber.

Dunkel.

8. Bei Julien

Später Nachmittag. Das Fenster ist offen. Meeresrauschen. Norman sitzt im Clubsessel, starrt ins Leere. Julien tritt auf, stellt seine Tasche ab, zieht seine Jacke aus, schließt das Fenster.

JULIEN Ich hab Clarisse gesehen, mittags im Café.

Norman reagiert nicht.

JULIEN Sie kümmert sich immer noch um Leute, die nicht da sind.
Und wenn sie kommen, tut sie so, als existierten sie nicht.
Schweigen.
In der Arbeit geht es immer besser: ich mache immer weniger.
Wir gehen aus, trinken was.
Und du?
Stille.
Ich hab die Nachtcreme gekauft. Erinnerst du dich, die Tropfen? Ich habe die ganze Zeit gezögert, weil ich nicht mehr sicher war, ob ich anfangen soll. Aber du hast recht, ich werde auch damit beginnen... da ist ein Typ, ich bin sicher, der macht das seit Jahren... Du gibst ihm fünfunddreißig, vierzig Jahre. Aber im Büro hab ich sein Geburtsdatum gesehen. Der ist Fünfzig.

Stille.
Also wenn ich mit Fünfzig wie er bin, dann ist das gut. Jedenfalls gibt es Liftings. Die sind weniger hart als bei Frauen, viel subtiler... aber es gibt sie. Ich muss mich erkundigen. Ich frage den Typ mit Fünfzig, der aussieht wie Fünfunddreißig.
Julien nähert sich Norman.
Was schaust du?
Ach! Clarisse, sie hat sich nach dir erkundigt, aber ich wette, wenn du dagewesen wärest, sie hätte dich nicht eines Blickes gewürdigt.
Mach dir nichts draus. Ich habe nichts über deine Situation erzählt.
Er kommt noch näher heran.
Hörst du mich?
Er hält zwischen jedem Wort inne. Mit Nachdruck
Ich habe nichts über deine Situation erzählt.
Stille.

JULIEN Warum machst du nichts mehr?
Warum sagst du nichts mehr?
Stille.
Warum?

NORMAN Der Ozean ist ohne Warum. Das Glitzern auf dem Wasser verschwindet, weil es verschwindet.

Julien zuckt mit den Schultern.

JULIEN Du musst etwas finden.
Oder jemand. Danach ist es zu spät.
Vor Dreißig muss alles passiert sein.
Stille.
Ich habe im Büro mit diesem Typ diskutiert. Der ist Fünfzig, sieht aber jünger aus... wie Fünfunddreißig.
Er hat Geld.
Verstehst du? Geld!
Stille.
Und außerdem hab ich einen Termin für dich vereinbart. Morgen.

NORMAN *taucht aus seiner Benommenheit auf* Mit wem?
JULIEN Mit ihm. Diesem Fünfunddreißigjährigen, der Fünfzig ist.

Norman reagiert nicht.

Dunkel.

9. Das Café

Julien sitzt an einem Tisch. Nathalie stellt Julien ein Glas Cola hin.

NATHALIE *erschöpft* Heiß heute.
JULIEN Nachts vor allem. Man schläft nicht.
NATHALIE Ich arbeite den ganzen Tag. Bei dieser Hitze wird man doppelt so müde. Also kippe ich abends sofort weg.
JULIEN Heute nacht hab ich das Fenster offen gelassen. Unten miaute eine Katze, und mir schien, sie schrie nach mir: »Julien!«, »Julien!«... aber dann war das Rauschen des Ozeans stärker... Ich wohne nicht weit vom Strand... dann bin ich eingeschlafen.
NATHALIE Haben Sie auf Neuigkeiten von jemand gewartet?
JULIEN Kennen Sie viele Leute, die nicht auf Neuigkeiten von jemand warten?
Nein, diese Katze war kein Omen.
Ich bin nicht abergläubisch, ich glaube nicht an solche Zeichen.
NATHALIE Oder vielleicht hat Sie am Tag jemand zu Hilfe gerufen, und Sie wollten es nicht hören wie das Miauen dieser Katze in der Nacht. Und kurz vorm Einschlafen, wo sich alles verstärkt, ist es wiedergekommen. Über das Miauen der Katze haben Sie dieses Rufen gehört, das Sie kurz zuvor, am hellichten Tag, ignoriert haben.

JULIEN Sie kennen sich aus. Glauben Sie an sowas wie Zeichen?

Norman tritt auf, er sieht aus wie ein Gespenst.

NATHALIE Da ist Ihr Freund. Sind Sie verabredet?
JULIEN Er hat einen Termin mit einem Bekannten. Er ist zu früh, wie immer. Ich hatte das Gegenteil erhofft. Dass der andere zu früh kommt und er zu spät. Aber mit Norman muss man immer auf's schlimmste gefasst sein.

Norman setzt sich zu Julien.

NORMAN *zu Nathalie* Einen Café, bitte.

Nathalie entfernt sich.

NORMAN Also? Dein Typ?
JULIEN *brummig.* Du bist zu früh, sag ich dir... Du hast den ganzen Tag nichts zu tun und bringst es zustande, zu früh zu sein. Meinst du, das ist gut? Immerhin wirkst du schon normaler als gestern abend. Glücklicher.
NORMAN Gestern abend ging es mir gut.

Dunkel.

10. Das Café

Wenig später. Julien, Norman und der Mann von fünfzig Jahren sitzen am gleichen Tisch.

JULIEN *zum Mann* Sie wissen also nicht, wer es ist?
MANN Nein. Arbeitet er schon lange in der Firma?
JULIEN Ich glaube. Er ist nicht mehr sehr jung. Er gehört schon eher zum alten Eisen.
MANN Wie alt?
JULIEN Ich weiß nicht. Jedenfalls so alt, wie er aussieht. Ich weiß aber nicht genau, wie alt wirklich.

Also gestern, während der Pause, frag ich ihn, was er genau arbeitet. Er sagt: »Interne Kommunikation.«

MANN Interne Kommunikation?

JULIEN Ja. Also bohre ich weiter. Und er: »Ich bringe Akten von einem Büro zum anderen. Früher nannte man mich den Aktenhasen, der durch den Korridor hüpft. Heute bin ich zuständig für interne Kommunikation.«

MANN Wirkt seriöser.

JULIEN Ja. Aber Aktenhase triffts besser.

Diese endlosen Gänge und das kleine Männchen, das von einem Stall zum anderen hüpft.

Das trifft es genau.

MANN *zu Norman* Und Sie, was machen Sie?

JULIEN Er ist ein Kreativer.

MANN *zu Julien* Welcher Bereich?

NORMAN Ich habe bestimmte Projekte.

MANN *zu Norman, sehr freundlich, fast feierlich* Und Ihre Schuhgröße?

Schweigen. Norman antwortet nicht, etwas hilflos.

JULIEN Ja, was ist deine Schuhgröße?

Stille. Norman antwortet nicht.

JULIEN *zum Mann* Einundvierzig, ich erinnere mich, er hat Schuhgröße einundvierzig.

MANN *steht auf, zu Norman* Gut. Also morgen. Bei Ihnen, gegen zwei Uhr?

JULIEN *eilfertig, zum Mann* Ja, das passt hervorragend. Da bin ich nicht da.

NORMAN *zum Mann* Bei ihm ist bei mir.

Der Mann legt einen Geldschein auf den Tisch und verlässt das Café.

JULIEN Siehst du, er ist nett.

NORMAN Was ist nett? Niemand ist nett. Das ist völlig vage, nett sein, das ändert sich laufend, bleibt sich nie gleich und geht spurlos vorbei. Irgendwann hört jeder auf... *Mit verächtlichem Ton* nett zu sein.
JULIEN Du wirst keine Angst haben morgen?
NORMAN Nein, ich werde keine Angst haben.
Diese Geschichte geht mich nichts an. Das hat mit mir nichts zu tun.

Dunkel.

11. Bei Julien

Norman und der Mann.
Durch das offene Fenster Meeresrauschen.
Der Mann hält eine Schachtel in der Hand. Norman lehnt an der Wand. Nachdem er einen Moment regungslos war, legt der Mann die Schachtel auf den Fauteuil, geht zum Fenster und schließt es.

NORMAN Nein. Bitte. Es sieht niemand herein.

Der Mann hält inne, zögert, lässt das Fenster sein, kommt zum Fauteuil zurück.

NORMAN Der Ozean stellt keine Fragen.

Der Mann nimmt die Schachtel, öffnet sie und nimmt ein Paar Lederstiefel heraus, schwarz und eisenbeschlagen. Mit einer Handbewegung fordert er Norman auf, sich in den Fauteuil zu setzen. Norman löst sich von der Wand, setzt sich.
Der Mann kniet zu Normans Füßen nieder und zieht ihm Schuhe und Strümpfe aus.
Er zieht ihm mit Mühe den ersten Stiefel über den rechten bloßen Fuß.

NORMAN Sie kommen mir sehr eng vor. Nicht meine Größe.

Der Mann gibt nicht nach, und es gelingt ihm, Norman beide Stiefel anzuziehen. Er schließt der Reihe nach die Druckknöpfe an jedem Fuß.

NORMAN Damit kann ich nie im Leben laufen.
Im Sand, auf den Klippen?

Der Mann richtet sich auf, zieht seine Geldtasche heraus, dann ein Bündel Papiergeld, legt es auf die Armlehne des Fauteuils. Norman betrachtet das Geld. Schweigen.

NORMAN Ich will es versuchen. Nur einmal hin und zurück.

Er steht auf, setzt einen Fuß mit Mühe vor den anderen und verlässt das Zimmer mit schwankendem Schritt. Der Mann geht ans Fenster.
Er bleibt dort einen Moment wie angewurzelt stehen und schaut. Nach einer Weile macht er ein Zeichen der Ermutigung und erstarrt von neuem.
Draußen kommt Wind auf und schlägt das Fenster zu. Die Geldscheine fallen herunter und fliegen einzeln durchs ganze Zimmer.

Dunkel.

12. Bei Julien

Abend. Der Mann ist weg, Julien ist zurück. Norman blättert in einer Illustrierten, im Fauteuil sitzend. Er ist barfuß. Auf den Füßen hat er Striemen und Blut.
Julien schließt das Fenster und sammelt die verstreuten Geldscheine ein, ordnet sie, zählt sie, zufrieden.

JULIEN *steckt die Geldscheine ein* Das nächste Mal?
NORMAN *bei seiner Lektüre* Morgen nachmittag. Bei ihm. Du arbeitest morgen nicht?
Also dachte ich, bei ihm.
JULIEN Perfekt. Sie haben meinen ersten Lohn überwiesen.

Er stellt sich vor Norman, zieht aus seiner Tasche eine kleine Schachtel, öffnet sie.

JULIEN Schau.

Norman schließt die Illustrierte, wirft einen Blick auf die Schachtel, steht auf, geht zum Fenster, öffnet es.

NORMAN Sehr hübsche Brosche... Für deine Mutter?
JULIEN Nein. Für eine Freundin.
NORMAN Das ist ein sehr schönes Geschenk für eine Freundin. *Er dreht sich zu Julien und sieht ihn unnachgiebig an.*
JULIEN *hält seinem Blick stand* Es ist eine sehr schöne Freundin.

Er geht zu seiner Tasche, nimmt eine zweite Schachtel heraus und hält sie Norman hin.

NORMAN *nimmt die Schachtel* Für mich? Heute ist nicht mein Geburtstag...
JULIEN Vielleicht nicht deiner, aber meiner.
Sechs... und... zwanzig heute.

Alle vergessen es. Also mache ich heute Geschenke, um den Anlass zu feiern.
Sowas passiert nicht alle Tage, dass der Zahltag auf den Geburtstag fällt.

NORMAN Alles Gute zum Geburtstag. Es stimmt, ich vergesse das immer.

Er setzt sich in den Fauteuil. Julien bemerkt Normans blutige Füße, als der sich wieder setzt. Julien kniet nieder, nimmt ein Taschentuch heraus und tupft mit großer Zärtlichkeit die Blutspuren von Normans rechtem Fuß.

JULIEN Weißt du, dass Clarisse wieder Oboe-Stunden nimmt?

NORMAN Warum erzählst du mir jetzt von Clarisse?

JULIEN Sie hat an meinen Geburtstag gedacht. Hast du noch viele Freunde in Amerika?

NORMAN Nein. Nicht so viele.

Immer noch mit der gleichen Zärtlichkeit tupft Julien nun Normans linken Fuß ab.

JULIEN Glaubst du, du kehrst eines Tages dorthin zurück?

NORMAN Ja, warum nicht.

JULIEN Weißt du, ich glaube, wir sind uns sehr ähnlich. Nach all der Zeit, die wir uns kennen, habe ich das endlich begriffen.

NORMAN *dreht das Paket in seinen Händen, ohne es zu öffnen* Ha?

JULIEN *richtet sich auf, wirft das blutige Taschentuch in die Ecke. Trocken, fast verächtlich* Da oder anderswo, es ist das gleiche. *Er zieht seine Jacke über und verlässt die Wohnung.*

Norman betrachtet das Paket, zögert einen Moment, legt es auf die Armlehne des Fauteuils und begibt sich neuerlich ans offene Fenster. Er bleibt dort, reglos.
Man hört das Tosen des Ozeans. Die Nacht bricht jäh herein. Dunkel.

13. Bei Julien

Draußen ist es Tag, aber die Vorhänge sind zugezogen und tauchen den Raum in ein Halbdunkel. Julien und Clarisse liegen auf dem Rücken am Boden nebeneinander. Sie tragen ihre Unterwäsche. Um sie verstreut in wildester Unordnung: ein Rock, eine Jeans, ein Hemd, ein Paar Mokassins, Tennisschuhe...

CLARISSE *leise, die Augen zur Decke gerichtet.* Ich hätt' es nicht tun sollen... ich hätt' es nicht tun sollen... ich hätt' es nicht tun sollen...

Julien dreht sich zur Seite, mit dem Rücken zu Clarisse, den Kopf in seinen Arm geschmiegt. Er rührt sich nicht, als sei er eingeschlafen.

CLARISSE Laurent und ich haben uns gestritten, eben bevor ich hier her kam. Seit fünf Jahren streiten wir... Nun ja, alles hat einmal ein Ende. Ich wusste nicht einmal mehr, was ich sagen soll. Er ist mir gleichgültig geworden. Ich fühle mich ihm nicht näher als dir in diesem Moment, da siehst du, wie gleichgültig er mir ist.
Stille.
Ich hätte es nicht tun sollen. Fünf Jahre. Das ist lang, nicht? Warst du schon mal fünf Jahre mit jemand zusammen?
Stille.
Jetzt kommt es mir vor, als würde ich mich von der Welt zurückziehen. Das kommt von diesem Treuebruch. Ich muss mich zurückziehen, um besser über meine Zukunft nachdenken zu können. Ich will mich nicht mehr feige dem Schicksal überlassen, nicht mutlos werden. Das kommt von weit her. Mein Vater schickt mir diese Botschaft. Aus dem Jenseits glaube ich ihn noch flüstern zu hören: »Die Dinge sind wie sie sind...« Aber ich vernehme die Zeichen eines anderen Lebens, eines Geheimnisses, das ich noch nicht kenne. Also löscht sich dieses aus.

Stille.
Die Bücher, die Kinder, der taubengraue Rock, den ich kaufte, um ihn mit den schwarzen Pumps zu tragen, die Nahtstrümpfe und die taillierte Jacke. Verführen und wieder verführen, verführen, ohne lügen zu müssen, ohne sagen zu müssen: »Bei mir ist bei ihm. Gehen wir bitte wo anders hin: ins Hotel oder zu Ihnen, ja...«
Stille.
Eigentlich bin ich frei.

JULIEN *dreht sich zu ihr* Warum diese Ansprache, jetzt, direkt danach? Warum? War es nicht gut mit mir?

CLARISSE *sehr hart* Ach ja, Sex... Ich hatte ganz vergessen. Sex. Ja. Nicht schlecht.
Stille.
Welche Farbe haben meine Augen?
Sie hält sich die Hand vor die Augen.
Stille.
Wie, Julien? Also? Blau? Grau? Schwarz? Grün? Braun? Deine Chance ist eins zu fünf.
Stille.

Die Tür geht auf: ein stechender Lichtstrahl durchschneidet den Raum. Norman erscheint. Er zieht die Vorhänge auf, öffnet das Fenster. Rauschen des Ozeans. Julien setzt sich auf, zieht sich die Jeans über.

CLARISSE *gleichgültig* Der hat gerade noch gefehlt.

JULIEN *zu Norman* Bist du nicht bei deinem Typ?

CLARISSE Was für ein Typ?

NORMAN mit Kopfnicken zu Julien Seiner. Nicht meiner. Das ist nicht mein Typ.

JULIEN *ärgerlich, zu Clarisse* Ein Freund. Ein Arbeitskollege.

NORMAN Der Ozean grollt. Hört ihr die brechenden Wellen? Er schubst sie vor sich her und klatsch! *Zu den beiden* Ich will euch nicht stören, also... *Er geht zur Tür.* Ich bin schon wieder weg. *Er geht ab.*

JULIEN Er hat verstanden.

CLARISSE Was? Es gibt nichts zu verstehen.
Was zwischen uns passiert ist, exisitiert nicht.
Mir ist kalt, mach das Fenster zu.

Julien gehorcht. Clarisse schlüpft in ihren Rock, zieht die Mokassins an.

CLARISSE Werden wir uns wenigstens wiedersehen?
JULIEN Was meinst du mit wenigstens?
Stille.
Was heißt das?
CLARISSE Ich weiß nicht, warum, aber wir werden uns wohl oder übel wiedersehen.
JULIEN *indem er sich anzieht* Du entscheidest.
Mir scheint, ich habe keine andere Wahl.

Er nähert sich Clarisse: sie küssen sich leidenschaftlich.

CLARISSE Ja, mit dir war es gut.
JULIEN Ich liebe deine Augen.
CLARISSE Und ihre Farbe?
JULIEN Rehaugen oder Rehkitzaugen. Scheue Augen.

Clarisse löst sich von ihm.

CLARISSE Gibt es hier keinen Spiegel?
Sie steckt die Brosche auf ihre Brust.
Schade, sie stand mir so gut.
Sie hält Julien die Brosche hin.

Dunkel.

14. Das Café

Norman bei einem Glas; die Füße auf einem Stuhl: er trägt noch die Stiefel, die ihm der Mann geschenkt hat. Er zieht sie aus und setzt seine nackten Füße auf den Boden. Die Stiefel liegen unter dem Tisch. Der Mann betritt das Café und setzt sich zu Norman.

MANN Meine Frau... haben Sie sie gesehen? Sie sollte verreisen, aber dann... war nichts.
NORMAN Macht nichts. Ein anderes Mal.
MANN Warum nicht bei Ihnen, jetzt?
NORMAN Ich wohne nicht mehr da.
MANN Ach! Seit wann?
NORMAN *mit einer trotzigen Stimme, wie ein Kind* Kein Zuhause. Seit ewig.
MANN *öffnet seine Brieftasche* Ein Vorschuss. *Er zieht ein paar Banknoten heraus, legt sie auf den Tisch und schließt seine Brieftasche.*
NORMAN Kann ich sie sehen?

Der Mann öffnet seine Brieftasche, zieht eine Photographie heraus und zeigt sie Norman. Norman nimmt das Photo, ohne es anzuschauen, hält es in seinen Händen, leerer Blick.

MANN Wissen Sie, ich liebe sie nicht. Ich meine... nicht mehr als Sie.
NORMAN *wiederholt, langsam, mit tonloser Stimme* Nicht mehr als mich. *Er gibt ihm die Photographie zurück.*
Dennoch sind Sie zusammen.
Zusammen wie Mann und Frau, wenn sie verheiratet sind. Haben Sie unter Zwang geheiratet? Gibt es einen Ehevertrag?
MANN *fassungslos und beklommen* Ja...
NORMAN *schnappt mit einem Handgriff die Geldscheine auf dem Tisch. Mit tonlose Stimme* Geben Sie mir mehr.

Der Mann nimmt mehr Geldscheine aus der Brieftasche und wirft sie auf den Tisch.

NORMAN *den Blick immer noch starr ins Leere gerichtet, mechanisch* Noch mehr.
MANN Das ist alles, was ich habe.

Norman bleibt sehr ruhig. Er spricht mehr zu sich als zum Mann, den er nicht ein einziges Mal anschaut.

NORMAN *ohne geringste Regung* Nein. Sie haben noch viel mehr.
Stille.
Ich will nicht, dass Ihre Frau profitiert. Ihre Frau.
MANN *nervös* Was? Was wollen Sie? Drohen? *Er schaut Norman an, dann bricht er in Lachen aus.*
Armes unbedeutendes Ding! Ist nichts, geht nirgendwohin, lebt nirgendwo!

Er steht auf und lacht weiter, während er seine Jacke zuknöpft. Norman versucht, ihn mit einer abrupten Geste festzuhalten. Der Mann schüttelt ihn ab.

NORMAN *verloren, tonlose Stimme* Verlassen Sie mich nicht. Ich werde tun, was Sie wollen. Alles. Aber lassen Sie mich nicht hier. Ich will nicht zu denen zurück. Gehen wir in ein Hotel. Irgendwohin...
MANN *verächtlich* Sie ekeln mich an! Verkommene Larve. Sie sind meiner Zuwendungen nicht mehr würdig, nein, nicht mehr würdig.

Er nimmt seine Stiefel und verlässt das Café. Norman sammelt die Geldscheine ein, gefasst. Nathalie erscheint, wirbelt einen Moment um die leeren Tische, nähert sich Norman. Schaut ihm zu. Norman summt vor sich hin. Er beachtet Nathalie nicht. Er legt die Geldscheine am Tischrand übereinander und streicht sie mit der Hand mechanisch glatt.

NATHALIE Was werden Sie tun mit all dem Geld?
NORMAN *fröhlich, ohne sie anzuschauen* Eine Brosche aus Gold mit Rubinen, für meine Freundin, für meine Freundin...
NATHALIE Die hat Glück. Gold mit Rubinen?
NORMAN Gold mit Rubinen.
Sie wartet auf mich, am Ufer des Ozeans.

Nathalie schneidet ein Gesicht, macht eine Geste, zögert und wendet sich ihrer Arbeit zu.
Norman steht auf und verlässt das Café, ohne das Geld zu nehmen, barfuß.
Das Wetter verdüstert sich. Wind kommt auf, die Geldscheine fliegen herum.
Das Tosen des Ozeans wird übermächtig, ein dumpfes Grollen.

ZWEITER TEIL
Der Schmerzpunkt

Originaltitel: Là où ça fait mal

Die Neunziger Jahre

PERSONEN

CLARISSE DELTOUR
NATHALIE DULLAC
JULIEN MORESTIN
JIM MARTENOT
DER JUNGE IM REGENMANTEL
THIERRY PETIT

In einer europäischen Hauptstadt

1. Ein Zimmer

Jim Martenot, um die Dreißig, lange braune Haare, hat eine Bierflasche in der Hand. Clarisse zieht ihre Jacke aus.

CLARISSE Viele Bücher hast du nicht.
JIM Doch, schau, da... Da sind welche.
CLARISSE Diderot, Molière, Balzac.
»Verlorene Illusionen«.
Ja.
Enttäuscht
»Verlorene Illusionen«.
Die Leseliste fürs Abitur.
JIM *stellt sein Bier ab, umarmt Clarisse*
Ich liebe deine Augen. Ich liebe ihre Gleichgültigkeit.

CLARISSE Rehaugen oder Rehkitzaugen.
JIM Kinderaugen.
CLARISSE *löst sich aus Jims Umarmung* Wenn Julien den Blick bestimmter Frauen streift, denkt er an Rehaugen. Oder Rehkitzaugen.
JIM Seid ihr schon lange zusammen?
Schweigen.
Für einen Jäger sieht er nicht böse aus. Jedenfalls hat er heute abend nichts unternommen, um dich zu halten.

Er versucht Clarisse zu küssen. Sie weist ihn zurück.

CLARISSE Ein Jäger, Julien?
JIM *nimmt sein Bier, trinkt es aus* Er ist auf dem Anschlag, zielt - und irgendwann wird er wohl was treffen.
CLARISSE Der erwischt nie was.
Er erscheint mir – vielleicht wegen der Schattierung seiner grauen Augen – hart und zerbrechlich wie Glas. Wenn ich ihn berühre, könnte ich mich schneiden – oder ihn zerbrechen.
JIM Verstehe.
Er schiebt seine Hand unter ihren Pullover.
Deine Brüste mag ich auch, deine Brüste, weißt du.
Er zieht Clarisse den Pullover aus.
Die Brüste junger Frauen, ich könnte sie fressen.
CLARISSE *stößt ihn zurück* Nein, nicht heute abend.

Jim nimmt eine neue Flasche, öffnet sie, trinkt, legt sich auf den Boden.

CLARISSE Hör auf zu trinken, das ist es, was dich erregt.
JIM Lass mich.
CLARISSE Ich mag deine Arme, und deine Hände.
Dein Gesicht auch. Und deine Stimme.
JIM Und ich mag deinen Busen, wenn du's wissen willst.
Plötzlich ratlos, stützt er sich auf einen Ellenbogen.
Ich gefalle dir, und du gefällst mir. Also was?
Liegt es an Julien? Seit wann seid ihr zusammen?

CLARISSE Deinen Hals mag ich am meisten. Glaube ich.
Bei deinen langen Haaren ist das schwer zu beurteilen.
JIM Bis morgen also? Willst du morgen?
CLARISSE Steh zumindest auf, bevor ich gehe.

Jim steht auf.

CLARISSE Dreh dich um.

Er dreht sich um.

CLARISSE Heb deine Haare hoch.

Jim fährt sich durchs Haar.

CLARISSE Höher.

Er hebt sie hoch, sein Nacken wird sichtbar.

CLARISSE Senk deinen Kopf.

Jim beugt seinen Nacken.

CLARISSE Du bist gefügig?
JIM Ich kann es sein. *Er fällt auf die Knie.*
Ich kann auch gewalttätig sein.
Er schlägt mit der Stirn auf den Boden.
Mein Gott, schenk mir diese Frau!
CLARISSE Gebet erhört.

Dunkel.

1. Ein Café

Morgen. Julien und Clarisse sitzen an einem Tisch, zwei schwarze Cafés vor sich.

CLARISSE Es ist passiert. Mit Jim. Wir haben's gemacht.
JULIEN War's gut?
CLARISSE Angenehm. Unmittelbar danach, beim Gehen, sagte er: »Es war nett.«
JULIEN Ich fand diesen Kerl immer schon beschränkt.
CLARISSE Du bist eifersüchtig. Sonst nichts.
Jim ist besser als du denkst. Er steht mit beiden Beinen im Leben.
JULIEN Ich hasse Leute, die mit beiden Beinen im Leben stehen: sie treten mir auf die Zehen und entschuldigen sich nicht einmal.
Norman stand nicht mit beiden Beinen im Leben.
CLARISSE Norman hat sich verflüchtigt.
JULIEN Wir haben ihn zum Verschwinden gebracht.

Stille.

CLARISSE Du findest Jim beschränkt? Was kannst du mehr erwarten, wenn du den ganzen Tag in deiner Boutique stehst?
JULIEN Ich stelle mir keine Fragen. Am Abend wird es dunkel, weil es dunkel werden muß. Diese Hingabe des Tages an die Nacht ist grenzenlos, und auch ich gebe mich hin. Norman hat das genau verstanden.
CLARISSE Jim ist vielleicht nicht der ideale Partner, aber ich könnte mich gut an ihn gewöhnen. Schließlich war ich ja auch fünf Jahre mit dir zusammen.
JULIEN Ich gewöhne mich daran, Abteilungsleiter zu sein, und du, du gewöhnst dich an Jim. Du gibst dich ebenfalls hin, auf deine Weise.
CLARISSE Sein Nacken macht mich verrückt. Diese Beziehung könnte ein Ganzes sein. Aber nein: bloß Stückwerk.

JULIEN Ich habe nichts mehr.
Wirst du ihn wiedersehen?
CLARISSE Frage ich dich, ob du morgen in deine Boutique zurückkehrst?
Pause.
Ja. Ich werde ihn wiedersehen. Ich bin jetzt mit ihm zusammen.
Mir ist kalt. Ich gehe.
JULIEN Das heißt, mit uns ist es aus?

Schweigen.
Clarisse steht auf und zahlt.

CLARISSE Gehst du nicht zu dir nach Hause?
JULIEN Nein.
Das war nie mein Zuhause. Es gab eine Zeit, da hatten Norman und ich ein... Zuhause.
Bitteres Lachen. Bevor ich mit dir zusammen war.
CLARISSE Hast du eine Verabredung? Eine Frau?
Ist es Nathalie?
Pause.
Du wirst nie jemand finden.
JULIEN Was weißt denn du?
CLARISSE *beinahe schreiend*
Du wirst nie jemand finden, weil du nicht verfügbar bist!

Clarisse entfernt sich.
Julien bleibt starr sitzen.
Ein Zeitungsjunge im grauen Regenmantel erscheint, ein Bündel Zeitungen in der Hand. Er ist um die Zwanzig und hat struppiges blondes Haar.

JUNGE »Le monde«! »Libération«! »L'Humanité«!

Er setzt das Zeitungsbündel auf den Boden vor Julien.

JUNGE Jawohl: jetzt wird es kalt. Man presst sich an die Ra-

diatoren, man zieht mehrere Lagen T-Shirts an, Pullover, Jacken, sogar zwei Paar Socken... Man kämpft gegen die Kälte und sagt sich: »Was für ein strenger Winter.«
Pause.
Dabei ist erst September.
Pause. Zu Julien, der ihn fixiert
He! Sie sehen traurig aus!

Dunkel.

2. Das Café

Der Zeitungsjunge hat sich zu Julien gesetzt. Sie haben jeder ein Glas Bier in der Hand. Sie schauen einander nicht an.

JUNGE Wollen Sie noch ein Bier?
JULIEN Ich muss nach Hause.
Diese Stadt ist grau. Finden Sie nicht, dass diese Stadt grau ist? Grau wie Ihre Zeitungen. Und wenn man sich an sie klammert, hinterlässt sie die gleichen schwarzen Spuren auf der Haut.
JUNGE Und es ist so kalt hier. Das ist das Schlimmste.
Warum machen Sie keinen Ausverkauf?
Die Leute könnten sich wärmer anziehen.
JULIEN Die Boutique gibt keinen Rabatt.
JUNGE Ihre Freundin hier macht »happy hour«. Zwei Bier zum Preis von einem. Das wärmt auf.
JULIEN Nathalie? Sie macht, was sie will in diesem Café. Sie ist die Besitzerin.
JUNGE Und Sie in Ihrer Boutique machen nicht, was Sie wollen?
JULIEN Nein. Ich bin Abteilungsleiter.
JUNGE Immerhin. Abteilungsleiter.
JULIEN Ja. Abteilungsleiter.

Aber ich entscheide nichts.
Pause.
Ich muss gehen.

JUNGE Wollen Sie nicht bleiben?

JULIEN Nein. Ich muss gehen.

JUNGE Können wir uns wiedersehen?

JULIEN Ja, genau. Ein Rendezvous.

JUNGE Wann? Wo?

JULIEN Hier. Morgen. Gleiche Zeit.

JUNGE Wegen Ihrer Freundin. Machen Sie sich nichts draus. Wenn man euch zusammen auf der Straße sah, konnte man meinen, ihr löscht euch gegenseitig aus.

Julien schaut den JungeN zum ersten Mal an.

JULIEN Früher hatte ich einen Freund. Er sah Ihnen ähnlich. Ein bisschen. Das war in einer Kleinstadt am Meer.
Schweigen.
Eine kleine, trostlose Stadt.

Dunkel.

3. Das Café

Julien ist fort. Nathalie sitzt an einem anderen Tisch, allein. Der Zeitungsjunge steht auf und geht zu Nathalie, das leere Glas in der Hand.

NATHALIE Diese Förmlichkeit, die er manchmal hat. Als wäre ich Laufkundschaft in seiner Luxusboutique.
Eine ganz normale déformation professionelle vielleicht?

JUNGE Sie kennen ihn also, den Abteilungsleiter? Mir hat er nur gesagt: »Bei uns gibts keinen Rabatt.«

Nathalie dreht sich zu ihm; er scheint eine Aufforderung ihrerseits zu erwarten.

NATHALIE Julien? Reden Sie von Julien? Ich kannte ihn vor ein paar Jahren in einer anderen Stadt. Einer Stadt am Meer. Wir haben uns per Zufall wieder getroffen. Früher war ich Kellnerin, und heute gehört das mir.

JUNGE Ja, genau, Julien. Er heißt Julien? Also hab ich ihm geantwortet, dass Sie »happy hour« machen.
Kalt draußen.

NATHALIE Was haben Sie mit Julien zu tun?

JUNGE Wir begegnen uns oft auf der Straße. Er hinter seinem Schaufenster, ich auf dem Trottoir. Wir haben uns angefreundet. Es ging nur um den Ausverkauf.

NATHALIE Wie, Ausverkauf?

JUNGE Ich wollte eine gefütterte Winterjacke. Etwas, das warmhält. Und Handschuhe für meinen Zeitungspacken. Aber er macht keinen Ausverkauf. Schade. Er ist etwas teuer. Finden Sie nicht?

NATHALIE Für jemand wie Sie muss es teuer sein, das stimmt. Ich könnte sein ganzes Lager aufkaufen. Mäntel, Pullover, Schuhe. Alles. Oder Ihre Zeitungen: ich kaufe sie alle auf einen Schlag, und Sie sind frei. *Sie nähert sich ihm.* Ich könnte sogar Sie kaufen. Ja. Sie zerknüllen. Sie zerreißen und dann wegwerfen. Genau das macht sie im Moment mit Julien. Sie zerknüllt ihn, zerreißt ihn, und ich warte. Ich warte, dass sie ihn wegwirft.

JUNGE Sie warten auch?

Dunkel.

4. Das Café

Am nächsten Tag.
Der Junge sitzt an einem Tisch: er trägt seinen grauen Regenmantel nicht mehr, sondern eine leichte blaue Jacke. Vor sich ein Glas Weißwein. Er wartet. Schaut auf die Uhr. Führt sein Glas an die Lippen.

Dunkel.

5. Das Café

Später.
Der Junge ist immer noch da, sein leeres Glas vor sich.

JUNGE Mir scheint, in dieser Stadt gibt es keinen Wind mehr. Wo ich den Wind so liebe. Wenn mich sein Hauch an einer Straßenecke überrascht, kommt es mir vor, dass der Wind in dieser stockenden Luft mich fragt: »Warum spielst du nicht mehr mit mir?«
Warum spiele ich nicht mehr mit ihm?
Pause.
Etwas muss mir fehlen, etwas, weswegen man zu Verabredungen mit mir nicht kommt. Mir fehlt all das, was so gefällt, was den ängstlichen oder ordinären Gemütern so eine Sicherheit verleiht. Eine schöne Wohnung, schöne Kleider. Ich hab das alles nicht. Ich wohne im siebten Stock in einer Besenkammer. Nicht geheizt. Ich zahle wöchentlich, sonst sitz ich auf der Straße. Und die Straße kenne ich. Da verbringe ich schließlich meinen Tag.
Pause.
Da er nicht kommt, ist Julien ein ängstlicher oder ordinärer Mensch.
Tja.
Aber der Wind ist nicht da. Manchmal kommt er nicht, der Wind.
Aber schön ist er trotzdem, der unberechenbare Wind.
Er streckt sich, schaut links und rechts.
Wo ist mein Zorn hin? *Er lächelt.*

Dunkel.
Drei Monate später.

6. Das leere Zimmer

Jim vermisst den Boden mit einem Metermaß. Clarisse sitzt unbewegt in einer Ecke.

CLARISSE Die Leere ist so elegant. Findest du nicht?
JIM Ich finde sie trostlos, die Leere.
Er misst weiter. Schweigen.
CLARISSE Die Leere, ich möchte mich in sie hineinstürzen.

Jim lässt das Metermaß. Er umarmt Clarisse.

JIM Ich werde sie ausfüllen, die Leere. Du wirst sehen, Clarisse, für dich mach ich alles, um sie auszufüllen, und wir werden vollkommen glücklich sein. Das Sofa kommt dahin und das Bücherregal da an die Wand. In der Mitte ein runder Tisch mit sechs Stühlen. Wir könnten auch eine kleine Bar da drüben in die Ecke machen, mit einem Tresen und Barhokkern.
Das wäre nett, oder?
Er küsst sie.
Ich liebe dich.
CLARISSE Und die Eleganz? Die Eleganz der Leere?

Dunkel.

7. Das leere Zimmer

Clarisse steht vor einer geöffneten Kiste, aus der Bücher quellen. Jim kommt mit einer noch größeren Kiste und lässt sie fallen.

JIM Deine Bücher!
CLARISSE Was, meine Bücher?
JIM Sind schwer.
Hast du sie gelesen, alle?
CLARISSE Ja.
JIM Wenn du sie alle gelesen hast, brauchst du sie dann noch?
CLARISSE Wie?
JIM *schaut sich um. Nicht sehr überzeugt* Es wird schön hier.
Pause.
Es wird schön, oder?

Clarisse blättert in einem Buch.

JIM Ich hoffe, wir haben genügend Platz für all unsere Sachen.
Die nützlichen Dinge zuerst.
Gut, dass wir einen Keller haben. Das ist praktisch.
CLARISSE Die anderen Kisten müssen noch herauf.
JIM Ja?
CLARISSE Ist was, Jim?
JIM Machen wir Pause. Deine Bücher können warten.
Küss mich.

Clarisse stapelt die Bücher auf und achtet nicht auf Jim. Jim legt sich auf den Boden.

JIM Ausgestreckt hab ich weniger Rückenweh.
Es ist, als ob die Schmerzen aufhörten.
Machen wir's hier. In diesem leeren Zimmer. Komm.
CLARISSE Hör mit dem Tennis auf, dann wird es besser. Du arbeitest zu viel unter der Woche, für das bisschen Erho-

lung am Wochenende. Hattest du dein Gespräch wegen der Lohnerhöhung?

JIM Noch nicht. Die Direktion hat entschieden, das Image der Firma zu verjüngen und zu feminisieren.

CLARISSE Das ist gut.

JIM Findest du? Mich beunruhigt das ein wenig.
Pause.
Warum verteilst du die Bücher so?
Sieht aus wie Schulbeginn.

CLARISSE Ich gebe dem Zimmer Leben.

JIM Verstehe.

CLARISSE Ich möchte eine Wohnung voller Bücher, nichts als Bücher: keine Stühle, keine Sessel, keinen Tisch, keinen Fernseher. Es war mein erster Gedanke, als ich diese Wohnung betrat.

JIM Verstehe.

CLARISSE Nein, du verstehst nicht. Wenn du sagst: »Verstehe«, bemerke ich, dass du gerade nicht verstehst.

JIM Das Sofa, wo tun wir das hin? Ans Fenster?
Was hältst du davon?

CLARISSE Wenn du willst.
Sie verweilt bei einem Buch.
Das hatte ich ganz vergessen. Ein Geschenk von Julien.
Als wir schon zusammen waren.

JIM Wie lange wart ihr zusammen?

Stille. Clarisse packt weiterhin Bücher aus.

JIM Ich würde es gerne wissen.
Ich weiß nicht, warum. Aber ich würde es gerne wissen.
Stille.
Und wir? Kommst du?

CLARISSE Später. Wenn alles hier oben ist.

JIM Das wäre gut gewesen jetzt, miteinander zu schlafen.
Nachher wirst du zu müde sein und es auf morgen früh verschieben. *Er erhebt sich, öffnet seine Bierflasche, trinkt.*

CLARISSE Hör auf zu trinken. Das wühlt dich nur auf. Außerdem macht es einen abscheulichen Mundgeruch.

Jim sieht sie unnachgiebig an.

CLARISSE Später. Wenn das Bettsofa da ist.
JIM Nicht nötig: ich lege mich auf den Boden, und du lässt dich auf mir nieder wie eine kleine Feder. Wir machens uns schön. *Er versucht, Clarisse zu umarmen.*
CLARISSE Jim Martenot, insistieren Sie nicht.

Jim entfernt sich von Clarisse und sondiert den Raum, sein Bier trinkend.

JIM Ich werde ein Regal zusätzlich aufbauen.
CLARISSE Überflüssig.
Meine Bücher will ich gestapelt auf dem Boden. Ich will sie in der Küche. Und auf dem Klo.
JIM Auf dem Klo? Warum nicht gleich auch im Keller?
CLARISSE Nicht ein einziges.

Jim öffnet noch eine Bierflasche.

JIM Was tun wir dann eigentlich in den Keller?
CLARISSE Ich hab eine Liste gemacht.

Sie hält ihm ein Blatt Papier hin. Er überfliegt es.

JIM Meine Golfschläger niemals. Weißt du, was die wert sind? Mein alter Ledersessel – einverstanden; mein holländisches Fahrrad – einverstanden. Aber meine Golfschläger: nein.

Sie schauen einander an.

CLARISSE Nein?

Dunkel.

8. Das leere Zimmer

Die Bücher in Stapeln auf dem Boden. Julien und Clarisse stehen.

JULIEN Diese gemeinsame Wohnung mit Jim, was soll das eigentlich?

CLARISSE Sie ist sehr bequem. Und weit größer als mein Studio.
Außerdem wusste ich nicht mehr, wohin mit all meinen Büchern.

JULIEN Ach, deshalb.
Pause.
Als Bücherlager, ich verstehe. Und Jim?

CLARISSE Tagsüber ist er nie da. Und abends ist er so müde, dass er gleich ins Bett geht. Alles in allem bringt sie mir viel, diese Wohnung.

JULIEN Und am Wochenende?

CLARISSE Am Wochenende? Das war immer schwierig. Wenn ich allein war an solchen Tagen, war ich zweifach allein. Sogar, wenn ich mit dir war. Jetzt sind wir zwei, und unterm Strich ist es einer zuviel.
In beiden Fällen...

JULIEN In beiden Fällen ist es das gleiche wie einer ohne den anderen.

CLARISSE Ich habe mir Zusatzstunden am Samstag vormittag organisiert.
Danach fährt Jim hinaus zu seinem Golf.
Es gibt Sonntage, an denen seh ich ihn überhaupt nicht.

JULIEN Jetzt verstehe ich den Sinn dieser Wohnung.

CLARISSE Zwischen Jim und mir – ist nichts?

JULIEN Nicht mehr als zwischen dir und mir. Das heißt, falls nichts ist.

CLARISSE Zwischen dir und mir, ebenfalls nichts?

JULIEN Weniger als nichts. Wir schlafen nicht mal mehr miteinander. Es gibt nicht mal mehr diesen Trieb, der das kleinste Insekt bewegt.

Wir sind zwei Jahre lang nebeneinander eingeschlafen. Heute wachst du neben Jim auf. Du öffnest ein Auge und was siehst du? Ein anderer Typ, nicht mehr, nicht weniger. Also schläfst du weiter.

CLARISSE Und du, was erwartest du mehr?

JULIEN Ich brauche was anderes. Von einer Beziehung. Ich brauche Intensität.

CLARISSE Es gibt Nathalie. Warum versuchst du es nicht mit ihr? Sie hätte Lust, glaube ich.

JULIEN Ich mag Frauen mit Rehaugen oder Rehkitzaugen: voll und dunkel.
Augen, die sich von der Nasenwurzel weit nach beiden Seiten ziehen.

CLARISSE Du bist frei.
Sie kehrt ihm den Rücken, macht ein paar Schritte, dreht sich brüsk um und zielt mit der rechten Hand wie mit einem Revolver auf ihn.
Peng!

Dunkel.

9. Das leere Zimmer

Clarisse und Jim stehen einander gegenüber.

JIM Warum willst du nicht mehr?

CLARISSE Ich hab jemand anders im Kopf.

JIM Das scheint dich traurig zu machen.

CLARISSE Nicht das Fleisch ist traurig, Jim Martenot, sondern die Liebe.
Die Illusion der Liebe, die einen glauben macht, man sei weniger hässlich oder etwas schöner als man ist.

JIM Einverstanden. Und was hindert uns daran?

CLARISSE Nichts. Komm.

Jim nimmt Clarisse in die Arme.

JIM Mit Julien, hast du es oft gemacht?
Öfter als mit mir?
CLARISSE Warum hast du andauernd Lust?
JIM Es ist wie mit einem guten Bier, ich kann nicht widerstehen.
Antworte mir: hast du es oft gemacht mit Julien?

Clarisse zieht schweigend ihren Pullover aus.

Dunkel.

11. Bei Clarisse und Jim

Das Zimmer ist möbliert. Clarisse und Nathalie sitzen da, beide in ihre Illustrierten versunken: sie sprechen, ohne einander anzusehen.

CLARISSE Du magst Julien, oder?
Hast du keine Lust mit ihm?
NATHALIE Er legt keinen Wert darauf.

Sie blättert knallend eine Seite um.

CLARISSE Hast du es schon versucht?
NATHALIE Was denn?
CLARISSE Mit Julien... es ihm verständlich zu machen.
NATHALIE Ich denke schon. Sogar, als er noch mit dir zusammen war.
Sie kichert.
Da siehst du, wie ich es versucht habe.
Pause.
Ich glaube aber, er hat immer noch Lust mit dir.
CLARISSE Was hat das mit euch zu tun?
NATHALIE Du bist da, das ist alles.
CLARISSE Aber ich will nicht mehr mit ihm schlafen. Und bin ich nicht mit Jim zusammen?

Einer reicht mir vollkommen, danke.
Pause.
Warum lädst du Julien nicht zu dir nach Hause ein, auf einen Tee?

NATHALIE Warum nicht. Aber lieber würde ich ihm ganz einfach sagen: »Willst du um halb sechs zu mir ficken kommen?« Das wäre ehrlicher.

CLARISSE Ich mag die Art, wie du dein Leben in die Hand nimmst.

NATHALIE Ich habe als Kellnerin begonnen, wurde Geschäftsführerin; jetzt bin ich Eigentümerin, und es ist noch nicht zu Ende.

CLARISSE Ach? Was gibt es über dem Eigentum?

NATHALIE Was es darüber gibt?
Irgendwas muss es darüber geben...
Kellnerin, Geschäftsführerin, Eigentümerin...
Was gibt es darüber?
Nathalie schaut Clarisse zum ersten Mal an.

CLARISSE Aber du magst Julien?
Schweigen.

NATHALIE Ich möchte ihn als Vater meines Kindes.

Clarisse schaut Nathalie zum ersten Mal an.

NATHALIE Ja, ich muss mich beeilen, in drei Jahren ist es zu spät.

CLARISSE Julien und Vater? Schwer vorstellbar.

NATHALIE Ich würde ihm nicht die Zeit lassen, es zu werden.

CLARISSE Du würdest ihn rauskippen?

NATHALIE Im richtigen Moment, ja.

CLARISSE Im richtigen Moment? Nach der Geburt? Vorher? Oder nach den ersten Tests?
Stille.
Ist das nicht ein wenig rücksichtslos?

NATHALIE Julien ist zehn Jahre jünger als ich. Die Chancen, dass er mich als erster verlässt, sind groß.

Pause.
Ich muss meinen Coup gut planen.
Julien wäre ideal für mich.
Pause.
Und du mit Jim?
Stille.
Siehst du ihn als Vater deines Kindes?

CLARISSE Ehrlich gesagt, sehe ich auch eher Julien für mein Kind.

Ihre Blicke treffen sich einen kurzen Moment.

CLARISSE Wenn er sein Sechserpack Bier trinkt, wird Jim geil.
Ich mag ihn, wenn er schläft. Ich mag seinen Hintern, seinen Rücken. Seinen Nacken auch, man könnte meinen, ein Kindernacken. Ich hebe seine Haare hoch, ganz vorsichtig, um ihn nicht aufzuwecken.
Nachts ist sein Nacken weiß wie Marmor. Fast leuchtend.
Jim liebe ich stückweise.

NATHALIE Da ist doch wohl noch was anderes?

CLARISSE Das andere liebe ich nicht.

Dunkel.

12. Bei Clarisse und Jim

Clarisse sitzt immer noch; jetzt allein.

CLARISSE Wenn ich den Winterhimmel von meinem Fenster aus betrachte, sehe ich die rosarote Spur der Wolken wie sternengepflasterte Boulevards. Ein Schritt, ein einziger Schritt genügt, um aus dem Fenster hinauszutreten, auf diese Boulevards. Darauf zu taumeln, ein einziger Schritt... Taumeln in der Eleganz der Leere.
Mein Leben lang – zumindest den größten Teil meines Lebens – habe ich mir nur eine einzige Beziehung gewünscht. Sie war da, neben mir, gleichlaufend mit allen anderen. Die einzige Liebe, die ich leben werde, wird nicht die wahre sein. Schon gar nicht die große.
Sie wird in mir sein.
Sie wird ich sein.
Ein Kind?

Dunkel.

13. Das Café

Nathalie und Julien. Sie trinkt Cola. Er Bier.

JULIEN Kommt der noch immer, dieser Zeitungsverkäufer, der so grau und traurig aussieht wie sein Regenmantel?
NATHALIE Vor ein paar Monaten hat er mir irgendwas erzählt, dass du keinen Ausverkauf machst oder so.
JULIEN Erinnerst du dich an den Abend, als Clarisse Jim kennenlernte? Es war noch Herbst. Jim kam aus Zufall in dein Café. Wovon alles abhängt.
NATHALIE Wovon alles abhängt?
JULIEN Ja, das Gleichgewicht eines ganzen Lebens.
Ein Abend, der sich in einem kleinen Café um die Ecke hinzieht, und ein ganzes Leben gerät ins Schwanken.

NATHALIE Wie geht es Clarisse?
JULIEN Sie spricht oft von dir. Von deinem bilderbuchartigen Aufstieg, genau gesagt.
NATHALIE Ist Clarisse immer noch so hübsch?
JULIEN Es käme mir nicht in den Sinn zu fragen: »Ist Jim immer noch so süß?«
NATHALIE Bist du eifersüchtig? Brauchst du nicht. Ich finde manchmal, dass Jim grobe Züge hat.
JULIEN Grobe Züge? Find ich nicht. Oder sie sind mehr innerlich. Was genau meinst du mit »groben Zügen«?
NATHALIE Sowas blöd Männliches.
In meinem Alter hat man das schnell heraus, diese Züge.
Denn du hast recht, es ist innen das gleiche wie außen.
Im Moment hab ich Lust auf was anderes.
Erinnerst du dich an Norman...
Schweigen.
Ich glaube, ich habe Lust auf Norman.
JULIEN Ja, aber Norman ist nicht mehr da.
Wütend. Er ist nicht mehr da.

Stille.

NATHALIE Ich werde die Einrichtung erneuern.
Was meinst du? Die Bar soll so bleiben.
JULIEN *beruhigt sich wieder* Hast du ihn wiedergesehen, diesen Zeitungsverkäufer?
NATHALIE Er hängt noch hier herum mit seinem grauen Regenmantel und dem Stapel schmutziger Zeitungen. Niemand kauft ihm welche ab. Und weißt du, warum? Am Morgen, bevor wir aufmachen, lasse ich die Zeitungen von meinem Verwalter kaufen: also lesen die Kunden sie hier.

Sie kichern.

JULIEN Hervorragend!
Pause.

Eines Abends, kurz nachdem Clarisse Jim kennenlernte, hab ich mich mit ihm verabredet, bin aber nie hingegangen.
Pause.
Ist dir sein Blick aufgefallen? Wenn er auf der Straße geht, sieht man nur ihn. Nicht seine Zeitungen, nicht seine Figur, nein. Nur seinen Blick. Die Augen eines gehetzten scheuen Tiers. Sie ziehen sich von der Nasenwurzel weit nach beiden Seiten hin.

Dunkel.

14. Die Straße

Nachts. Der Junge im Regenmantel hüpft von einem Bein aufs andere: ihn friert, und er hüllt sich in seinen Mantel. Auf dem Boden ein Stapel Zeitungen.

JUNGE *zögernde Stimme, vor Kälte klirrend*
»Le monde«! ... »Libération«!...
Er schneuzt sich mit dem Handrücken.
Als wartete er auf eine Antwort
»L'Humanité«...?
Stille.
Die Kälte ist das Schlimmste.
»Libération«...!
Wird jemand mir die Hand reichen?

Er zieht eine Streichholzschachtel aus der Tasche seines Regenmantels. Er zündet ein Streichholz an und lässt es auf die Zeitungen fallen. Sie gehen in Flammen auf. Er reibt seine Hände über dem offenen Feuer.

Dunkel.
Zwei Monate später.

15. Bei Clarisse und Jim

Clarisse liest, Jim trinkt Bier.

JIM Ich bin so lustlos.
Wie denkst du darüber?
Stille.
Wie denkst du darüber, Clarisse?
Jetzt sind wir über ein Jahr zusammen. Ich habe das Recht, dich zu fragen, wie du darüber denkst?
Pause.
Leg dein Buch weg. Wenn wir schon einmal zusammen sitzen.

CLARISSE Und du hör zu trinken auf.
Spielst du heute nicht Golf?

JIM Ich will meine Sonntage nicht mehr damit verbringen. Davon bekomme ich Rückenschmerzen.
Er befühlt sein Schulterblatt.
Ich hab einen Punkt, da. Quinthero sagt, er hat den gleichen: das kommt vom feuchten Boden zusammen mit der Bewegung.

CLARISSE *beunruhigt* Du hörst aber nicht auf damit?

JIM Ja, doch.

CLARISSE *macht ihr Buch zu* Aber was wirst du sonntags tun? Du bist schon die ganze Woche in deinem Büro eingesperrt.

JIM Wir könnten vielleicht ins Museum gehen, ins Kino? Irgendwas Besonderes.

CLARISSE ... Squash? Tennis? Mit Quinthero könntest du wieder Tennis anfangen.

JIM Was denkst du über meine Lustlosigkeit? Antworte mir.

CLARISSE *macht ihr Buch wieder auf* Finde dir eine Freundin. Wechsle die Arbeit.

JIM Wieso eine Freundin, wo wir zusammen sind?
Er nimmt sein Bier, trinkt.
Wir sind doch zusammen, oder? Seit einem Jahr.

Und mein Job, ich war dafür wie geschaffen, oder? Ich wusste es, seit dem Gymnasium.
Informatik: wie auf der Autobahn, das lief.
Stille.
Und Julien. Was ist mit ihm?
CLARISSE Nichts, was dich interessieren könnte.
JIM Wie lange warst du mit Julien zusammen?
Stille.
Ist Julien lustlos?
Stille.

Clarisse liest.
Jim trinkt sein Bier aus.
Dunkel.

16. Eine Straße

Der Junge im Regenmantel irrt mit leeren Händen und zerlumpt herum. Er spricht mit sich selbst. Clarisse und Jim erscheinen, die Hände voll mit Paketen.

JIM Schau dir diesen Jungen an, er redet mit sich selbst.
CLARISSE Ein Irrer. Man begegnet ihnen tagtäglich auf der Straße... Vor Weihnachten ist es noch schlimmer. Sie trösten sich über ihr Unglück hinweg mit Reden ohne Zusammenhang.
JIM Vielleicht hat er zu viel getrunken?

Der Junge im Regenmantel schwenkt ein imaginäres Bündel Zeitungen.

JUNGE »Le monde«! »Libération«! »L'Humanité«!
Außer sich, in Richtung Clarisse und Jim
Fluch!
JIM *geht einen Schritt auf den Jungen zu* Vielleicht sollten wir mit ihm sprechen?

CLARISSE *hält ihn zurück* Ja, sonst noch was. Wünsch ihm auch gleich fröhliche Weihnachten, wenn du schon dabei bist.
Sie zieht ihn weiter.
Man muss so tun, als existierte er nicht.
JIM Aber er ist da...
CLARISSE Na und? Wir sind auch da. Spricht man uns deshalb an?
Sie zieht ihn weiter.
JUNGE *schaut ihnen nach* Fluch!
Er lacht.
Gott, endlich hab ich meinen Zorn wieder gefunden.

Dunkel.

17. Bei Julien

Julien in einer Ecke. Clarisse und Jim umschlungen, in einer anderen. Zwischen ihnen Pakete auf dem Boden.

CLARISSE Diese Weihnachtseinkäufe, was für ein absurdes Gerenne. Muss das unbedingt jedes Jahr von neuem beginnen? Ich renne durch die Stadt wie ein geköpftes Huhn.
JIM Ich finde Geschenke nett.

Clarisse löst sich von Jim.

JIM Grade vorher sind wir einem Irren begegnet, unten, gleich vor deinem Hauseingang.
JULIEN Ein junger Typ? Mit dem Blick eines Damwilds, die Augen, die sich von der Nasenwurzel weit nach beiden Seiten ziehen.
CLARISSE *singt*...von der Nasenwurzel weit... weit nach beiden Seiten... *Lacht.*
Von Julien, sein Lieblingsrefrain!
JULIEN Das ist mein Irrer.
Er ist dauernd draußen und läuft und läuft. Ich bin dau-

ernd drinnen, rühre mich nicht von der Stelle. Einmal hab ich mich mit ihm verabredet. Ich bin nicht hingegangen. Er hat meine Spur gefunden. Er lauert mir unten auf. Aber der Jäger bin ich.

JIM Aha?

JULIEN *zu JIM* Dein Job?

JIM Toll. Und bei dir?

JULIEN Ja.

CLARISSE Ich mach einen Tee...

JULIEN Ich zeige dir nicht, wo die Sachen sind...

Clarisse zögert.

JULIEN Sie sind noch immer am gleichen Platz seit...

Sie geht ab.

JIM Schön hast du's. Bist du schon lange hier?

JULIEN Fünf Jahre.

Stille. Jim überlegt.

JIM *für sich selbst* Fünf Jahre...

Julien setzt sich, Jim bleibt stehen.

JIM Deine Haare sind schütter.

JULIEN Hast du ein Rezept dagegen?

JIM Wenn du willst. Ich hab eins.

JULIEN *wirft einen Blick zu Jim* Jedenfalls scheint es bei dir zu funktionieren.

JIM Ich habe nichts gemacht. Das ist natürlich.

Clarisse kommt zurück.

CLARISSE Wovon redet ihr beiden?

JIM Job.

Dunkel.

18. Bei Julien

Etwas später. Clarisse sitzt auf dem Boden. Ihr Rock ist nach oben gerutscht. Man sieht ihren weißen Slip. Juliens Blick ist auf Clarisse geheftet. Clarisse macht ihren Rock zurecht: der weiße Slip verschwindet. Julien dreht sich zum Fenster.

CLARISSE Hast du dich nie gefragt, warum ich dir so oft von Nathalie erzähle?
JULIEN Weil du möchtest, dass ich sie öfter sehe?
CLARISSE Ich mag Nathalie. Ich könnte gut mit ihr zusammenwohnen.
JULIEN Lächerlich.
CLARISSE Und du, hast du nicht mit Norman zusammengewohnt?

Schweigen.

JULIEN Deine Wohnung ist sehr gut.
Und du hast Jim.
Oder vielmehr...
Er dreht sich zu Clarisse.
Jim hat dich.
CLARISSE Aber Nathalie beschäftigt mich.
JULIEN Ich dachte, du hast Nathalie für mich gedacht.
CLARISSE Gut, dass du nicht willst. Das macht es einfacher.

Clarisse verlässt das Zimmer ohne ein weiteres Wort. Ein Messer wird in Juliens Händen sichtbar. Julien drückt es auf seinen Nasenrücken. Er bleibt eine ganze Weile so, das Gesicht zweigeteilt.

Dunkel.

19. Bei Julien

Julien serviert Nathalie eine Tasse Tee.

JULIEN Ich denke seit einiger Zeit an was Bestimmtes.
NATHALIE Ach?
JULIEN Ich würde gerne. Mit dir.
NATHALIE So? Warum? Nach so langer Zeit?

Sie versteckt ihr Gesicht hinter der Tasse.

Ist das grüner Tee?
JULIEN Du hast nicht locker gelassen.
Und außerdem muss man nicht alles sofort machen.
Pause.
Ja, grüner Tee.
NATHALIE Nein. Das ist es nicht. Es ist was anderes. Aber was?
Warum jetzt?
JULIEN Ja, jetzt. Gleich.
NATHALIE Gleich. Hier!
JULIEN Solche Dinge macht man rasch. Oder nie.
NATHALIE Liebe ist es keinesfalls.
JULIEN In gewisser Weise, doch.
Also bleibst du?
NATHALIE Aber es ist zwei Uhr nachmittag...
JULIEN Liebe ist gut am Nachmittag.

Nathalie hält Julien ihre Tasse hin.
Er trinkt aus Nathalies Tasse, indem er ihre Hand zu Hilfe nimmt.

Dunkel.

20. Das Café

Spät nachts, nach der Sperrstunde. Nathalie sitzt an einem Tisch neben Thierry Petit, ein Mann zwischen Vierzig und Fünfzig.

THIERRY Du hast Glück. Julien ist ein bezaubernder Junge. Für mich wird es immer schwieriger.

NATHALIE Was?

THIERRY Männer in meinem Alter... Sie suchen alle das Gleiche: Jüngere.

NATHALIE Dann mach es wie sie.

THIERRY Die Jüngeren interessieren mich nicht.
Pause.
Was soll ich mit einem Zwanzig-, Fünfundzwanzig-jährigen anfangen? Was? Ich brauche jemand mit Fünfunddreißig, Vierzig. Jemand aus meiner Generation.

NATHALIE Du wirst das schon finden. In diesem Alter hängen sie oft allein herum.

THIERRY Ja, sie hängen allein herum. Auf der Suche nach der verlorenen Jugend. Oder der dargebotenen Jugend. Sie mögen keinen Typen wie mich. Sie mögen keine Typen wie sie.

NATHALIE *müde* Na, dann streng dich ein wenig an, find dir einen Jungen.

THIERRY Das langweilt mich.
Und es braucht Geld.

NATHALIE Du übertreibst...

THIERRY Vor allem muss man verfügbar sein. Man muss ihnen zuhören bei ihren kleinen Jungengeschichten, ihre Zustände aushalten, ihre Ansprüche... ständig Gefahr laufen, sie zu enttäuschen, denn, was willst du, in diesem Alter glauben sie noch daran, und man kann es ihnen nicht verübeln. Ich will kein Chaos in meinem Leben. Ich will jemand, der seinen Platz und seinen Frieden gefunden hat. Jemand, der nichts mehr zu beweisen hat.
Pause.

Jemand wie mich. Genau das bräuchte ich: jemand wie mich.

Lange Stille: sie betrachten sich.

Zu alt und nicht genug Geld.

Zu alt für das, auf was ich Lust hätte.

Nicht reich genug für die, die... es nochmal versuchen könnten – nennen wir's so.

NATHALIE Soll ich dir Geld leihen?

THIERRY Nein, nein... Das ist absurd: ich will nicht für etwas zahlen, was ich gar nicht will, was ich nicht begehre.

Er steht auf.

Ich muss mich ganz einfach entfernen, Nathalie.

NATHALIE *beunruhigt* Thierry?

THIERRY *beruhigt sie, indem er ihre Hand hält* Mach dir keine Sorgen. Ich entferne mich: das ist alles und nichts weiter.

Ich unterbreche den Kreislauf. Es ist im Grunde nicht so schlimm. Ich lese immer mehr, das gibt mir Zeit zum Reisen, ich habe genügend Geld... ja das gibt mir Zeit und Bequemlichkeit, dieses... sentimentale Exil.

Das ist, als ob ich schon in Rente wäre, obwohl ich immer noch arbeite.

NATHALIE Aber Thierry, du bist erst Achtunddreißig.

THIERRY Ja, Achtunddreißig.

Pause.

Ich bin eine alte Schwuchtel.

Thierry verlässt das Café. Nathalie rührt sich nicht.

Dunkel.

21. Bei Clarisse und Jim

Clarisse und Jim sitzen Seite an Seite. Sie schauen sich nicht an. Jim schüttelt nervös sein linkes Bein. Zu seinen Füßen eine Bierflasche.

CLARISSE Ich hab dich gehört, heute nacht.
JIM Hä?
CLARISSE Ich hab dich gehört.
JIM Ich schnarche nicht.
CLARISSE Das ist es nicht.
Außerdem schnarchst du doch.
Aber das ist es nicht.
Du weißt sehr wohl, wovon ich rede.
JIM Deine Bücher setzen Staub an, findest du nicht? Du könntest ihnen von Zeit zu Zeit einen kleinen Wisch gönnen.
Stille.
Deine Bücher werden gelb.
Pissgelb. Und sie stinken.
CLARISSE Sie riechen gut. Ich mag den Geruch alter Bücher.
Ich mag ihn sogar lieber als den Geruch von Haut.
Aber das kannst du nicht verstehen.
JIM Das dreht mir den Magen um.
Auch Bücher sterben, zerfallen zu Staub...
Warum müssen wir uns mit all diesen Kadavern beladen?
CLARISSE Wegen heute nacht, antworte mir.
JIM Ich hatte Lust.
CLARISSE Das ist das dritte Mal in dieser Woche.
Und wenn du's im Badezimmer machst, mach wenigstens sauber danach.
Pause.
Was schaust du an, wenn du's im Badezimmer machst? Deinen Hintern im Spiegel? Schaust du dir in die Augen?
Pause.
Du siehst es dich machen, und das erregt dich?
Früher, wenn du es nachts machtest, berührtest du mich,

ganz sanft.
Am Morgen hatte ich ein paar getrocknete Tropfen in meinem Kreuz.
Jetzt nicht mehr.
An wen denkst du?
Pause.
An nichts? Ist es mechanisch?
JIM Wie schafft man das ohne?
Wie schaffst du das?
Er öffnet eine Bierflasche.
CLARISSE Hör zu trinken auf.
Das erregt dich...
Das macht dich...
... geil.
JIM Verstehe. *Er trinkt sein Bier.*
CLARISSE Nicht meine Bücher stinken.
Pause.
Du. Dein Bier, dein Atem.
Du.

Dunkel.

22. Bei Clarisse und Jim

Jim schreibt in ein Heftchen. Er antwortet Clarisse, während er schreibt.

CLARISSE Hast du die Reifen kontrollieren lassen?
JIM In Ordnung.
CLARISSE Und an den Staubsaugersack gedacht?
JIM In Ordnung.
CLARISSE Hast du jemanden getroffen?
JIM Eric Isnardon, erinnerst du dich?
CLARISSE Dein ehemaliger Nachbar in der Rue Desnouettes? Der im »Photo Quick« arbeitete?
JIM Ja. Er wollte ein großer Reporter werden.

CLARISSE Und?
JIM Es geht ihm gut. Er arbeitet noch immer bei »Photo Quick«.

Er reißt die Seite aus dem Heft und hält sie Clarisse hin, die sie überfliegt.

CLARISSE Was soll diese Liste? Planst du ein Fest?
JIM Ja, genau.
Eine Art Fest.
Achtundzwanzig Personen. Wenn ich jetzt sterben müsste, kämen achtundzwanzig Personen zu meiner Beerdigung.
Bloß, um's zu wissen.
CLARISSE Neunundzwanzig.
Mich hast du vergessen.

Dunkel.

23. Bei Clarisse und Jim

Clarisse und Nathalie sitzen einander gegenüber.

NATHALIE Ich hab ihn rumgekriegt. Mitten am Nachmittag.
Zwischendurch hatte ich das Gefühl, eine strafbare Handlung zu begehen.
Ein Verbrechen.
CLARISSE Und seine Augen, wie waren seine Augen?
Was für ein Schimmer?
NATHALIE Zu. Sie waren zu.
Du kennst ihre Art, die Augen zuzumachen, ohne sie wirklich zuzumachen.
Weil sie Angst haben, im Grunde...
Aber wir, wir wissen, dass all das nichts ist und keinerlei Bedeutung hat.

CLARISSE Seine riesengroßen dunklen Augen, ich erinnere mich. Und seine Haut?

NATHALIE Muttermale über den ganzen Rücken verstreut. Manche wie Flecken.

Pusteln auch, du weißt, diese roten Knötchen... man drückt ein wenig, sie werden weiß und zerplatzen...

Er hatte eins auf der Schulter, tiefrot mit einem weißen Punkt in der Mitte, wie eine Miniaturbrust... Ich leckte mich mit der Zunge heran, griff es mir mit den Zähnen, saugte daran und knackte es...

Er hat nichts bemerkt.

Glaubst du das?

CLARISSE Was ich glaube? Ich glaube, was ich sehe. Und ich sehe das Glück: es zieht an unserem Leben vorbei wie lange schwarze Schiffe, still den grauen Fluss hinab. Es zieht vorbei, und wir am Ufer winken ihm nicht einmal. Und wir sind ihm nicht einmal böse, dem Glück, dass es vor unserer Nase vorbeizieht, still und dunkel.

Dunkel.

24. Bei Clarisse und Jim

Julien und Clarisse

CLARISSE Verzeihst du mir, was ich dir gleich sagen werde?

Pause.

Verzeihst du mir?

JULIEN Ich habe dir bereits alles verziehen.

CLARISSE Also: ich liebe dich nicht.

JULIEN Das weiß ich.

CLARISSE Ich liebe dich nicht.

Ich musste es mich sagen hören.

JULIEN Wenn es das ist: sag's nochmal.

CLARISSE Ich liebe dich nicht. Ich liebe dich nicht. Ich liebe dich nicht.

JULIEN Befreie uns von dem Bösen. Befreie uns von dem Bösen. Befreie uns von dem Bösen.
Sie schauen sich an.
Wir...
Pause.
Wir haben Norman zerstört.

Sie kommen sich näher, ohne sich aus den Augen zu lassen.

CLARISSE War es das nicht wert?

Dunkel.

25. Die Straße

Jemand liegt in einem Schlafsack auf Pappkartons. Julien erscheint und tritt mit dem Fuß sanft gegen den Sack. Ein Kopf kommt hervor: es ist der Junge im Regenmantel.

JULIEN Nicht zu kalt?

Der Junge schüttelt den Kopf und zieht sich in den Schlafsack zurück. Julien tritt neuerlich sanft gegen den Sack. Gemecker.

JULIEN Entschuldigung, aber...
Warum haben Sie aufgegeben?

Der Junge macht eine wegwerfende Geste.

JULIEN Und Sie begehren nicht auf?

Julien hockt sich neben den Sack, der Kopf des Jungen erscheint von neuem. Sie mustern einander einen Moment. Julien zieht sein Messer heraus. Streckt es dem Jungen hin. Der Junge schüttelt den Kopf und verschwindet in seinem Schlafsack. Julien richtet sich auf. Steckt sein Messer wieder ein.

Dunkel.

26. Das Café

Julien hebt ein Glas. Nathalie kommt herein, setzt sich zu Julien.

NATHALIE Wie findest du meine neuen Kellnerinnen?
JULIEN Hübsch. Eine wie die andere.
NATHALIE Ich war auch Kellnerin, kurze Zeit. Erinnerst du dich?
JULIEN *abwesend* Ja. Ich erinnere mich an die Zeit, als du Kellnerin warst. Die Zeit mit Norman.
NATHALIE Ich wurde nie von meinen Eltern ausgehalten. Ich musste mein Studium selber finanzieren.
JULIEN Ich stelle mir dich an dieser Bar mit Zwanzig vor. Du warst arm, das stimmt. Jetzt bist du reich. Dennoch verbringst du weiterhin deine Abende an dieser Bar.
NATHALIE Und ich werde weiterhin angemacht. Nur dass man früher mich auf ein Glas einlud; und heute bin ich es, die einlädt. *Bitteres Lachen.*
Du kommst selten hierher.
JULIEN Ich wollte dich überraschen... an deinem Arbeitsplatz.
NATHALIE Ich hab dich nie in deiner Boutique besucht.
JULIEN Hat dich Clarisse davon abgehalten?
NATHALIE Nein, wieso?
JULIEN Weißt du, wie sie mich nennt?
Den Kleiderständer.
Schweigen.
NATHALIE Ich finde dich sehr sexy in diesem Licht.
Wir sollten öfter hierher kommen.
JULIEN Ja.
Pause.
NATHALIE Es gibt hier noch einen Ex von mir.
JULIEN Ach? War er gut?

Nathalie lächelt einem Mann zu, den man nicht sieht.

JULIEN Ich gehe.

NATHALIE Aber nein, bleib. Du bist mir wichtiger als all diese armseligen Typen... Es ist, als hätte ich sie gemacht.

JULIEN Sag eher: als hättest du's mit ihnen gemacht.

NATHALIE Du wirst unausstehlich.
Vulgär sogar.

JULIEN Wenn die uns zusammen sehen, könnten sie meinen...

Nathalie Was? Dass wir zusammen sind? Nein, sie wissen von nichts. Warum sollten sie.

JULIEN Warum sollten sie, tatsächlich?

Der Junge im Regenmantel erscheint, struppig, zerschlissen, verloren.

NATHALIE Hat er alle seine Zeitungen verkauft heute abend... was für ein Wunder?
Wie der aussieht! Bei einer derartigen Aufmachung bleibt man besser zu Hause.

JULIEN Er arbeitet nicht mehr. Hast du es nicht bemerkt?
Er hat aufgegeben.
Er ist gar nicht so übel. Seine Augen. Der Blick eines Rehwilds.

NATHALIE Mir hat mal jemand gesagt: wenn man traurig ist, sieht man verwahrlost aus. Ich hoffe, der kommt nicht zu uns.

JULIEN Er wird nicht kommen. Er weiß genau, mit wem er's zu tun hat. Die haben einen sechsten Sinn. Rehe und Rehkitze zittern, wenn man sich ihnen nähert und verschwinden mit einem Satz im Gebüsch.

Der Junge holt Geld aus seinem Hosensack. Er zählt die Münzen, mühevoll.

NATHALIE Ein Loser. Ums Haar hätte ich werden können wie er, ein Strandgut des Trottoirs.

JULIEN Das Strandgut des Trottoirs hat immer Geld genug, um bei dir was zu trinken.

Julien wendet sich demonstrativ von Nathalie ab. Der Junge lässt eine Münze fallen, sie rollt über den Boden, er kniet sich hin, um sie zu suchen, dreht sich um sich selbst.

NATHALIE Bist du beleidigt... Julien?

Der Junge sucht noch immer sein Geldstück. Man hört Gelächter.

NATHALIE Ich muss vorsichtiger sein mit dem, was ich sage: unter den Kleinverdienern hält man zusammen. Die auf den Trottoirs mit denen hinter den Schaufenstern...

Julien geht rasch hinaus.
Der Junge gibt seine Suche auf. Er richtet sich auf. Nathalie schaut zum Jungen.

NATHALIE Ich halte sie nicht mehr aus. Ich meine die Männer. Ich kenne sie durch und durch.
Ich hätte Julien euch überlassen sollen.
Ich will ein ruhiges Leben. Zärtlichkeit. Ich habe genug Geld dafür, jetzt. Ich habe es verdient.

Der Junge kommt näher.

NATHALIE Versuchen Sie's nochmals mit Julien.
JUNGE Nochmals versuchen?
NATHALIE Ja, warum nicht? Ihre blonden Haare, Ihr verlorenes Aussehen... Julien hatte einmal einen Freund, er mochte ihn sehr, glaube ich. Es war ihm nicht gleich klar, aber ich weiß, dass er sehr oft an ihn denkt. Julien ist unberechenbar.
Ich für meinen Teil brauche ihn nicht mehr. Die Dinge arrangieren sich.
Sie berührt ihren Bauch. Zu sich selbst
Ein Junge? Ein Mädchen?
Ein Mädchen. Ich spüre es.

JUNGE Eine Tochter? Sie haben Glück.
Sie werden sie nicht im Stich lassen, oder?
Ein Kind, das ist Glück. Die Kinder reden nicht mehr mit mir, schon seit einiger Zeit. Warum? Einige sind sogar frech... Wie soll ich's nochmals versuchen, wenn die Kinder mir nicht mal mehr antworten?

Nathalie öffnet ihre Brieftasche, hält dem Jungen eine Banknote hin. Er greift hastig danach.

NATHALIE Gehen Sie.
Und kommen Sie nie wieder hierher.
Bitte.

Dunkel.

27. Die Straße

Der Junge im Regenmantel sitzt auf dem Trottoir, die Beine im Schlafsack. Julien nähert sich ihm. Er streckt dem Jungen das Messer zum zweiten Mal hin. Dieses Mal greift der Junge zu.

JULIEN Ich brauche es nicht mehr. Ich habe keine Angst mehr, ich habe keine Lust mehr. Keinerlei Wünsche. Alles ist... abgestumpft. Der Zorn ist verraucht.
Julien entfernt sich.
JUNGE Der Zorn? *Er umklammert das Messer.*
Mein Gott! Wo ist mein Zorn?

Dunkel.
Der einunddreißigste Dezember

28. Das Café

Julien sitzt an einem Tisch, in einer schummrigen Ecke, den Kopf gesenkt.

JULIEN Das kann vorkommen bei den jungen hoffnungslosen Leuten; sie haben schon vorher ein ausgehöhltes Gesicht - wie die Rückseite einer Maske. Ihre Augen erleuchten sich manchmal so stark, dass das ganze Licht ihres Körpers in ihre Pupillen flüchtet.
Zwei Pupillen eines scheuen Tiers in den Augen, die sich von der Nasenwurzel weit nach beiden Seiten ziehen.

Dunkel.

29. Das Café

Clarisse sitzt an Juliens Platz. Sie ist allein.

CLARISSE Wenn Jim mich küsst, ist es, als fände ich mich damit ab.
Weisheit?
Vielleicht. Vielleicht ist sie in dieser Leere, wenn sich der Schauder verflüchtigt, ausbleibt und mit dem Zurückkommen säumt. Und mir ist wohl in dieser Absenz, ich kann es nicht anders sagen. Mir ist wohl. Wie nie zuvor... Doch, als Kind vielleicht... Wenn das Glück einen grundlos überraschte. Wenn es von alleine lief. Heute ist es das gleiche Glück, aber ich bin Fünfundzwanzig und damals war ich Sieben.

Dunkel.

30. Das Café

Nathalie und Julien

JULIEN Hast du an den Champagner gedacht?
NATHALIE Für Clarisse? Ja, ich habe daran gedacht: ihre Lieblingsmarke.
Wenn ich dich mit Clarisse zusammen sehe, sag ich mir: diese beiden, die hätten zusammengehört.
JULIEN Mit dir hat alles aufgehört.
Pause.
Ich habe den Zeitungsjungen eingeladen für heute abend.
NATHALIE Was?
JULIEN Ja. Diesen Jungen im Regenmantel. Ich dachte, eine Geste. Ihn in der Silvesternacht nicht allein draußen zu lassen. Früher auf dem Land war das Tradition: man lud immer einen Armen zum Essen ein, in jener Nacht.
NATHALIE Clarisse wird toben. Hast du es ihr gesagt?
JULIEN Sie wird ihn nicht einmal sehen. Für sie existiert er nicht.
NATHALIE Und die anderen? Was werden die denken?
Du spinnst. Warum tust du das?
JULIEN Ich habe mich ihm gegenüber schlecht benommen im letzten Jahr. Ich habe eine Verabredung nicht eingehalten. Es war kurz, bevor Clarisse mit Jim und lange, bevor ich mit dir zusammen war.
NATHALIE *bitter* Mit mir, du?
So viel. Dein Körper kann nur eines: sich nicht verweigern.
JULIEN ... Ich war verloren, wir tranken ein Bier miteinander. Wir sollten uns wiedersehen, aber nein. Als hätte ich ihn im Stich gelassen. Ich begegne ihm ab und zu auf der Straße. Hast du gesehen, was aus ihm geworden ist? Ein Wrack. *Pause.*
Ein Wrack, jawohl.
Manchmal denke ich an Norman. Was ist aus ihm geworden? *Er reißt sich zusammen.* Ich muss jetzt duschen.

NATHALIE Hör gut zu, Julien, du kannst verschwinden. Du bist zu nichts nütze. Ich will nicht mehr mit dir zusammen sein. Ich habe genug. Bist du überhaupt da?

JULIEN Wenn ich nicht vollständig da bin, bin ich jedenfalls nicht weit weg...

NATHALIE Und noch dazu machst du, was dir passt. Einen Penner zu Clarisse und Jim einladen!
Mir reicht's.
Im Bett ist es eine Katastrophe. Im Bett!
»Dusch dich vorher...«
»Ich dusche lieber danach...«

JULIEN Eben, ich geh jetzt duschen...

NATHALIE *hält ihn zurück*
Weißt du, wie alt ich bin?
Wenn ich demnächst keinen Typen finde, wenn ich jetzt nichts aufbaue, ist es zu spät.

JULIEN Ich muss trotzdem duschen...

NATHALIE ... ich werde alleine sein...

JULIEN ... ich muss unbedingt...

NATHALIE *lässt ihn los* Geh doch! Nimm deine Dusche! Und verschwinde! Pack deine Seife, deine Handtücher... all deinen Krempel, der in meinem Badezimmer rumliegt. Alles, was von dir bei mir ist, sind Seife und Handtücher. Wie ich darüber denke?
Was war ich für dich?

Julien verlässt das Café.

NATHALIE Warum ist er bei mir geblieben?
Warum hat er sich nicht lieber ertränkt?
Sie berührt ihren Bauch mit beiden Händen.
Jetzt kann er sich ertränken. Er hat seine Pflicht erfüllt.
Das einzige, wozu Männer gut sind...
Ich bin nicht mehr allein. *Zu sich.* Hörst du mich?
Mein Kind. Meine Tochter. Eine Tochter, hoffe ich....
Ein Lächeln

Dunkel.

31. Das Café

Etwas später. Julien, allein

JULIEN Ohnehin sind alle Körper, denen man begegnet, schmutzig. Schmutzig von den hunderten anderen Körpern, die sich vor dir daran gerieben haben, schmutzig von deinem Geruch, der zu den hundert anderen Gerüchen kommt.
Unausstehlich, all diese Körper.
Pause.
Ich lade ihn zu mir ein. Er muss nur die Straße hoch zu mir. Wo liegt der Unterschied? Da ist es genauso kalt, und man ist genauso allein. Er muss sich duschen, mit Seife diese Kruste entfernen, den ganzen Dreck. Ja, er muss. Kein Wunder bei diesem ewigen Hin und Her in Dreck und Gestank. Riechen Sie den Gestank? Wie er uns umgibt. Wie ein Geheimbund, der sich unser bemächtigt und uns von innen zerfrisst.
Man muss wachsam sein.
Pause.
Nach seiner Dusche braucht er saubere Kleider.
Meine.
Pause.
Hat er nicht schon mein Messer?

Dunkel.

32. Das Café

Später. Nathalie ist allein.

NATHALIE Gestern habe ich im Himmel, direkt über meinem Kopf, direkt über meiner Straße eine Schwalbe fliegen gesehen. In diesem Augenblick schrie etwas in mir, dass ich nicht schwach werden soll. Nicht schwach werden, ja. Weil ich schwach werde. Weil ich verlösche. Das ist nicht Feigheit, nein, es ist ein undefiniertes Gefühl. Die Schwalbe flitzte über meinen Kopf hinweg und stieß einen durchdringenden Schrei aus. Sie ist verschwunden. Sie ist nur einen Augenblick über die Stadt geflogen, über mein Leben.
Pause.
Ich bin eine einfache Frau. Die Begierde, der Hass, die Rache... man darf auf ihren Ruf nicht hören.
Ach, meine Liebe! Du bist das Schönste, was mir das Leben gebracht hat. Das Reinste auch. Und niemand soll dich schmutzig machen. Meine süße Schwalbe.
Pause.

33. Das Café

Später. Jim ist allein.

JIM *trinkt sein Bier aus* Ich habe den letzten Schluck des Tages geleert. *Er kichert.*
Für den Rausch bleibt nun nur noch die Nacht. Und ich kann nicht mehr schlafen. Clarisse ist das Gesicht meiner Nacht, und dieses Gesicht hört nicht auf meine Wünsche. Ihre schlafenden Augen, die sich dem Tag verschließen, sind zwei blinde Spiegel, in denen diese hoffnungslose Nacht sich bricht.

Dunkel.

34. Bei Clarisse und Jim

Lärm eines Fests: Musik, Gelächter...
Jim, eine Bierflasche in der Hand, torkelt zu einem Fauteuil, lässt sich hineinfallen.
Der Junge im Regenmantel steht bewegungslos abseits.
Er trägt saubere Kleider.

JIM Wir sind uns letzte Woche auf der Straße begegnet.
Julien hat dich eingeladen, oder?
Schweigen.
Gefällt dir der Abend?
JUNGE Groß. Wie draußen.
Nur, dass man nicht friert.
JIM Wenn man zu zweit ist, ist es besser.
JUNGE Man hat nicht das Gefühl, eingesperrt zu sein.
JIM *schließt die Augen* Nein. Nicht dieses Gefühl.
Du kennst nicht viele hier, oder?
Schweigen.
Es entgeht dir nicht viel.
Clarisse und Nathalie, wie die tanzen!
Siehst du, wie sie sich aneinander reiben?
Das ist widerlich.
JUNGE Du wirkst erschöpft.
JIM Arbeit. Die Woche durch. Heute die Einkäufe, morgen achtunddreißig Löcher...
JUNGE Achtunddreißig Löcher?

Jim trinkt sein Bier aus. Der Junge stellt sich hinter den Stuhl und lässt seine Hand durch Jims lange Haare gleiten.

JUNGE Deine Haare spalten sich an den Spitzen.
JIM Der Stress. Sie sind hin.
Ich müsste sie schneiden. Hab keine Zeit.
Wie machst du's mit dem Friseur? Du gehst nicht mehr, oder? Dabei ist es nicht die Zeit, die dir fehlt. Das ist nicht gerecht. Würde ich weniger arbeiten, könnte ich gehen.

Übrigens heißt das nicht mehr Friseur, sondern »Haar- und Schönheitspflege für den Mann«.
Er kichert. »Haar- und Schönheitspflege für den Mann«.
Bitter. Bei dem Bisschen, was dabei rauskommt.

Jim trinkt sein Bier aus. Rülpst.
Der Junge nimmt eines von Jims Haaren und reißt es sorgfältig der Länge nach auseinander.

JUNGE Spürst du was?
Wenn man es vom Endspalt her der Länge nach teilt, reißt das Haar bis an die Wurzel.
Der Junge beginnt mit dem nächsten Haar.
Ich mag das.
Das beruhigt mich...
Noch eins
Stört es dich?
JIM Nein. Es ist sowieso hin.
Und wenigstens beschäftigt man sich mit mir.
Man hört einen lauten Ruf, Applaus.
Da wären wir.
Gutes neues Jahr.
JUNGE Gutes neues Jahr.

Sie versuchen einander die Hand zu schütteln und umarmen sich ungeschickt.

Dunkel.

35. Bei Clarisse und Jim

Später. Die Geräusche des Festes klingen ab. Nathalie und Clarisse fallen eng umschlungen in den Fauteuil. Nathalie zündet sich eine Zigarette an. Clarisse nimmt einen Zug.

NATHALIE Clarisse, ich muss dir etwas sagen...

Schweigen.

CLARISSE Wir beide hier, ganz allein, weit weg von den anderen.
Eine andere Welt.
Hörst du sie?
Ochsen.
Und diese besoffenen Typen. Keinerlei Würde. Jims Freunde. Grässlich.
NATHALIE Worauf wartest du noch, um Jim zu verlassen.
Du verlässt ihn und ziehst bei mir ein.
CLARISSE Du musst zuerst Julien verlassen.
NATHALIE Julien war nie mit mir zusammen.
Schweigen.
Ich werde sein Kind behalten.

Clarisse steht unvermittelt auf, entfernt sich von Nathalie, kehrt ihr den Rücken.

NATHALIE Julien verlassen ist nichts. Ich schwöre es dir, es ist nichts.
Aber du kannst von mir nicht verlangen...
CLARISSE Sein Kind loszuwerden.
NATHALIE Es ist auch mein Kind. Und ich bin vierzig.
Pause.
Also bleibst du mit Jim zusammen?
Mach ich dir einen Vorwurf?
CLARISSE Mit Jim läuft schon seit Monaten nichts mehr.
NATHALIE *erhebt sich* Es ist spät, Clarisse. Ich gehe. Wir reden morgen darüber. *Entschieden.* Ich will dieses Kind.

Nathalie geht. Clarisse fällt auf die Knie.

CLARISSE Hoffentlich krepiert es, dein Kind!
Ein Kind von Julien!
Sie schlägt sich auf den Bauch.
Krepier! Krepier!
Sie sinkt auf den Boden, rollt sich zusammen.
Mein Gott!
Ein Kind von Julien...

Dunkel.

36. Bei Clarisse und Jim

Morgengrauen.
Der Junge ist allein, er ist betrunken. Er hält eine halbvolle Flasche Champagner in der Hand.

JUNGE Als ob ich hier nicht existierte.
Hier wie anderswo. Drinnen wie draußen.
All die glücklichen Leute, wie schön sie sind...
Sie nicht zu kennen.

Julien kommt herein und setzt sich in den Fauteuil. Er beobachtet den Jungen eine Weile.

JULIEN Gutes neues Jahr übrigens. Wir haben uns kaum gesehen heute abend. Wir sind uns nur über den Weg gelaufen wie auf der Straße. Hier wie anderswo, drinnen wie draußen, es ist immer das gleiche.

Der Junge lässt die Flasche fallen, macht ein paar unbeholfene Schritte, hält sich am Fauteuil fest.

JUNGE Hier ist es weniger kalt.
JULIEN Hast du mein Messer noch?

Der Junge zieht sein Messer heraus. Nimmt es zwischen die Zähne. Lacht.

JULIEN Worauf wartest du, um es einzusetzen?
JUNGE Gegen wen?
JULIEN Gegen mich, zum Beispiel.
Oder gegen Clarisse und Nathalie.

Jim erscheint, torkelnd, betrunken. Sobald er ihn sieht, erhebt sich Julien aus dem Fauteuil und verlässt das Zimmer.

JIM *zum Jungen* Man liebt uns nicht, wie? Uns beide. Man liebt uns nicht... Dabei hab ich eine Liste von Freunden gemacht...
Er lässt sich ins Fauteuil fallen.
Wofür war die noch?
Er kichert.
Ja: für meine Beerdigung!
Achtundzwanzig Personen...
Er kichert.
Neunundzwanzig! Ich hatte die Frau meines Lebens vergessen!
Pause.
Wie man langsam wegdriftet...
JUNGE Was macht deine Freundin?
JIM Ich will nicht davon reden.
Erklären Sie mir lieber, weshalb ich noch mit ihr zusammen bin, seit wann, was wir zusammen machen, was wir sehen, warum ich wegdrifte.... ich will nicht.
JUNGE Macht dich das traurig?
JIM Es macht mich müde.
JUNGE Ich drifte auch weg. Die ganze Welt driftet weg: die Astronauten im Weltraum, die Kinder auf den Spielplätzen, die asiatischen Makler an den Börsen.... Alles halb so schlimm. Man übersteht es.
Ist das so traurig?
JIM Ja, wenn man nirgendwo hin kann.

JUNGE Aber hier?
JIM Hier ist nicht bei mir. War es nie.
Jim schließt die Augen.

Schweigen.
Der Junge nimmt Jims rechte Hand und wärmt sie ihm.

JUNGE Eiskalt. Kälte ist nicht erlaubt, man darf sie gar nicht erst hereinlassen. Sobald sie hier drin ist, bleibt sie und lässt einen nie wieder los.
JIM *die Augen noch immer geschlossen* Sie ist schon da, Sohn. Sie ist da.
JUNGE Hast du Schmerzen? *Er massiert Jims Nacken.*
JIM Es ist wie ein Stich, am Ende der Woche. Durch Arbeit entzweigebrochen...
Das tut gut. Clarisse kann es nicht.
Weiter unten. Da links, unter dem Schulterblatt...
Ja, da. Es ist wie ein riesiger Schmerzpunkt, eine diffuse Zone von Schmerzen...
JUNGE Wenn ich drücke, ist es dann besser?
JIM Der Schmerz ist deutlicher, aber es ist besser, ja, besser als dieser dumpfe, quälende tagtägliche Schmerz. Drück noch einmal.

In der einen Hand des Jungen kommt das Messer zum Vorschein.

JUNGE Ich habe ein Mittel, das deinen Schmerz stillt und deinen Zorn beseitigt.
JIM *die Augen noch immer geschlossen* Ja, diesen dumpfen, diffusen Schmerz. Diesen alten, feigen Schmerz... Im Grunde ist es das: Zorn. Gegen...

Der Junge im Regenmantel setzt die Spitze seines Messers auf Jims Nacken.

JIM Drück noch einmal. Der Schmerz verschwindet.

Der Junge sticht das Messer hinein. Jim stößt einen Seufzer aus. Der Junge nimmt Jims Kopf in seine Hände: Jim scheint zu schlafen. Julien taucht auf.

JULIEN Und nun hau ab.
Gib mir das Messer und geh.

Der Junge hält Julien das Messer hin, seine Hand zittert. Julien greift entschieden nach dem Messer und wischt die Klinge an seinem Hemd ab.

JUNGE *verloren.* Was hab ich getan?
JULIEN Nichts. Du existierst nicht.
Hau ab. Ich sage dir, du sollst gehen.

Der Junge geht rückwärts hinaus.

JULIEN Warte. Gib mir mein Sakko zurück.

Der Junge zieht das Sakko aus, gibt es Julien. Julien zieht es an. Der Junge verschwindet.
Clarisse kommt herein, wirft einen Blick auf Jim.

CLARISSE Er schläft? Diese Typen, schlafen einfach ein...
Pause.
Was hast du da hinter deinem Rücken?

Julien zeigt sein Messer. Clarisse nähert sich Jim. Sie hält eine Hand vor ihren Mund.

CLARISSE Das bringt dir zwanzig Jahre.
Pause.
Ohne mildernde Umstände: es ist nicht im Affekt passiert.
Pause.
Es ist kein Verbrechen aus Leidenschaft?
Stille.
Warum, Julien?

Dunkel.

Ein paar Monate später

37. Die Straße

Sommer.
Der Junge im Regenmantel sitzt auf dem Trottoir, in einer Ecke. Er hat den Kopf auf die Knie gelegt. Sein Gesicht ist nicht zu sehen. Er bewegt sich nicht.
Clarisse und Nathalie erscheinen. Nathalie schiebt einen Kinderwagen. Clarisse trägt Schachteln. Als sie beim JungeN ankommen, wird Nathalie langsamer. Aber Clarisse zieht sie weiter. Nathalie lässt den Jungen nicht aus den Augen. Sie überlässt Clarisse den Kinderwagen und bedeutet ihr weiterzufahren. Clarisse will Nathalie fortziehen, doch diese widersteht. Sie entfernt sich allein mit dem Kinderwagen. Nathalie nähert sich dem Jungen.

NATHALIE He!

Der Junge rührt sich nicht.

NATHALIE Es ist ein Junge.
Ich habe einen Sohn bekommen.
Pause.
Erinnern Sie sich an Julien?
Einen Sohn: er heißt Nils.
Stille.
Wollen Sie nicht wissen, was mit Julien ist?
Stille.
Wollen Sie nichts wissen?

Stille. Nathalie zuckt die Achseln. Öffnet ihre Brieftasche, zieht ein paar Scheine heraus. Legt sie neben den Jungen im Regenmantel. Und geht. Der Junge im Regenmantel rührt sich nicht. Am Boden zerstört.

DRITTER TEIL
Das Giraffenkind

Originaltitel: Le Garçon girafe

Anfang des Einundzwanzigsten Jahrhunderts

PERSONEN

CLARISSE DELTOUR
NATHALIE DULLAC
JULIEN MORESTIN
NILS DULLAC
LUCIE CHASLES
LUCAS NEVEUX

Kleinstadt am Ozean.

Erster Tag

1. Park einer Kleinstadt am Meer

Lucas Neveux, ein junger Mann um die Zwanzig mit sehr kurz geschnittenen braunen Haaren, und Lucie Chasles, gleichaltrig, lange braune Haare, in einer Umarmung. Zu Lucies Füßen ein Koffer.
Sie umklammern und küssen sich.

LUCAS Wie sind sie, die Engländer?
LUCIE Die Frauen nicht schlecht. Die Männer weniger gut.
Lucas...
Sie löst sich aus der Umarmung.
Hast du mit Nils gesprochen?

Lucas senkt den Kopf.

LUCIE Du hast ihm nichts gesagt.
Stille.
Du bist ein Feigling, wirklich.
LUCAS Er will mit dir fortgehen. Es ist an dir, mit ihm zu sprechen.
LUCIE Und du hast damit nichts zu tun?
Du bist der, bei dem ich bleibe.

Er wendet sich ab.

LUCIE Du verbirgst mir etwas. Von Anfang an.
Es gibt noch was anderes.

Stille.

LUCAS Ja. Es gibt noch was anderes.

Dunkel.

2. Ein Hotelzimmer

Einfachste Möblierung: ein Bett, ein Tisch, ein Waschbecken, ein Spiegel. Julien Morestin kommt herein, er trägt eine Brille, seine roten Haare sind jetzt schütter, er stellt seine Reisetasche auf das Bett, geht zum Waschbecken, dreht den Wasserhahn auf und wieder zu, schaut in den Spiegel.
Er öffnet seine Tasche, nimmt einen Stadtplan heraus, faltet ihn auf dem Bett auseinander und überfliegt ihn.

Dunkel.

3. Der Park

Lucas und Lucie sitzen auf einer Bank.
Am Boden steht der Koffer. Lucie zieht ein leuchtend grünes Tuch aus ihrer Tasche und bindet es sich ins Haar.

LUCAS Ich will Nils nicht wehtun. Es übersteigt meine Kräfte.
LUCIE Du empfindest noch was für ihn.
LUCAS Es war eine Erfahrung. Mehr nicht.
LUCIE Und er?
LUCAS Ich bin nicht sicher.
LUCIE Hast du ihn nicht gefragt?
LUCAS Wir reden nicht über diese Dinge.
LUCIE Macht ihr das einfach so aus einem Trieb heraus. Wie die Tiere? *Pause.*
Hat es lang gedauert?
LUCAS Über die Zeit verstreut. Sporadisch...
LUCIE Sporadisch?
LUCAS Aber es ist aus. Jetzt bist du es. Und wärst du es nicht, wär's eine andere.
LUCIE Danke. Das hört man immer gern...
LUCAS Das ist es nicht, was ich sagen will.

Stille.

LUCIE Der Wind. Endlich.
LUCAS *nimmt mit einer unendlich zärtlichen, verliebten Geste Lucie das Tuch ab* Er soll kommen. Ich warte auf ihn.

Lucies Haar öffnet sich, weht leicht im Wind. Lucas betrachtet sie, überwältigt.

Dunkel.

2. Das Hotelzimmer

Julien Morestin, nackter Oberkörper, rasiert sich nass vor dem Spiegel. Er hat die Brille abgenommen. Seine Gesten sind präzise, langsam. Manchmal betrachtet er sich aufmerksam, indem er innehält. Dann macht er weiter. Als er fertig ist, wischt er den restlichen Schaum mit einem Handtuch ab, ohne die Augen von seinem Spiegelbild abzuwenden.

Dunkel.

5. Der Park

Lucie und Lucas. Gleiche Bank.

LUCIE Nils und du, wann war es zum letzten Mal?
LUCAS Das ist lange her.

Sie legt beide Hände an Lucas' Gesicht, schaut ihm in die Augen. Er weicht ihrem Blick aus.

LUCIE Wann?
Schweigen.
Wann, Lucas?
LUCAS *mit einem Seufzer* Vor einem Monat.
LUCIE *mutlos* Kurz, bevor wir zusammen waren, du und ich?
LUCAS Aber du warst auch noch mit ihm zusammen, erinnere dich.
LUCIE Jetzt verstehe ich, warum du ihm nichts zu sagen wagst.
LUCAS Ich habe nicht die Kraft dazu.
LUCIE Eine Schwäche. Oder ganz einfach Liebe.
LUCAS Sagst du es ihm also?
LUCIE *überdrüssig* Aber ja.

Sie steht auf. Er fasst sie um die Taille, sie löst sich.

LUCAS Du liebst mich nicht mehr.
LUCIE Aber nein...
LUCAS Was also?
LUCIE Die Männer. Ich verstehe nichts davon. Das nervt.
LUCAS Aber wenn ich es dir erkläre.
LUCIE Sag nichts mehr, das ist besser.
Es ist ein Desaster.

Sie nimmt ihren Koffer, bindet sich das Tuch ins Haar.

LUCAS Tu mir nicht weh, Lucie.
LUCIE Aber nein.
LUCAS Küss mich, Lucie.
Küss mich aus Lust, nicht zum Trost.

Sie stellt ihren Koffer ab und lässt sich küssen. Ihr Tuch löst sich und wird vom Wind fortgetragen. Lucie will es auffangen. Umsonst. Sie greift ins Leere.

Dunkel.

6. Das Hotelzimmer

Julien Morestin nimmt ein blaues Polohemd, zieht es an, schaut sich im Spiegel an, zieht es aus, nimmt ein weißes Hemd heraus, zieht es an und betrachtet sich wieder im Spiegel.

Dunkel.

7. Eine Terrasse bei Nathalie Dullac und Clarisse Deltour

Sie führt zum Park, der sich zum Ozean erstreckt, dessen Rauschen man hört. Nils döst in einem schwarzen Lederfauteuil. Clarisse kommt herein mit einer Einkaufstüte im Arm. Sie hat sich nicht sehr verändert: ihr Gesicht ist erstaunlich jung geblieben, aber ihren Blick beherrscht ein Gefühl der Unruhe. Ein beiges Tuch hält ihr Haar zusammen. Sie stellt die Tüte ab, löst das Tuch, lässt es über Nils' Gesicht gleiten wie ein Streicheln. Er wacht auf. Es ist ein junger Mann um die Zwanzig mit mittellangem Haar, rötlich und fein, sehr blasser Teint. Sie lächelt ihm zu.

CLARISSE Guten Morgen, Nilou.

Er lächelt zurück, zieht seine Brille aus der Tasche und setzt sie auf. Clarisse packt die Lebensmittel aus.

CLARISSE Ich habe ein paar ausgefallene Sachen gekauft, die von weit, weit her kommen. Exotisch. Man kann sich kaum vorstellen, dass das zum Essen ist, so hübsch ist das. Kleine, leichte Sachen.

NILS Lang nicht so leicht wie ich.

CLARISSE Zwei Tage ohne zu essen, das reicht. Nathalie wird mir Vorwürfe machen.
Schweigen.
Nils, du musst. Bitte, tu es für mich.

NILS Für dich? Denkst du dabei nicht eher an Nathalie?
Du hast Angst vor ihr. Du hast Angst vor meiner Mutter.
Pause.
Du hast Angst, dass sie dich verlässt. Dass sie eines Tages von einer ihrer vielen Reisen nicht mehr zurückkehrt.

Clarisse wendet sich ab, verletzt.

Entschuldige, Clarisse.
Ich habe düstere Gedanken.

CLARISSE Ich bereite dir etwas zu. Um dich zu entschuldigen, wirst du ein wenig essen.
Jetzt nennst du mich Clarisse.
Es ist gar nicht lange her, da war ich deine »Mondmama«, erinnerst du dich?

NILS Du bliebst die Abende bei mir. Und nachts, wenn ich krank war, wachtest du neben mir.
Maman war unterwegs, verloren im Sternhimmel.

CLARISSE Du hattest Angst bei Nacht. Du sagtest: Mitternacht, das ist die Stunde des Verbrechens...

NILS Und du hast geantwortet: »Mitternacht: die Stunde des Traumes und der Geständnisse...«

CLARISSE Und sie, immer zwischen zwei Flugzeugen... Eine Woche Tokyo, eine Woche New York...
Pause.
Der Sturm kommt auf. Hoffentlich hat ihr Flugzeug keine Verspätung.

NILS Nathalie ist eine Sonne.
Wir, wir sind Geschöpfe des Schattens und der Nacht.

CLARISSE Nicht sehr erbaulich, was du da sagst.

NILS Dann verzeihe mir, einmal noch.

CLARISSE Ich verzeihe dir noch einmal unter einer einzigen Bedingung: ich mache jetzt eine Suppe, eine gute Gemüsesuppe, eine Abendsuppe, da wir – wie sagst du? – Geschöpfe des Schattens sind.
Wirst du sie essen?
Für Lucie wenigstens. Ist sie zurück aus London?

NILS Heute.

CLARISSE Du siehst schlecht aus, was wird sie denken? Sie wird dich zu mager finden. Ein so großer Junge und so mager, das ist nicht sehr angenehm.

NILS Was weißt du schon?

CLARISSE Ich habe einen gekannt. Früher.

NILS Wer war es?

Sie packt die Vorräte aus, ohne ihm zu antworten.

CLARISSE Eine Gemüsesuppe, schlicht und einfach. Ist nicht schwer herauszufinden.

NILS Warum erzählst du mir von diesem Mann? Wer war es?

CLARISSE Du siehst schlecht aus. Wenn ich deine Freundin wäre, wäre ich beunruhigt, ehrlich. Dieser Mann hat keinerlei Bedeutung.

NILS War das, bevor du mit Maman zusammen warst?

Clarisse sieht Nils lange an. Ein seltsamer Blick, aus dem jegliche Unruhe verschwunden ist. Stattdessen etwas Undefiniertes zwischen Begierde und Furcht. Sie streichelt die Haare von Nils, lässt ihre Hand über den Nacken des jungen Mannes gleiten, schließt dann ihre Augen.

NILS *sanft* Ich möchte nicht mehr, dass du mich berührst.

Clarisse zieht ihre Hand zurück, als hätte sie sich an einer Flamme verbrannt.

NILS Mir geht es gut. Ich sehe es in ihren Augen. Mir geht es gut.

CLARISSE In ihren Augen?

NILS Genauso lieben sie mich: wenn ich durchsichtig werde. Auf diese Weise tun sie mir nicht mehr weh.

CLARISSE Wer denn?

NILS Die Leute um mich herum.

Dunkel.

8. Das Hotelzimmer

Julien Morestin, noch immer vor dem Spiegel, zieht sein weißes Hemd aus, wirft es aufs Bett. Er seift sich die Hände ein und verteilt den Schaum auf seinem Oberkörper, unter den Achseln, bespritzt sich mit Wasser, um sich abzuwaschen. Er trocknet sich mit dem Handtuch, holt einen Deospray aus seiner Reisetasche: ein »pshitt« unter die linke Achsel, ein »pshitt« unter die rechte Achsel. Schließlich zieht er doch das weiße Hemd an.

Dunkel.

9. Die Terrasse bei Nathalie Dullac und Clarisse Deltour

Lucie erscheint mit einem Paket in der Hand. Nils nimmt rasch seine Brille ab, steckt sie in die Tasche und wendet sich Lucie zu.

NILS Wie geht es dir?
LUCIE Gut.
NILS Also mir geht es auch gut.

Lucie legt ihr Paket auf den Boden.

LUCIE Ich hab einen Umweg über den Strand gemacht. Ohne den Ozean kann ich nicht mehr leben. Hab ich ihn nicht vor mir, werde ich krank.
NILS Ja, alles, was einem fehlt. Der Ozean, oder was auch immer.
LUCIE Ich war krank in London. Ich musste einen Nachmittag auf den Docks am Ufer der Themse verbringen. Mit einem Schlag ging es mir besser.
NILS Die Meerluft?
LUCIE Sie war meine Rettung. Es war höchste Zeit, meine Augen begannen auszutrocknen. Zu brechen. Ich hatte

den Eindruck, dass sie rissig sind wie Haut. Nachts vor allem tat es so weh, dass ich aufwachte; und wenn ich sie öffnete, war es noch schlimmer. Aber ich musste weg, mindestens einmal, um weg gewesen zu sein.

NILS Wie ist es anderswo?

LUCIE Es geht mir gut in dieser Stadt.
Zärtlich
Ich werde nicht mehr weggehen, Nils. Jedenfalls nicht mit dir.

NILS Mit wem also?

LUCIE *beunruhigt* Mit wem?
Pause.
Im Moment bleiben wir.

NILS Wir?

Dunkel.

10. Das Hotelzimmer

Julien Morestin hat seine Brille wieder aufgesetzt. Er nimmt eine Flasche Wodka aus seiner Reisetasche, öffnet sie, nimmt ein Zahnputzglas, schenkt sich ein, trinkt ex. Dann nimmt er sein Handy heraus und wählt.

Dunkel.

11. Die Terrasse

Man hört entfernt ein Handy klingeln.

NILS Das ist das Handy von Clarisse, sie lässt es jetzt dauernd irgendwo liegen, als ob sie es loswerden wollte.

LUCIE Gehst du nicht ran? Vielleicht ist es Nathalie? Übrigens: ich war im Club, den sie im Süden von London aufgemacht hat.

NILS Nichts war schön genug für die Engländer. Sie hat ich weiß nicht wie viele Reisen diesen Winter gemacht. Sie war nicht mehr da. Ich glaube sogar, sie hat dort eine Frau kennengelernt. Clarisse hat sich nichts anmerken lassen. Sie trägt es einfach.
Sind sie schön, die Engländer?

Das Klingeln des Handys hört auf.

LUCIE Die jungen Männer vor allem. Die Frauen nicht sehr. Für ihren Club war es den Aufwand wert. Eine Spur zu groß für meinen Geschmack. Ich mag die intimeren Orte lieber. Im Grunde bin ich eine Provinzlerin. Ich verstehe nicht, wie deine Mutter es schafft, hier mit uns zu bleiben. Das passt nicht zu dem Leben, das sie führt.

NILS *bitteres Lachen* Das passt allerdings nicht.
Im übrigen: war sie jemals einen ganzen Tag hier bei uns?
Heute abend kommt sie aus Japan zurück.
Pause.
Was wirst du jetzt machen?

LUCIE Bis Ende August muss ich das Geschäft meines Vaters hüten.
Übrigens... ich habe ein Geschenk für dich.

Sie hält ihm das Paket hin, er nimmt es.

LUCIE Er hat das aus Südafrika mitgebracht. Ich wollte nicht, dass er es verkauft.

Es ist für dich.
Es kommt aus der Gegend von Transvaal. Der Stamm der AmaNdebele...

NILS Ich habe noch immer deinen kleinen bronzenen Dogon-Reiter. Eines der wenigen Dinge, die ich mit mir nehmen würde. Ein Reiter ist ein guter Talisman für eine Reise, oder?

LUCIE Für eine Reise oder eine Flucht?

NILS Ich habe meiner Mutter noch nichts gesagt.

LUCIE Welcher von beiden?

NILS Der leiblichen. Nathalie.
Clarisse weiß es. Sie macht mir nicht gerade Mut: sie fürchtet sich vor Nathalie, glaube ich.
Bei den Vätern ist es wahrscheinlich was anderes. Sie lassen einen leichter gehen. Manchmal werfen sie einen sogar hinaus. Aber bei zwei Müttern gleichzeitig...

LUCIE Mein Vater würde mich eher zurückhalten. Meine Mutter hat schon genug am Hals mit meinen Halbbrüdern.

NILS Die meine würde mich nicht daran hindern wegzugehen.

LUCIE Nathalie beeindruckt mich sehr. Pausenlos arbeiten, rund um die Welt fahren, Clubs in Rio, Tokyo oder London eröffnen... die Nächte durchmachen. Und dann noch die Zeitverschiebung.

NILS Clarisse und ich sind neben ihr wie zwei Kinder.
Zwei Kinder in ihrem Schatten.

LUCIE Du musst nicht weggehen. Bleib bei uns.

NILS Bei uns?

LUCIE Bei Lucas. Und mir.

NILS Warum Lucas?
Schweigen.
Beunruhigt
Hast du mit ihm gesprochen? Hat er dir was gesagt?
Pause.
Wenn ich bleibe, ist es deinetwegen.

LUCIE Dann geh, das ist besser.

Nils nimmt seine Brille aus der Tasche, setzt sie auf, packt aus dem Paket, das ihm Lucie geschenkt hat, sechs geöffnete Kupferringe aus, je acht Zentimeter breit. Er nimmt einen und versucht die beiden Enden zusammenzufügen. Lucie unterbricht ihn.

LUCIE Mach ihn ja nicht zu.
NILS Warum?
LUCIE Wenn du ihn schließt, rastet das Schloss durch einen geheimnisvollen Mechanismus ein.
NILS Wie Handschellen?
LUCIE Das ist ein traditioneller Schmuck. Bei den AmaNdebele ist die Frau am schönsten, die den längsten Hals hat. Von Kind an kommt mit der Zeit ein Ring nach dem anderen dazu; manchmal wird ein Hals vierzig bis fünfzig Zentimeter lang.
NILS Das muss erstaunlich sein. Und schön.
LUCIE Wenn die Ringe einmal geschlossen sind, werden sie nie wieder abgenommen: da jegliche Nackenmuskulatur fehlt, heißt das: sofortiger Tod.

Dunkel.

12. Das Hotelzimmer

Julien Morestin stellt sich vor das Waschbecken zum Spiegel. Er hält eine Polaroidkamera in den Händen, nimmt sein Spiegelbild ins Visier und macht ein Foto. Es blitzt. Er setzt sich aufs Bett, wartet, bis das Foto herauskommt. Als es erscheint, betrachtet er es, zufrieden.

Dunkel.

13. Die Terrasse

Nils betrachtet den Ring, dessen beiden Enden leer herunterhängen.

NILS Die Schönheit und der Tod.

LUCIE Ich könnte nicht widerstehen. Es wäre stärker als ich: ich würde einen Ring um meinen Hals tun... dann noch einen... und noch einen... Ich fühle mich diesen Frauen verwandt. Überflüssige Frauen.

NILS Frauen als Schmuckstücke.

LUCIE Nach einer gewissen Anzahl von Jahren halten einige von ihnen das nicht mehr aus. Sie begeben sich an einen geheimen Ort und ein dazu bemächtigter Zauberer öffnet die Ringe. Der Hals bricht; sie sind auf der Stelle tot.

NILS Eine Methode wie jede andere.

LUCIE Die da wurden noch nie verwendet. Sie sind noch jungfräulich, unberührt von jeglichem Leiden. Aber wenn der Ring geschlossen wird, hat er keinerlei Wert mehr für den Sammler.

NILS Sie müssen unberührt von jeglichem Leiden sein, wie du sagst, damit sie einen Wert haben? Mir scheint, das Gegenteil sollte gelten.

LUCIE Das Ding wird tot. Genau die Worte meines Vaters: »Das Ding wird tot und bedeutungslos.«

NILS Ein totes und bedeutungsloses Ding. Wie bestimmte Personen.

Stille.

LUCIE Ich habe Nathalie im Blauen Papagei gesehen, bevor ich nach London ging.

NILS Du gehst in den Blauen Papagei? Allein?

LUCIE Deine Mutter war da.
Das beeindruckt mich, diese vielen jungen Frauen. In London gab es ein paar Jungs... Aber hier, ausschließlich Mädchen.

NILS Ein paar... Versuche zumindest?

LUCIE Aber nein.
NILS Ich kann es nicht glauben.
LUCIE Gut. Ein paar.
NILS Waren sie hübsch?
LUCIE Die Versuche waren hübsch, ja.
NILS Ich meine die Mädchen.
LUCIE Nicht mein Fall.
NILS Was ist dein Fall?
LUCIE Schwer zu sagen. Im Grunde gar keiner.
Bei den Männern ist es was anderes.
NILS Was ist dein Fall bei den Männern?
LUCIE Jedenfalls nicht die Typen, die am Samstag abend herumhängen. Ich werde wieder in die Disco deiner Mutter gehen. Dort zumindest sind keine Typen, die herumhängen.
Dieses Grau-in-Grau von Mann, melancholisch und aggressiv.
NILS Hängen die Mädchen nicht auch ein wenig herum... ihre Blicke?
LUCIE Das ist was anderes.
NILS Weil dich ihr Blick nicht berührt.
LUCIE Was weißt du?
Meinst du, ich bin anders als du?
NILS Was willst du sagen?
LUCIE Es ist genau wie bei dir, Nils. Genau wie bei dir.
Nichts zu machen.
NILS Ich mag diese Typen auch nicht, die Samstag abend herumhängen.
LUCIE Sind sie nicht dein Fall?
NILS Warum sagst du das?
LUCIE Einfach so.
NILS An den Samstagabenden hab ich begriffen, dass zwischen uns nie was sein würde.
LUCIE Zwischen euch oder zwischen uns?
NILS An solchen Abenden hab ich begriffen, dass nichts sein würde, nie. Weder mit uns beiden noch mit sonst wem...
Du hast recht, im Grunde genommen.

Ich gehöre zu diesem...
diesem Grau-in-Grau von Mann, melancholisch.
LUCIE Aber du bist nicht aggressiv.
NILS Ich habe nicht gelernt, es zu sein, leider.
LUCIE Eben deshalb mag ich dich so.

Nils lässt den Halsring in seiner Tasche verschwinden.

NILS Lucie, ich muss es dir sagen... Vielleicht geh ich nicht alleine weg.
Ich werde mit Lucas sprechen.

Lucie wendet sich beschämt ab.

NILS Ich muss ihn noch überzeugen. Ich hoffe, bei ihm mehr Glück zu haben als bei dir.
LUCIE Lucas führt sein eigenes Leben.
NILS Sein Leben?
LUCIE *halblaut* Und einen Teil von meinem, glaube ich.

Stille.

NILS Seit wann?
Pause.
Wann, Lucie?
LUCIE Seit einem Monat.

Nils dreht sich um.

LUCIE Ich muss gehen, mein Vater erwartet mich.
NILS *ohne Lucie anzuschauen* Der meine auch.
LUCIE Dein Vater?
NILS Wo immer er ist, er erwartet mich ein wenig, oder?
LUCIE *lacht nervös*
Da, wo er ist, bleibt ihm nichts anderes übrig, wie?
Pause.
Wie macht man das: lieben?

NILS Das lernt man nicht. Man hat die Gabe des Schmerzes, nur dann liebt man wirklich.
LUCIE Ein für alle mal lieben. Wie macht man das?

Nils lässt einen der Halsringe vor seinem Gesicht baumeln, wie ein Pendel. Der Wind wird stärker und trägt das Rauschen der Blätter und des Ozeans heran.
Lucie geht ab.

NILS Vater, was wirst du sagen, wenn du endlich mein Gesicht siehst?
Er legt den Ring um seinen Hals, zögert, bevor er ihn schließt.

Dunkel.

14. Das Hotelzimmer

Julien Morestin liegt ausgestreckt auf dem Bett. Er scheint zu schlafen. Plötzlich richtet er sich auf und schaut ins Leere. Er hat den Blick eines Wahnsinnigen. Draußen tobt der Sturm.

Dunkel.

15. Die Terrasse

Abend. Der Wind hat sich gelegt. Eine Sturmlampe beleuchtet Clarisse, die im Fauteuil sitzt. Sie blättert in einem Kochbuch.
Nathalie tritt auf: ihre graugefärbten Haare sind sehr kurz geschnitten. Sie stellt ihre Reisetasche behutsam ab, nähert sich auf den Zehenspitzen, schaut Clarisse über die Schulter.

NATHALIE *liest* »Kürbissuppe mit Fenchel und Rahm.«

Clarisse blickt zu Nathalie auf. Nathalie beugt sich zu Clarisse und küsst sie auf den Mund, indem sie sie umarmt. Clarisse lässt das Buch fallen.

NATHALIE In deinen Armen bin ich erst wirklich zu Hause.
Ich liebe es, zu dir zurückzukommen.
Deine Schönheit, ich komme immer wieder auf sie zurück.
CLARISSE Soll ich dir ein heißes Bad einlassen?
NATHALIE Warte ein wenig.
Ich liebe die Spannung der Reise.
Spürst du sie? Sie ist hier, bei uns. Ich bin in deinen Armen und noch ganz dort drüben, am anderen Ende der Welt.
Sie schließt ihre Augen.
Du bist mit mir gekommen, und wir kommen gemeinsam zurück, ohne dass wir uns jemals getrennt hätten.

Clarisse schließt die Augen; eine Zeit lang horcht jeder auf den anderen, dann öffnet Clarisse die Augen

CLARISSE Wie sind die Frauen dort?
NATHALIE Diskret.
CLARISSE Das widerstrebt dir ja nicht... Und die Männer?
NATHALIE Die ich getroffen habe: sehr gut.
Sie haben das einzige getan, wozu sie noch fähig sind.
Sie zieht einen Scheck heraus und hält ihn Clarisse hin.
CLARISSE *wirft einen Blick auf den Scheck, ohne ihn zu nehmen* Dieses viele Geld. Brauchen wir das noch?

NATHALIE Ist Nils da?
CLARISSE Er hat seine Fahrstunde.
NATHALIE Was Neues?
CLARISSE Es geht ihm gut.
NATHALIE *beunruhigt* Isst er?
CLARISSE Er ist ein wenig traurig im Moment.
NATHALIE Wegen Lucie?
CLARISSE Ich glaube, zwischen ihnen ist es aus.
NATHALIE Eine echte Herzensbrecherin, diese Lucie. Jener Abend hat mich verblüfft. Ich war mir darüber nicht im klaren. Sie war noch ein Kind, und jetzt ist sie eine hübsche junge Frau. *Nachdenklich und beunruhigt.* Und wir? Was ist aus uns geworden? Alles geht so schnell.
CLARISSE Ich hab dich gesehen, wie du sie beobachtet hast. Ich hätte verschwinden wollen, das Feld räumen für Lucie, um dich nicht mehr zu enttäuschen.
NATHALIE Ich komme immer zu dir zurück. Die anderen ziehen bloß vorbei. Aber es stimmt, die kleine Lucie ist hübsch...
Sie lacht.
Ich fühle mich angezogen von der Freundin meines Sohnes.
CLARISSE Unseres Sohnes.
NATHALIE Unseres Sohnes.
CLARISSE Deswegen ist er traurig, Lucie ist nicht mal mehr seine Freundin.
NATHALIE Seit wann?
CLARISSE Ich weiß nicht, seit sie nach London ging, schätze ich...
NATHALIE Und Nils, seit wann hat er nicht gegessen?
CLARISSE Du weißt, es ist chronisch bei ihm...
NATHALIE Mehr als zwei Tage?
CLARISSE Heute mittag hat er was zu sich genommen. Alles in Ordnung.
Pause.
NATHALIE Wie ist es so weit mit ihm gekommen? Etwas entgeht uns.

CLARISSE *vorsichtig* Julien.

NATHALIE Du weißt nicht, was du sagst. Er hat diesen Typen nie gekannt.

CLARISSE Dieser Typ ist sein Vater.

NATHALIE Er hat ihn nicht einmal gesehen.

CLARISSE Wenn du weit wegfährst, hab ich den Eindruck, dass Julien da ist, bei Nils und mir, unter uns. Ein Schatten unter Schatten. Zum Glück kommst du zurück, und er verschwindet.

NATHALIE Ein Schatten?
Sie lächelt.
Schatten. Shadow, l'ombre. *Mit spanischem Akzent.* Hombre...
Ist es dir aufgefallen? Es ist das gleiche Wort.
L'ombre, hombre...

Clarisse greift unvermittelt nach Nathalies Arm.

CLARISSE Lass mich nicht mehr so allein, Nathalie, tagelang allein mit Nils... All diese Tage ohne dich habe ich den Eindruck, dass Julien da ist, hier mitten unter uns...

NATHALIE Die Religion, die Gesellschaft, die Erziehung, die Psychiater... alles ist dazu gemacht, dass dieser Mann sich zwischen uns schiebt: selbst wenn er nicht mehr existiert.
Selbst wenn er nie existiert hat für Nils.

CLARISSE Aber für uns?

NATHALIE Das ist unser Problem. Und wir haben es gelöst.
Sie geht zur Sturmlampe, macht sie heller.

CLARISSE Ja.
Mit einem Seufzer
Julien lebt, Nathalie. Und das weißt du.

NATHALIE Lebendig begraben. Im Gefängnis.

CLARISSE Er hat zwanzig Jahre bekommen.
Zwanzig Jahre.
Pause.
Nils wird zwanzig: Juliens Strafe läuft ab, denk daran. Heute ist er ein freier Mann.

NATHALIE Hast du mich belogen, Clarisse?
All die Jahre?
Plötzlich beunruhigt.
Hast du Nachrichten von Julien? Ist er frei?
Straferlass?
Stille.
Du hättest es mir doch erzählt?
Wenn er Nils auch nur anfasst, bin ich zum Schrecklichsten fähig...

CLARISSE Und wenn er mich anfasst?

NATHALIE Bist du allein dafür verantwortlich.
Schweigen.

Clarisse schaut ins Leere und fröstelt.

NATHALIE Du kannst diesen Mann nicht vergessen.
Bist du überhaupt mit mir zusammen?
Du wirfst mir meine Reisen, meine unstete Art vor... Aber dein Verrat ist konstant. Er hat sich lautlos eingenistet.
Du hast recht: du bist im Schatten dieses Mannes geblieben.

CLARISSE Ich habe Angst um Nils. Er ist so zerbrechlich, ein kleines Missgeschick, und er bricht auseinander. Ich habe Angst, zu lange bei ihm zu bleiben. Angst um mich selbst. Ich fühle mich angezogen von seiner Reinheit. Seine Liebe vermittelt mir den Eindruck, weniger schmutzig zu sein und vollkommen schmutzig in einem, hundertmal schmutziger, es ist schrecklich.

NATHALIE Du hast keine Angst um Nils, sondern um dich.
Nils ist bei mir, es kann ihm nichts geschehen.
Aber du, du entgleitest mir.

CLARISSE Nils will weg.
Er stirbt, wenn er bei uns bleibt.

NATHALIE Er ist krank, Clarisse.
Ich kann ihn nicht gehen lassen. Vielleicht muss er sogar ins Krankenhaus.

CLARISSE Aber wenn er bei uns bleibt, stirbt er auch...

NATHALIE Ich werde mich um ihn kümmern, noch ist es nicht zu spät. Ich kenne einen Spezialisten in Stockholm....

CLARISSE Stockholm! Warum immer so weit....

NATHALIE ... aber für dich ist es zu spät. Ich bin im Begriff, dich zu verlieren, das wird mir soeben klar...

CLARISSE Ich habe ihn großgezogen, von Anfang an... Am Abend, wenn er von der Schule kam, nachts, wenn er krank war, als du draußen oder fort warst. Ich war immer allein, allein mit ihm.

NATHALIE Durch mich hat es euch an nichts gefehlt, Nils und dir. Meinst du, dein Lohn hätte gereicht? Deine Teilzeitstelle in dieser schäbigen Bibliothek....

CLARISSE Ja, natürlich, das war nicht einer von deinen protzigen schicken Clubs in einer Metropole.... Nur eine armselige verlassene Provinzbibliothek, die sich für ihre Existenz entschuldigt. Genau wie ich, diese Bibliothek. Und sie fehlt mir. Das Geld, was soll's, im Grunde genommen.... Dieser Scheck, den du heute vom anderen Ende der Welt mitgebracht hast, glaubst du, er macht Nils gesund? Glaubst du, er reicht aus, mich glücklich zu machen?

NATHALIE Er reicht ganz einfach zum Leben.

CLARISSE Du warst froh, mich zu Hause zu haben. Immer jemand, der auf dich wartet, der für dich da ist und für Nils....

NATHALIE Und was hast du aus ihm gemacht? Schau, was aus Nils wegen dir geworden ist...

CLARISSE Das ist nicht meine Schuld. Ich habe alles getan, was ich konnte.

NATHALIE Er ist nicht im Schatten aufgewachsen, sondern in der Lüge: in deiner Lüge!
Sie packt Clarisse am Handgelenk.
Was siehst du, wenn du Nils anschaust?

CLARISSE Lass mich los...

NATHALIE Wenn du Nils größer werden siehst, Tag für Tag, selig vor Bewunderung: dann siehst du Julien, du siehst seinen Vater! Du siehst die große Liebe deines Lebens, denjenigen, der dir entgangen ist vor zwanzig Jahren. Diese Liebe kommt wieder hervor, du meintest, sie vergessen zu haben, aber sie ist da: jünger, hübscher... dieser grauenhafte rote Schopf, ich möchte ihn ihm am liebsten ausreißen... dieser melancholische und gleichzeitig falsche Zug: Nils gleicht seinem Vater, und das weißt du.

Clarisse fällt zu Boden, die Hände vor dem Gesicht.

Und wenn Nils deinen verlorenen Blick auf sich spürt, will er fliehen!

CLARISSE Soll er doch, soll er abhauen. Damit es zu Ende ist!
Ich kann nicht mehr zuschauen, wie er sich auflöst, sich verzehrt... Ich kann nicht mehr, es übersteigt meine Kräfte...

NATHALIE Dein Blick hat ihn unfähig gemacht. Unfähig zu allem. Unfähig sich zu lieben, unfähig zu gehen oder zu bleiben, unfähig sich zu ernähren...
Sie schreit beinahe.
... unfähig zu leben!
Stille. Dann ruhiger.
Und du willst, dass er geht?
Wie soll er überleben?
Pause.
Wie soll er dich überleben?

Lange Stille.

CLARISSE Also bin ich es, die gehen soll?

NATHALIE Bist du überhaupt noch bei mir...?
Bist du nicht eher bei ihm geblieben. Julien Morestin. Und hast auf ihn gewartet wie eine Hündin, die hinter der Tür auf die Schritte ihres Herren horcht. Aber diese Tür ist das Gefängnis, und sie wird dir ins Gesicht schlagen!

CLARISSE Ich habe Angst, dass er zurückkommt. Am Telephon, das war sein Atem. Das war er. Das war Julien.
Verlass mich nicht...

NATHALIE Ich verlass dich nicht, hab keine Furcht.
Sie kniet sich zu Clarisse.
Wie seltsam die Liebe ist, ich liebe dich immer noch, trotz allem, trotz deiner Schwächen.
Trotz deines Verrats.
Ich liebe dich noch immer, Clarisse.

Nathalie steht auf, löscht die Sturmlampe und verlässt die Terrasse. Clarisse bleibt im Halbdunkel, ihr Körper wird von Schluchzen geschüttelt.

Dunkel.

16. Das Hotelzimmer

Julien Morestin vor dem Spiegel; er fährt sich mit der Hand durch die feuchten Haare, betrachtet sein Gesicht, zieht eine Grimasse und lächelt dann; dreht sich zur Seite, betrachtet seinen Bauch, legt seine Hand darauf, richtet den Kopf auf, ohne seinen Blick vom Spiegel zu lenken.

JULIEN *zu seinem Spiegelbild*
Clarisse, ich...
Clarisse, du hast mir gefehlt.
Clarisse, verzeih mir.
Verzeih mir.
Ich kehre zu dir zurück.
Ich gehöre dir.

Dunkel.

17. Das Hotelzimmer

Julien Morestin sitzt auf dem Bett, er hält das Polaroid in der Hand. Ein Klopfen an der Tür.
Er steht auf, öffnet.
Clarisse erscheint, sie trägt ihr Tuch ins Haar gebunden. Er lässt sie eintreten, schließt die Tür.
Sie macht ein paar Schritte, schwankend.
Sie wagt nicht, ihn anzuschauen.

JULIEN Verzeih mir.

Clarisse verliert das Bewusstsein.

Dunkel.

Zweiter Tag

18. Das Hotelzimmer

Das Bett ist durcheinander.
Das Tuch von Clarisse liegt auf dem Boden. Julien liegt ausgestreckt auf dem Bett, er hat seine Brille auf, sein Oberkörper ist nackt.
Clarisse steht, mit dem Polaroid-Photo in der Hand, und betrachtet es.

JULIEN Findest du, dass ich mich verändert habe? Wie findest du mich?
Ehrlich?
CLARISSE Dieses Photo von dir...
JULIEN Ja?
CLARISSE Soll ich es Nils geben?
JULIEN Auch deshalb bin ich gekommen. Deinetwegen und seinetwegen, in gewisser Weise. Wir schicken es ihm.

Wenn wir weit weg sind, kannst du es ihm zukommen lassen.

CLARISSE Er sieht dir ähnlich.
Er sieht auch Norman ähnlich.

JULIEN *als tauchte eine ferne Erinnerung auf*
Norman...
Ich habe Jahre nicht mehr an ihn gedacht. Im Gefängnis dachte ich nur an Frauen. Einzig und allein an Frauen. Das machte mich wahnsinnig, all diese Frauen in mir.

CLARISSE Eines Tages wird Nils seinerseits verschwinden. Wie Norman, er wird sich auflösen vor dem erloschenen Meer.

Julien schweigt und hat den Kopf gebeugt.

CLARISSE Wie Jim... wie dieser junge Zeitungsverkäufer... all diese Gespenster. All das Böse, das wir getan haben. Warum? Und jetzt, jetzt muss es Nils sein! Dein eigener Sohn! Warum?

JULIEN Weil wir uns lieben und weil wir nicht anders können.

Schweigen.

CLARISSE Du hast nie ein Photo von Nils verlangt. All die Jahre nicht ein einziges Mal.
Sie wirft das Photo auf das Bett.
Melancholisch und bitter
Im Grunde bist du der Alte geblieben, Julien Morestin.
Das Gefängnis hat dich nicht verändert.
Ein Monster.

Sie nähert sich ihm, nimmt ihm die Brille ab und lässt sich aufs Bett gleiten. Sie klammern sich aneinander, verzweifelt.

Dunkel.

19. Die Terrasse

Lucas liest in einer Zeitschrift. Nils hat einen Walkman, um den Hals hat er einen Kupferring. Nathalie erscheint.

NATHALIE Hallo Lucas.
LUCAS Hallo.
NATHALIE Nils?

Nils nimmt seinen Walkman ab.

NATHALIE Hast du Clarisse gesehen?
NILS Nein, schon seit gestern nicht. War sie nicht bei dir heute nacht?
NATHALIE Habt ihr nicht Kurs heute?
NILS Am Nachmittag.
NATHALIE Gut. Ich geh mich ein wenig ausruhen. Bis später. *Sie zögert.*
Nils? Wirst du ein wenig essen?

Nils hat seinen Walkman über die Ohren getan. Nathalie stöhnt und geht.

LUCAS Kommt sie immer um diese Zeit? Sie hat durchgemacht. *Zu Nils.* He!

Nils nimmt seinen Walkman ab, schaut Lucas an.

LUCAS Ich würde gern einmal in ihren Privatclub gehen.
NILS Sie würde dich nicht reinlassen: das ist verboten für Männer. Aber sie macht manchmal Ausnahmen.
Bitteres Lachen
Du bist zu gefährlich geworden in der letzten Zeit.
LUCAS *berührt den Kupferring, der den Hals von Nils umschließt* Was soll dieses Ding an deinem Hals? Das ist sehr hässlich.
NILS *stößt Lucas abrupt zurück* Ein Geschenk von Lucie.

LUCAS Lucie hat dir ein Geschenk gemacht?
NILS Kränkt dich das?
LUCAS Nun: ja.
Vor allem diese Art Geschenk.
NILS Welche Art?
LUCAS Stell dich nicht so blöd. Ein Halsring.
Das ist was anderes als – sagen wir – eine Tafel Schokolade oder eine CD... nein: ein Halsring.
NILS Du hast recht. Ich habe das nicht unter diesem Aspekt betrachtet.

Sie starren sich an.

LUCAS Lucie macht sich Sorgen um dich. Clarisse hat ihr gesagt, dass du nichts mehr isst. Was soll das? Erpressung?
NILS Na und? Schicken Clarisse und Lucie dich her, damit du mich dazu bringst? Mit dir werde ich nicht darüber reden.
LUCAS Genau! Mit mir redest du nur über Sex.
NILS Was anderes kapierst du ja nicht.

Lucas rempelt Nils weg.

NILS Du warst nicht mal im Stande, mir das mit Lucie und dir zu sagen. Ich bin dir nicht einmal böse. Ich wollte dir sogar vorschlagen, mit mir wegzugehen. Dass wir beide neu anfangen. Weit von hier.
LUCAS Ich will mit dir nicht weggehen. Das ist ein pubertärer Traum. Altmodisch. Wir sind erwachsen geworden, Nils. Ich möchte mein Leben hier aufbauen, möchte Kinder mit Lucie haben.
Warum bleibst du nicht auch? Mit uns.
NILS Uns?
LUCAS Lucie und mir. Und deinen beiden Müttern.
NILS Meine beiden Mütter...
Deiner Meinung nach: welche ist die wahre, welche die falsche?

Schweigen.
Ja, deine Chance steht eins zu eins.

LUCAS Nathalie, glaube ich. Hat mir jedenfalls Lucie gesagt. Aber was ändert das schon? Du gleichst weder der einen noch der anderen...

NILS Lucie ist nicht unparteiisch: sie ist fasziniert von Nathalie. Und ich gleiche meinem Vater.

LUCAS Wie willst du das wissen? Du hast ihn nie gesehen.

NILS Ich sehe ihn im Blick von Clarisse.

Schweigen.

LUCAS Warum bleiben wir nicht alle zusammen? Irgendwie sind wir eine Familie.

NILS Eine Familie? Was für eine Familie?
Und was bin ich? Das ewige Kind.

LUCAS Nein, du bist kein Kind mehr. Wir können beide weitermachen.

NILS Wie denn?

LUCAS Ich bin gern mit dir zusammen.
Wenn du möchtest, will ich... ich will gern wieder anfangen.

Nils schaut Lucas trotzig an.

NILS Aber Lucie?

LUCAS Sie wird von nichts wissen. Ich will ein Kind mit ihr. Sobald es geboren ist, hat sie genug zu tun. Sie wird uns in Ruhe lassen.

NILS Wieder eine Lüge. Ein Leben aufgebaut auf Lügen. Lucas, verlange das nicht von mir. Ich ersticke und möchte bei einer solchen Perspektive am liebsten verschwinden. Und übrigens, was weitermachen? Was gibst du denn? Dir genügt es, zu nehmen, was ich gebe.

LUCAS Ich kann mich ändern. Was du letztes Mal verlangt hast: ich bin bereit, es mit dir zu machen. Zu machen, was du willst.
Setzt du deine Brille nicht auf?

NILS Ich habe keine Lust, dich zu sehen.

LUCAS Ich mag's, wenn du sie anhast.

NILS Ich weiß. Als Abwechslung zu den Typen, die du nachts am Strand triffst.
Das macht dich sicherer.

LUCAS Ich brauche dich, ich muss deine geschmeidigen Knochen unter deiner Haut spüren... wie bei einer kleinen Katze... ich brauche es.
Für sich selbst
Du bist meine kleine Katze, Nils.
Er nähert sich Nils, plötzlich sehr traurig.
Ich möchte glücklich und erfüllt sein. Und ich bin schwach und feige. Ich möchte dich und Lucie lieben, euch beide, und ich liebe nur halb.

NILS Jedenfalls bist du weder melancholisch noch grau.
Komm...

Lucas erstarrt.

LUCAS Wenn ich komme: wirst du dann essen? Versprichst du es mir?

NILS Ach, darum? Hast du auch mit Clarisse gesprochen? Eine Verschwörung.
Du gibst dich nicht hin, Lucas. Und du willst mich noch einmal besitzen.

Schweigen.

LUCAS Verzeihst du mir?
Wegen Lucie?

NILS Was kann ich dir verweigern, Lucas.
Ich gehöre dir. Du bietest dich mir an. Alles ist gut.

Lucas nähert sich, legt seine Hand auf das Gesicht von Nils. Nils küsst Lucas' Hand und zieht aus seiner Tasche einen der kupfernen Halsringe, die Lucie ihm geschenkt hat.

NILS Das ist ein Band: zwischen Lucie, dir und mir.

Nils streichelt Lucas' Hals, legt seine beiden Hände um ihn, Lucas schließt die Augen. Nils schließt den Halsring um Lucas' Hals.

Dunkel.

20. Die Terrasse

Nacht.
Clarisse tritt auf mit einem Koffer, den sie auf den Boden stellt. Sie trägt ihr beiges Tuch in den Haaren. Sie geht nervös auf und ab, schaut auf die Uhr. Jemand kommt näher, sie zieht sich in eine dunkle Ecke zurück. Nils erscheint. Er zieht seine Jacke aus, hantiert an seinem kupfernen Halsring, verdreht den Kopf, als wollte er ihn loswerden. Er streckt sich am Boden aus und atmet erleichtert aus.
Clarisse kommt aus dem Schatten hervor.

CLARISSE Nilou?

Nils stützt sich auf einen Ellbogen auf.

NILS Wo warst du? Nathalie sucht dich seit gestern abend.
Er streckt sich wieder aus.
CLARISSE Ich gehe, Nils. Ich gehe fort. Ich verlasse euch.
NILS Du verlässt nicht mich, sondern sie.

Clarisse kniet neben Nils nieder.

NILS Wohin wirst du gehen?
Pause.
Wie kannst du ihr das antun?
CLARISSE Ich bin unglücklich.
Du machst mich unglücklich.

NILS Um mich geht es nicht. Aber Maman?

CLARISSE Deine Mutter? Nun. Sie wird das schaffen, nehme ich an.
Aber du? Nils, ich mache mir Sorgen um dich. Ich lasse dich hier mit all deinen Qualen zurück.

NILS Alles ist gut, ich bin schon über der Welt. Ich werde unsichtbar. Und niemand bereitet mir Schmerzen.

CLARISSE Wer, niemand?

NILS Du weißt es genau: die Leute hier herum.

CLARISSE Du kannst nicht einmal mehr auf den Beinen stehen.

NILS Ausgestreckt baumle ich im Himmel.

Clarisse berührt das Halsband von Nils.

CLARISSE Der ist viel zu eng. Nimm ihn ab.

NILS Geht nicht. Ist versperrt!
Wohin fährst du?

CLARISSE Ich müsste dir alles erzählen, von Anfang an. Das ist eine lange Geschichte, die weit vor deine Geburt zurückgeht.

Sie legt sich neben ihn. Schweigen.

NILS Aber jetzt. Wohin gehst du?

CLARISSE Ich gehe meinen Weg weiter.
Und du? Wohin wirst du gehen, Nilou?

NILS Ich? Ich bleibe hier. Das siehst du doch.

CLARISSE Du gehst nicht mehr fort?

NILS Glaubst du, das ist jetzt der Moment? Reicht es nicht, dass du verschwindest? Willst du, dass ich sie auch verlasse?

CLARISSE Du kannst nicht so weiterleben. Ohne Essen... ohne alles...

NILS Ich fühle mich gut. Leicht. Ich baumle im Himmel. Mir tut nichts mehr weh. *Er legt die Hand an seinen Hals.*

Wenn ich so liege, tut mir nichts mehr weh, das Leiden löst sich auf.
Ich fühle nichts mehr.
Vielleicht ist es das, alt werden: die wunderbarste Art, seiner Kindheit zu entfliehen.
Bald ist es Mitternacht...

Nils löst das Tuch aus dem Haar von Clarisse und behält es in der Hand.

CLARISSE *rückt an Nils heran* Mitternacht, die Stunde des Verbrechens.
NILS Die Stunde des Traumes und der Geständnisse.

Sie drückt sich an ihn mit einer verzweifelten Wut. Sie umarmen sich. Er gibt sich ihr hin.

Dunkel.

21. Die Terrasse

Morgengrauen.
Clarisse und Nils liegen nebeneinander. Clarisse richtet sich auf, macht ihr Kleid zurecht, öffnet ihre Handtasche und zieht das Polaroid von Julien Morestin heraus. Sie hält es einen Moment, zögert und legt es in die Hände von Nils. Dann nimmt sie ihren Koffer und verlässt die Terrasse. Nils bleibt ausgestreckt auf dem Boden liegen, den Blick im Himmel verloren, er macht eine leichte Handbewegung, das Polaroid rutscht auf den Boden. Er breitet das Tuch von Clarisse über sein Gesicht.

NILS Von neuem die Nacht. Jetzt haben meine Träume Gestalt angenommen. Ich muss ihnen nur noch entkommen.

Dunkel.

22. Die Terrasse

Lucas erscheint.

LUCAS Nils? Bist du da?

Nils antwortet nicht, er liegt auf dem Boden, das Tuch noch immer über dem Gesicht. Lucas zieht seine Jacke aus. Um den Hals hat er immer noch den Ring, den ihm Nils angelegt hat. Sein aufrechter, gebräunter und trainierter Körper steht in starkem Kontrast zu dem am Boden liegenden Nils.

LUCAS Ich bin die ganze Nacht am Strand umhergeirrt. Du ahnst ja nicht, was sich dort alles tut. Nils, ich möchte bei dir sein. Ich möchte nicht werden wie sie, wie unerlöste Sexualgespenster.

NILS *bleibt liegen* Du warst aber dort. Was hast du gemacht?

LUCAS *verlegen* Nichts. Ich hab mich nicht beteiligt.
Lucas zieht sein T-shirt aus und legt sich zu Nils.
Du musst mich trösten. Vergiss nicht, ich habe noch immer deinen Ring. Als Zeichen der Zuneigung.

Nils richtet sich auf, das Tuch gleitet zu Boden. Er betrachtet den Ring um Lucas' Hals lange.

NILS Ja. Es ist Zeit, einen zweiten hinzutun.

LUCAS Der eine tut mir schon weh, Nils.

NILS Bist du mit mir zusammen oder nicht?
Dein Körper ist schlaff. Wie deine Seele. Eine schlaffe Seele in einem schlaffen Körper...

LUCAS Ja.

NILS Dein Körper geht über. Schau dich an: er wächst über dich hinaus...

LUCAS Und er zieht mich an diese Plätze, wo ich nicht hin will...

NILS Er schubst dich zu Körpern, die dem deinigen gleichen: du kannst sie nicht mehr umarmen, ohne dich zu beschmutzen, ohne dich zu bekleckern...

Nils nimmt Lucas' Kopf zwischen seine Hände, anfangs zärtlich und im Lauf des Gesprächs immer brutaler.

NILS Kennst du einen gewissen Jérôme?
LUCAS *schwach* Ja.
NILS Hast du ihn gestern nachmittag getroffen?
LUCAS Ja.
NILS *packt Lucas' Haare und wirft seinen Kopf heftig nach hinten. Der Ring schneidet sich in das Fleisch seines Halses* Ja?
LUCAS *dem der Ring den Atem abschneidet* Ja, Nils.
NILS *lockert seinen Griff* Was hast du mit ihm gemacht?
LUCAS *greift sich an den Hals, um wieder Luft zu bekommen* Wir haben Liebe gemacht am Strand.
NILS *nimmt Lucas abermals an den Haaren* Du hast gesagt: »Liebe gemacht?«
LUCAS ...gefickt am Strand...
NILS *mit klarerer und schärferer Stimme* Warum hast du es mir nicht vorher gestanden?
Stille.
Seine Stimme wird sanfter, aber steht im Gegensatz zu seinen brutalen Gesten. Warum?

Er greift in die Haare von Lucas und zieht dessen Kopf nach hinten.

Du hast mich also belogen und betrogen.
Nicht nur mich belogen, sondern auch Lucie betrogen.
LUCAS *außer Atem* Ja.
NILS Findest du, dass du eine harte Strafe verdienst? *Er streichelt mit einem Finger über Lucas' Hals.* Und dass dieser Anfang eine Fortsetzung braucht?
LUCAS Ja.

Nils richtet sich mühevoll auf, sein Körper ist geschwächt. Er geht zum Paket, in dem sich die restlichen Ringe, die Lucie ihm geschenkt hat, befinden. Er nimmt einen heraus und nähert sich Lucas mit dem offenen Ring. Lucas schüttelt den

Kopf. Er ist auf den Knien. Er neigt den Kopf. Als Nils bei ihm ankommt, beugt er sich.

NILS Du blutest, deine Wirbelsäule ist fast offen.
LUCAS All diese Wunden sind nichts: sie lenken meinen Geist vollkommen zu dir.
Pause.
Hilf mir. Lucie verachtet mich. Und diese Typen, all diese Typen, die ziellos über den Strand streunen, die verachte ich auch.
NILS Und doch hast du dich gestern einem von ihnen hingegeben.
LUCAS Für meine Liebesgeschichten gibt es keinen Mittelweg: entweder bin ich gleichgültig, dann hab ich nichts davon; oder es geht so richtig ab, dann ist es die Hölle ohne Ende. Gestern hing ich am Strand herum, es stimmt: es war ein schöner Herbstnachmittag, mild und sonnig, ich hatte das Gefühl, in den Ferien zu sein, das trügerische Gefühl, frei und ewig zu leben. Die Zeit setzte aus, also ließ ich mich gehen, gab mich hin, als könnte ich für einen Augenblick diesem Schraubstock entkommen, der sich über mir zumacht.

Nils streichelt Lucas' Haare zärtlich, dann wird er plötzlich von Schwäche ergriffen und geht zu Boden. Lucas nimmt ihn verzweifelt in die Arme, als wollte er etwas von seiner Muskelkraft auf Nils' anämischen Körper übertragen.

NILS Ein Kuss.

Lucas nimmt Nils in seine Arme und schließt die Augen: er öffnet den Mund, Nils weicht zurück und spuckt Lucas in den Mund. Lucas reagiert nicht, klammert sich verzweifelt an Nils, versucht ihn zu küssen, aber Nils befreit sich mit einer angewiderten Bewegung.

NILS Du bist dreckig. Dreckig vom Körper eines anderen.

Nils zwingt Lucas auf den Boden. Setzt sich dann rittlings auf ihn. Nils hält dann Lucas' Kinn nach oben, legt den zweiten Kupferring um dessen gestreckten Hals und schließt ihn. Lucas stößt einen Seufzer aus. Dann verbindet Nils mit dem Tuch von Clarisse Lucas die Augen.

Dunkel.

Ein Jahr Später

23. Die Terrasse

Morgengrauen.
Nathalie erscheint, müde. Ihr Gesicht verschwindet hinter einer riesigen Sonnenbrille. Sie presst ihren Mantel an sich, als wäre ihr kalt. Sie lässt sich in den Fauteuil fallen.
Nach einem Moment erscheint Lucie.
Sie nähert sich vorsichtig Nathalie, ohne ein Geräusch zu machen.

NATHALIE Lucie?
LUCIE Ich wollte Sie nicht aufwecken... Ich habe in meinem Auto vor dem Haus gewartet. Ich wollte nur wissen...
NATHALIE Um drei Uhr früh war es zu Ende.
Langes Schweigen.
Was für eine seltsame Zeit zum Sterben, drei Uhr früh. Dabei kenne ich diese Stunde gut. Um diese Zeit beleben sich die Gäste, lassen ihre Masken fallen, wenn das Fest den Höhepunkt erreicht hat und das Geld locker durch die Finger gleitet. Das ist meine Zeit, eigentlich... *Bitteres Lachen*... Die Glanzstunde meiner Zunft. Die Stunde, in der ich den Stammgästen Champagner spendiere... Die Stunde der ungestümen Küsse, der Berührungen...
Pause.
Doch er, er hat diese Stunde niemals gekannt. Keine Berührungen, keine Küsse.

Ihre Stimme bricht.
Mein kleiner Liebling. Was werde ich jetzt tun, die ich der Nacht so treu bin? Wenn zumindest der Tag ihn mir genommen hätte... Wie könnte ich ihn vergessen, um drei Uhr morgens, mitten im Gewühle, auf dem Höhepunkt des Festes....
Pause.
Das ist aufmerksam, Lucie, dass du gewartet hast.

Lucie weint still.

NATHALIE Weine nicht. Seit Clarisse geflohen ist, konnte niemand für Nils noch was tun.

Dunkel.

Ein Paar Monate Später

24. Die Terrasse

Ein sonniger Vormittag.
Lucie und Nathalie kommen herein. Lucie ist erschöpft, ihre Gesten und ihr Gang haben sich gefestigt, ihre Kleider betonen ihre Figur. Nathalie scheint zerstreut. Als wäre sie anderswo. Ihre Gesten sind mechanisch, ihre Stimme tonlos.

LUCIE Wir müssen noch dreißig Flaschen JB bestellen, ein Dutzend Absolut... Und der DJ will auch noch versichert werden...
NATHALIE Das schauen wir uns im Flugzeug an.
LUCIE Erholen Sie sich. Ich kümmere mich um alles.
NATHALIE *für sich, entmutigt* Zehn Stunden Flug...
LUCIE Sie müssen mich nicht begleiten. Ich kann das sehr gut allein erledigen.
NATHALIE Du würdest das für mich tun?
LUCIE Chinatown, die Brücke über den Ozean, die Pazifikbrandung... das Noah Valley... Toll!

NATHALIE Du bist ein Engel.
LUCIE Nathalie, Sie müssen sich wieder fangen. Ich bin bei Ihnen.
Aber im Moment müssen Sie sich ausruhen. Ein paar Wochen.
NATHALIE *fasst sich* Du hast recht.
Es will mir einfach nicht in den Kopf, dass du bald heiratest.
LUCIE *ihr Gesicht verfinstert sich* In zwei Monaten.
NATHALIE Und Lucas...
LUCIE Lucas. Er ist sauer. Auf alle und alles. Er macht mir manchmal Angst. Seit Nils tot ist, hat er so einen düsteren Blick.
Sie haben sich zerkracht, wegen dieses Halsrings...
NATHALIE Den Halsring, den Nils trug?
LUCIE Ein afrikanischer Halsring von einem Stamm aus Transvaal. Ein Schmuck, der den Frauen vorbehalten ist... Den Giraffen-Frauen...
NATHALIE Was hat das mit Lucas zu tun?
LUCIE Nils hat ihm zwei dieser Ringe gewaltsam um den Hals gelegt. Ich musste darauf bestehen, dass Lucas sie entfernt. Er wollte sie behalten, selbst wenn sie ihm wehtaten.
NATHALIE Und dann?
LUCIE Wir sind ins Spital und ein Arzt hat sie mit einer chirurgischen Säge geöffnet. Unter dem Kupfer hatte sich seine Haut infiziert. Lucas hatte noch Monate später Spuren davon. Rot und blau.
Pause.
Und manchmal, wenn sein Blick sich mir zuwendet,
sehe ich darin Hass.
Pause.
Diese Heirat macht mir Angst. Lucas macht mir Angst. Ich werde mit einem Unbekannten leben.
NATHALIE Brich ihn.
LUCIE Ich kann nicht.
NATHALIE Brich ihn.
LUCIE Ich erwarte ein Kind.

NATHALIE Ein Kind...
LUCIE Das wird nichts für uns ändern. Ich werde Ihnen weiterhin zur Hand sein...
NATHALIE Du lässt mich nicht hängen....
LUCIE Im Moment kümmere ich mich um alles.
NATHALIE Aber dieses Kind. Und Lucas...
LUCIE Das hat mit uns nichts zu tun.
Mit uns.

Lucie hat sich Nathalie genähert. Sie tauschen zärtliche Gesten aus. Plötzlich und unerwartet stößt Nathalie Lucie zurück.

LUCIE *enttäuscht* Sie haben keine Lust... ich dachte...
NATHALIE *mit eisiger, böser Stimme* Ich brauch dich nicht, Kleine!
Ich brauch dich nicht! Vergiss vor allem das nicht!

Lucie wendet sich erschrocken ab.
Nathalie bricht in Tränen aus.

Dunkel.

25. Die Terrasse

Später Nachmittag.
Nathalie und Lucie.
Lucie, schwanger, sitzt im Fauteuil.
Nathalie kniet sich zu Lucie und hält ihr Ohr auf den Bauch der jungen Frau. Lucie streichelt Nathalies Haare.

NATHALIE Lucie, ich sehe dich schon seit Monaten an meiner Seite. Wenn du in den Club kommst, wenn du tanzt, bist du strahlend, schöner und immer schöner. Bleib bei uns.
LUCIE Ich darf nicht. Ich denke an meine Mutter. Sie würde es nicht akzeptieren. Ich denke an mein Kind... und an Lucas. Er ist so schwach, seit Nils tot ist.
NATHALIE Lucie, ich muss dir etwas sagen...
Glaube mir, es ist nicht böse gemeint. Nur eine Tatsache. Kennst du Aurelien?
LUCIE Dein schwuler Kellner?
NATHALIE Letzte Woche hat er Lucas in der Affenbucht gesehen.
LUCIE Die Affenbucht. Da war ich mit meiner Mutter, als ich klein war.
NATHALIE Die Zeiten haben sich geändert. Das ist ein Treffpunkt. Für Männer. Sie treiben es dort. Hinter den Felsen.

Schweigen.

LUCIE *außer sich*
Er hatte mir versprochen...
NATHALIE Es ist ja halb so schlimm.
Aber ich musste es dir sagen...
LUCIE Er hat mich belogen. Das ist das Schlimmste. Die Lüge.

Schweigen.

NATHALIE *streichelt zärtlich über Lucies Haar, küsst es* Du bist ein Trost für mich, Lucie. Seit... seit sie weg ist.

LUCIE *müde* Ein Trost. Ich bin nicht mal mehr einer für Lucas.

NATHALIE Ich habe dieses Photo in Nils Zimmer gefunden.

Sie hält Lucie Julien Morestins Polaroid hin.

NATHALIE Sein Vater.

Lucie nimmt das Photo. Betrachtet es

LUCIE Er gleicht Nils.
Haben Sie ihn geliebt?

NATHALIE Solange es brauchte, Nils zur Welt zu bringen.
Sie verfällt in ihre Stumpfheit und wird abwesend.

LUCIE *betrachtet immer noch das Polaroid* War er im Gefängnis?

NATHALIE Er hat zwanzig Jahre bekommen.
Und bei seiner Freilassung hat er seinen Besitz abgeholt. Einen Teil seines Besitzes, denn Nils hat er zurückgelassen. Ein Junge, das interessierte ihn nicht. Wozu soll sich ein alternder Vater einen kranken Sohn aufhalsen?
Pause.
Nun, diesen Typen da, Lucie, ich will ihn nicht mit Lucas vergleichen, aber irgend etwas verbindet sie: die Lüge, der Selbsthass, die Feigheit. Er ist mit Clarisse weggegangen, ohne den Mut, vor mich hinzutreten. Ohne Nils zu sehen, seinen Sohn. Und wer weiß, wozu Lucas fähig ist.

Lucie will Nathalie das Polaroid zurückgeben.

NATHALIE Zerreiß dieses Photo, Lucie. Du musst das machen. Ich könnte es nicht, es ist unmöglich. Ich weiß nicht warum, ich kann es nicht. Es ist, als ob ich...
... Nils zerreiße.
Pause.
Zerreiß es und denke an Lucas dabei, an dein Kind..,

Lucie erhebt sich mühevoll aus dem Fauteuil, macht ein paar Schritte, betrachtet das Polaroid, zögert und zerreißt es mit einem Riss. Dann wirft sie die Teile zu Boden.

NATHALIE *in einer Art Bewußtseinstrübung, mit dem Blick einer Wahnsinnigen* Die bösen Geister, vergessen.

Lucie nähert sich Nathalie.

NATHALIE Mein süßes Vögelchen... Nach Nils bist du das Schönste, was mir das Leben geschenkt hat. Meine Makellose... ich werde nicht zulassen, dass dich die anderen beschmutzen. Dein Lächeln, ich kann es nur besitzen, wenn ich es an meinen Mund presse.

Sie drücken sich fest und lange aneinander.

LUCIE Ich liebe dich so.
NATHALIE *mit tonloser Stimme und verlorenem Blick* Unser Kind werde ich Nils nennen, wenn es ein Junge wird.

Pause.

LUCIE Und wir werden es zusammen großziehen. Ich werde euch nie mehr verlassen. Ich bin so glücklich, wenn ich euch vor mir sehe, dass es mich nahezu blind macht.

Lucies Blick löst sich nicht von einem bestimmten Punkt, als sähe sie ihr vergangenes, gegenwärtiges und zukünftiges Leben wie einen Film vor sich ablaufen.

Dunkel.

Olivier Py

Die Feier des Labyrinths

Aus dem Französischen von Klaus Gronau

PERSONEN:

MISERERE

MAXENCE

WINDROSE

DER LÄCHLER

HIPPOKRATES

DAEDALLUS

LOUISE

ALICE

MATHIEU

KADER

Originaltitel : L'EXALTATION DU LABYRINTHE

Acte I
Scène 1

Une chambre détruite. Mathieu répare un carreau cassé. Maxence regarde sa main qui saigne. Dans le lointain, Miserere ronfle. Rose des vents fait jouer l'émeraude d'une bouteille d'absinthe dans la lumière.

MAXENCE Combien ?

ROSE DES VENTS Une livre de chair.

MATHIEU *à Maxence* Vous avez fait ça comment ?

MAXENCE Mains ! mains, il faudra, un jour, vous couper, vous couper ras !
L'homme sans crédit a voulu chaparder un peu d'azur ! Le ciel en vitrine, c'est cruel pour les miséreux.

MATHIEU J'étais vitrier pour payer mes études et puis le métier m'a plu.

MAXENCE Ces métiers que l'on prend à dix-huit ans pour six mois et que l'on garde toute sa vie.
Tu vois ce cadavre là-bas dans le coin.

Il désigne Miserere

Jaune et collant, on le pendrait par les pieds au plafond, il ferait un bon papier tue-mouche.

ROSE DES VENTS Tu es plus endetté que tu ne le crois.

MAXENCE Des études de quoi ?

MATHIEU Philosophie.

ROSE DES VENTS Seize mille cinq cent quarante-trois exactement, mais monseigneur est très impatient de rentrer dans ses fonds. Il a l'impatience brutale. Monseigneur n'est pas un créancier comme les autres. Il faut payer avant trois jours.

MAXENCE Oui, je suis endetté et plus endetté que monseigneur ne le pense, j'ai hypothéqué le meilleur de moi-même; j'ai vendu la maison de ma mère un prix dérisoire.
Il va falloir que je vende mes dents pour quelques gouttes d'alcool, quelques flocons de neige sont tombés sur mes lèvres, ça ne m'a pas désaltéré, tu sais, cette neige brûlante,

1. AKT
Szene 1

Ein verwüstetes Zimmer. Mathieu repariert eine zerbrochene Fensterscheibe.
Maxence betrachtet seine blutende Hand. In der Ferne schnarcht Miserere.
Windrose lässt das Smaragdgrün einer Flasche Absinth im Licht spielen.

MAXENCE Wie viel?
WINDROSE Ein Pfund Menschenfleisch.
MATHIEU *zu Maxence* Wie haben Sie das gemacht?
MAXENCE Hände! Hände, eines Tages wird man euch abschneiden müssen, einfach wegschneiden!
Der Mann, dem keiner Kredit gibt, wollte ein bisschen Himmelsblau stibitzen! Der Himmel hinter Glas, das ist grausam für die, die im Elend leben.
MATHIEU Ich war Glaser, um mein Studium zu finanzieren, und dann gefiel mir der Beruf.
MAXENCE Diese Berufe, die man mit achtzehn so mal eben für sechs Monate macht und dann ein Leben lang behält. Du siehst die Leiche dahinten in der Ecke.
Er zeigt auf Miserere.
Gelb und klebrig, man könnte ihn mit den Füßen an die Decke
hängen, das gäbe einen guten Fliegenfänger.
WINDROSE Du hast mehr Schulden als du denkst.
MAXENCE Was hast du studiert?
MATHIEU Philosophie.
WINDROSE Exakt Sechzehntausendfünfhundertunddreiundvierzig, aber Ihrognaden hat es sehr eilig, wieder an sein
Geld zu kommen. Er hat 'ne brutale Eile. Ihrognaden ist kein Gläubiger wie alle anderen. Er lässt dir nicht mal drei Tage.
MAXENCE Ja, ich habe Schulden, und mehr Schulden als Ihrognaden denkt, ich hab mein Bestes verpfändet; ich ha-

j'en saigne encore, mais il faut payer, c'est ce que dit la chanson ? Non ?

MATHIEU On a mis son âme au clou par endettement sensualiste ?

ROSE DES VENTS Il y a les intérêts.

MAXENCE *à Mathieu* Et ce sourire-là, c'est la joie du travail bien fait.

MATHIEU Chaque jour ma main est un peu plus précise.

ROSE DES VENTS *tendant à Maxence une photographie* Voilà la photographie de ce qu'il a fait à l'un de ses débiteurs. L'homme qui rit. Il lui a coupé la lèvre supérieure avec un rasoir. Ça aussi c'est du travail bien fait.

MAXENCE Comme je regrette de n'avoir pas appris à jouer d'un instrument de musique !

MATHIEU Il n'est pas trop tard.

ROSE DES VENTS Il ne lui devait que la moité de ce que tu lui dois, on peut donc compter qu'il te coupera la lèvre supérieure ET la lèvre inférieure !

MAXENCE Peut-être qu'on peut obtenir un délai pour l'une des deux lèvres.

Je faisais du piano, enfant. Un plaisir strictement digital ! Jouer le plus vite et le plus fort possible. Et je pianote encore, regarde, ces mains impatientes, elles pianotent, elles pianotent ! Ah ! Savoir faire quelque chose de ses mains ! Quand on sait faire quelque chose de ses mains...

MATHIEU ... On n'est jamais seul, ni jamais tout à fait désespéré.

MAXENCE C'est ce que tu as appris en écoutant tes maîtres en philosophie ?

ROSE DES VENTS Et le plus amusant, c'est que l'homme que tu vois sur la photographie est entré à son service, il est maintenant collecteur de fonds. Il sera là bientôt. Il avait perdu son travail, il était cornettiste, à sa manière monseigneur est généreux, il lui a offert une place d'huissier.

MATHIEU Ce que l'on ne peut dire, il faut le taire. Voilà ce que m'a appris la philosophie.

be das Haus meiner Mutter zu einem Spottpreis verkauft. Ich werde meine Zähne für ein paar Tropfen Schnaps verkaufen müssen, ein paar Schneeflocken sind mir auf die Lippen gefallen, das hat meinen Durst nicht gestillt, weißt du, dieser brennende Schnee, davon blute ich immer noch, aber ich muss zahlen, so heißt es im Lied? Nicht?

MATHIEU Haben wir die Seele versetzt, qua Verschuldung aus Sinnenfreude?

WINDROSE Da sind noch die Zinsen.

MAXENCE *zu Mathieu* Und dies Lächeln da, das ist die Freude über die sauber ausgeführte Arbeit.

MATHIEU Jeden Tag wird meine Hand ein bisschen genauer.

WINDROSE *reicht Maxence ein Foto* Hier auf dem Foto sieht man, was er mit einem seiner Schuldner gemacht hat. Der Lächler. Er hat ihm mit dem Rasiermesser die Oberlippe abgeschnitten. Auch das ist saubere Arbeit.

MAXENCE Es tut mir so leid, dass ich nicht gelernt habe, ein Instrument zu spielen.

MATHIEU Es ist nicht zu spät.

WINDROSE Er schuldete ihm nur halb so viel wie du, wir können also davon ausgehen, dass er dir die Ober- und die Unterlippe abschneidet.

MAXENCE Vielleicht kriegen wir Aufschub für eine Lippe. Als ich klein war, hab ich Klavier gespielt. Ein reines Finger-vergnügen! So schnell und so laut wie möglich spielen. Und ich klimpere noch, schau her, diese ungeduldigen Hände, sie klimpern und klimpern! Ah! Man müsste mit seinen Händen was anfangen können!
Wenn man mit seinen Händen was anfangen kann ...

MATHIEU ... ist man nie allein, und nie völlig verzweifelt.

MAXENCE Hast du das bei deinen Philosophieprofessoren gelernt?

WINDROSE Und das Witzigste ist: Der Mann auf dem Foto arbeitet jetzt für ihn, als Geldbeschaffer. Er wird bald hier sein. Er hat seinen Job verloren, er war Hornist, auf seine Art ist Ihrognaden großzügig, er hat ihm eine Stelle als Gerichtsvollzieher angeboten.

MAXENCE Ce que l'on ne peut dire, il faut le montrer par une vie héroïque ! Regarde-moi !

MISERERE Recevez tout ce qui vient comme vous recevriez l'hostie !

MATHIEU Qu'est-ce qu'il a dit ?

MAXENCE C'est un ancien diacre ! Ça fait trois jours qu'il répète la même phrase, l'absinthe a imbibé son âme, sa conscience d'abord, et puis son âme.

ROSE DES VENTS Réveille-toi, lèche-pisse ! Le XXème siècle est fini ! Réveille-toi ! Ah ! Il sent une odeur très catholique !

MAXENCE Tiens ! Vide-lui cette bouteille d'eau de rose sur la tête, il barbote dans sa merde depuis trois jours. Louise doit venir nous en débarasser.

ROSE DES VENTS *lui vidant la bouteille sur la tête* Le père de la boiteuse boit de l'absinthe avec les philosophes et les malfrats, jolie manchette !

MISERERE Recevoir tout ce qui vient comme vous recevriez l'hostie.

MAXENCE Cogne-le mais qu'il arrête de répéter ça ! Cette phrase me fait peur à la fin.

MISERERE Non, ne me frappez pas ! Non !

Rose le frappe.

Ah, j'ai mal ! Tu m'as fait mal !

ROSE DES VENTS Tu ne le diras plus.

MISERERE Quoi ?

MATHIEU Le carreau est réparé, je suis le grand réparateur.

MAXENCE *lui tendant une bouteille d'absinthe* Un peu d'agonie verte, mon beau petit réparateur ?

ROSE DES VENTS Un baiser contre un goutte d'émeraude.

MISERERE Tu l'as laissé me faire mal.

MAXENCE Non je lui ai demandé. Rendors-toi !

ROSE DES VENTS Tes rêves sont des porcs puisqu'ils vivent sous ton crâne.

MISERERE Je veux partir.

MAXENCE Tu ne peux pas partir, fosse à merde, tu es financièrement dépendant de moi et chimiquement dépendant

MATHIEU Was man nicht sagen kann, darüber muss man schweigen.
Das hat mich die Philosophie gelehrt.

MAXENCE Was man nicht sagen kann, muss man durch ein heldenhaftes Leben vorführen! Sieh mich an!

MISERERE Alles, was kommt, nehmt entgegen, als würdet ihr die Hostie empfangen!

MATHIEU Was hat er gesagt?

MAXENCE Der war mal Diakon! Seit drei Tagen sagt er immer wieder denselben Satz, der Absinth hat ihm völlig die Seele durchtränkt, erst das Gewissen, und dann die Seele.

WINDROSE Wach auf, Pisselecker! Das 20. Jahrhundert ist vorbei! Wach auf! Ah! Der duftet sehr katholisch!

MAXENCE Da! Schütt ihm die Flasche Rosenwasser über den Kopf, seit drei Tagen patscht er in seiner Scheiße rum. Louise muss kommen und uns davon befreien.

WINDROSE *schüttet Miserere die Flasche über den Kopf* Der Vater von der Lahmen trinkt Absinth mit den Philosophen und den Ganoven, eine hübsche Schlagzeile!

MISERERE Alles, was kommt, sollt ihr entgegen nehmen, als würdet ihr die Hostie empfangen.

MAXENCE Hau ihm eine rein, dass er ja aufhört, das immer wieder herzubeten! Allmählich macht der Satz mir Angst.

MISERERE Nein, schlagt mich nicht! Nein!
Windrose schlägt ihn.
Au, das tut weh! Du hast mir weh getan!

WINDROSE Du sagst das nicht nochmal.

MISERERE Was?

MATHIEU Die Scheibe ist wieder heil, ich bin der große Heilemacher.

MAXENCE *hält ihm eine Absinthflasche hin* Ein bisschen grüne Agonie, mein hübscher kleiner Heilemacher?

WINDROSE Ein Kuss für einen Tropfen Smaragd.

MISERERE Er hat mir wehgetan, und du hast ihn gelassen.

MAXENCE Nein, ich hab ihn drum gebeten. Schlaf weiter!

WINDROSE Deine Träume sind Säue, sie leben unter deiner Schädeldecke.

MISERERE Ich will hier weg.

MAXENCE Du kannst nicht weg, Scheißgrube, finanziell bist du von mir abhängig, und von Windrose bist du chemisch abhängig. Und du bringst uns zum Lachen, du bist der Fußabtreter in unserer Trauerkapelle.

MATHIEU Windrose?

WINDROSE Ich weise den Weg!

MATHIEU Kann ich das Foto sehen?

WINDROSE Er spricht jetzt sehr gewählt, er meidet die Lippenlaute, die »b«-s, die »m«-s und die »p«-s, die tun zu weh, das zwingt ihn zu wunderschönen Umschreibungen ...

MAXENCE Ich fühle mich schlecht, meine Hand blutet noch, die Wunde ist wieder aufgegangen, als ich meine stumme Rhapsodie geklimpert habe.
Ah! Alles, was kommt, nehmt entgegen, als würdet ihr die Hostie empfangen.

MISERERE Ich habe das nicht gesagt!

MAXENCE Sag es!

MISERERE Nein, ihr schlagt mich, wenn ich's sage!

MAXENCE Einen Pfarrer schlagen, das ist doch eine feine Sache, wenn du bei der Armee abgehauen wärst oder aus dem Schuldienst, würden wir dich nicht so lieben, Miserere! Sag es, ich habe gerade Lust zuzuhauen, meine Hand juckt. Sag es!

MISERERE Schlag mich doch einfach ohne Grund.

MAXENCE Sag es!

MATHIEU Alles, was kommt, nehmt entgegen, als würdet ihr die Hostie empfangen.

WINDROSE Wir wollen den Schmerz der Welt auf uns nehmen?

Windrose schlägt Mathieu.
Maxence geht hin und schlägt ihn zu Boden.

MAXENCE Ah! Ist das gut! Da, noch eine! Nicht so gut, wie 'ne Frau schlagen.

WINDROSE Louise, schlag Louise! Sie kommt nachher und wischt den Durchfall da auf.

MISERERE Nein, du wirst Louise nicht schlagen.

WINDROSE Wieso, willst du sie vielleicht verteidigen?

MAXENCE Wie heißt du, Heilemacher?

MATHIEU Mathieu.

MAXENCE Hübscher Name. Gib ihm etwas von dem Stärkungstrank.

MATHIEU Danke.

MISERERE Ich stinke nach Rose.

MATHIEU Ich glaube, wir müssen Ihren Arm abbinden.

MAXENCE Leih mir deine Krawatte, kleiner Bruder. Auf die Art kannst du zeigen, dass du mir verzeihst.

MATHIEU *Er bindet ihm den Arm mit seiner Krawatte ab.* Anderen verzeihen ist leicht.

MAXENCE Ich höre, was du sagst. Eine hübsche Krawatte. Was ist da drauf? Lilien? Aber sich selbst verzeihen, hä?

Der Mann mit der abgeschnittenen Lippe kommt herein.

DER LÄCHLER Seid gegrüßt.

WINDROSE Übersetzt: Guten Tag, meine Herren. Du solltest mit dem Lernen anfangen, Maxence! Die Sprache ohne Lippenlaute, du solltest schon mal anfangen, die zu lernen!

MAXENCE Ich nehme an, du bist an dem Geschäft beteiligt.

WINDROSE Ich bin dein Henker, darum liebst du mich.

MAXENCE Ja, ich liebe dich.

DER LÄCHLER Hier riecht es nach Rosen! Drei Tage sind eine sehr kurze Frist.

MAXENCE Windrose und ich sitzen ein bisschen auf dem Trockenen, wir haben schlechte Geschäfte gemacht.

DER LÄCHLER Ach?

MISERERE Oh! das hübsche Lächeln!

MAXENCE Wie sagen Sie in Ihrer Sprache: »Vater, vergib mir meine Sünden«?

DER LÄCHLER Teurer Ahne, zahl du die Rechnung!

MAXENCE Der Lächler! Für achtzehntausendfünfhundertdreiundvierzig Silberlinge büße ich meine Küsse ein. Es muss doch möglich sein, das irgendwie unter uns zu regeln.

WINDROSE Du machst es teurer, als es ist, sechzehntausendfünfhundertdreiundvierzig.

DER LÄCHLER Drei Tage sind eine kurze Frist.

MAXENCE Wie sagt man in Ihrem Spezialidiom: »Küsst eure Puppe mit nimmermüden Lippen, vor dem Richtspruch im Morgengrauen!«

DER LÄCHLER Die Nachtigall ist sehr in Zorn!

MAXENCE Hervorragend übersetzt. Was wollte Ihrognaden schon mit einem Paar abgenutzter Lippen wie denen von Maxence anfangen! Er hat so viel gelogen, dass sie die Farbe ewiger Verachtung haben.
Wie sagt man: »Kann man die Bank beschubsen?«

DER LÄCHLER Der Geldkurier des Wucherers hat ein offenes Ohr.

MAXENCE Genau! Kleiner Handel unter Brüdern: Von Heuler zu Lächler.

WINDROSE Naja, wenigstens hätte er nicht mehr diesen maulenden Überdruss auf den Lippen, sondern ein breites gieriges Grinsen, die Wahrheit unter seinem Flunsch.

MAXENCE Er hat recht, man würde sehen, dass ich zubeißen kann.

MATHIEU: Was wollte er mit zwei kältestarren, zwei fast schon toten Lippen anfangen?

DER LÄCHLER Solche Zeichen aus Fleisch verstärken seinen Glanz, der Herr hält darauf, dass alle wissen: Er ist ein ernsthafter Geldverleiher.

MAXENCE Der Tod ist mein einziger Gläubiger, ich verdanke ihm das bisschen Lust, das ich erlebt habe.

WINDROSE Du sprichst von mir!

DER LÄCHLER Ich gehe. Die Uhr geht genau, das solltet ihr wissen!

MAXENCE Schade, ich mag deine fette Gespensterfratze,

Arschmund! Auch das Beste im Leben geht einmal vorüber!

DER LÄCHLER Die Zeit der Zärtlichkeiten ist zu Ende.

WINDROSE Wir regeln die Sache unter uns. Wie sagt man: »Ein paar hübsche Prozente fördern das Vergessen«?

DER LÄCHLER Sagen wir, ein kleiner Anteil zur Lösung der Krise.

MAXENCE Und wie sagt man: »Der Bote ist billig zu haben«?

DER LÄCHLER Gegen ein Salär nach seiner Fasson könnte der Gerichtsvollzieher diese Gunst erlangen.

WINDROSE Wie sagt man: »Das ist viel Schrot für wenig Brot«?

DER LÄCHLER Die Schuld ist gesalzen, und die Schnitte sehr trocken.

MAXENCE Und wie sagt man: »Es sind immer dieselben, die blechen«?

DER LÄCHLER Die Zeche ist das Schicksal der Notdürftigen.

WINDROSE Der Herr hat besondere Geschmacksvorlieben.

MAXENCE Wenn sein Arsch wie sein Mund aussieht, steck ich ihm meinen Finger da nicht rein.

DER LÄCHLER Die Schulden würden in die Nesseln wandern gegen die Lieferung einer intakten Unschuld.

WINDROSE Man bräuchte ihm nur ein Mädel liefern und der Herr lässt unsere Rechnung mit der Jungfernhaut platzen.

MAXENCE Sich als Zuhälter einer angehenden Nutte versuchen ist nicht gerade glorreich.

DER LÄCHLER Stütze eines jungen Rosenstocks, das ist doch reizend.

MAXENCE Wenn allein das ihn lächeln lässt.

WINDROSE Du sprichst schon ohne Lippenlaute.

MAXENCE Verzeihung, ich wollte sagen: Seiner steht ihm nur, wenn er in geschlossene Lippen bumst.

DER LÄCHLER Ein Gerichtsvollzieher weiß die Siegel zu öffnen!

MAXENCE Ich kenne hier keine geschlossenen Türen, die sind schon vor langer Zeit eingeschlagen worden.

WINDROSE Entweder dein Vater leiht dir Geld, oder wir müssen einen Vater finden, der uns seine Tochter leiht.

MAXENCE Ich glaube, ich muss an die väterliche Pforte klopfen! All das für ein bisschen Nebel im Schädel!

WINDROSE Die Lust hat dich blind gemacht, das ist doch menschlich, da hast du unterschrieben.

MAXENCE Hilf mir, Windrose.

WINDROSE Ich fürchte, das ist das Ende.

MAXENCE Ich geh nicht bei meinem Vater betteln, nein!

WINDROSE Ich seh keine anderen geschlossenen Türen, obwohl du ab und zu an eine andere geschlossene Tür klopfst ...

MAXENCE Was?

WINDROSE Sie macht das, Maxence, sie macht das für dich.

MISERERE Wer?

MAXENCE Louise.

MISERERE Nein! Nein! Nein, Maxence! Tu das nicht! Bitte!

MATHIEU Wer ist Louise?

MAXENCE Seine Tochter.

MISERERE Ich geh zu deinem Vater, ich rede mit ihm, ich sage es ihm, auf mich wird er hören.

MAXENCE Vergiss nicht, ihm eine Wäscheklammer mitzubringen, mein Erzeuger hat empfindliche Nüstern, ich würde das gerne sehen, du wirst vor ihm auf die Knie fallen, sag? Du wirst vor ihm auf die Knie fallen?

MISERERE Ja.

MAXENCE Du kennst meinen Vater schlecht. Und was wirst du ihm sagen?

MISERERE Das fällt mir dann noch ein, tu das Louise nicht an, die Worte fallen mir dann schon ein, ich brauch nur ...

MAXENCE Was?

MISERERE Ein sauberes Hemd.

MAXENCE Gib ihm dein Hemd.

WINDROSE Nein, soll er gehen, wie er ist.

MAXENCE Der Alte ist mir ein bisschen böse, seit wir versucht haben zu beweisen, dass er bei ein paar Folterungen in den algerischen Bergen Hand angelegt hat. Für einen früheren Minister war das ein übler Fleck auf der Weste.

WINDROSE Und dann?

MAXENCE Und dann hat er meine Historiker-Kumpel gekauft, denen es darum nicht unbedingt schlechter geht.
zu Miserere Was wirst du ihm sagen?

MISERERE Gib mir ein sauberes Hemd.
«Ihr Sohn sucht Gott in sich selber, er hat noch Geschmack an der Ironie, er ist ein Taucher für seine tiefen Wasser, Sie werden ihn zurückkommen sehen, eines schönen Morgens im April, mit einem Schatz in den Händen. Er hat nichts vergessen, er ist treu auf seine Art, aber seine Mutter ist im Kindbett gestorben und ...«

WINDROSE Ein Schatz aus der Tiefsee, der verdampft, wenn er ans Sonnenlicht kommt.

MAXENCE Ja, mein Engel. Die staubigen Reste meiner Zauberkünste.
Gib ihm ein Hemd.

WINDROSE Nein.

MATHIEU *zieht sein Hemd aus* Da.

MAXENCE Wir haben Spaß gemacht, du verdirbst alles.

Miserere zieht Mathieus Hemd an.

WINDROSE Du hast nie Blut fließen sehen?

MATHIEU Nie ohne Grund.

WINDROSE *liest in der Zeitung* Weißt du, dass wir alle drei Jahre unsere Zellen komplett auswechseln? Einmal alle drei Jahre werden wir komplett erneuert.

MAXENCE Komplett erneuert? Irgendwas Dauerhaftes bleibt doch.

WINDROSE Was denn?

MAXENCE Mein Hass ist, was mich mit mir selbst verbindet. Mein Verlangen nach Rache ist dieses Gebilde, das andere Seele nennen, ich will sagen, die verborgene Rose. Ich bin der Hass.

Alle Wandlungen meines Fleisches könnten den nicht verwittern.

WINDROSE Ruhmreicher Absinth, Brückenzoll des Unverstands, dir haben wir uns verschrieben.

Zeremonie mit Löffel und Zucker, sie trinken.

MAXENCE Noch mal, noch mal. Nimm mich mit, Windrose, nimm mich mit, noch tiefer hinab, dahin, wo alles unkenntlich ist. Ich küsse meine Mutter im geöffneten Sarg, alle Gesichter wurden in den Treibhäusern der Meeresinsekten geformt. Ich bin der kleine willenlose Mann, den die Schönheit der Statue im erloschenen Museum zerschmettert. Meine Knie bluten. Sieh, was die Werke meiner Väter aus mir gemacht haben, ich trage kein Relief von Praxiteles auf meinem Schild, aber ich gehe unter, an meinem Hals hängt ein marmornes Standbild der Jungfrau. Die Schönheit bescherte mir Schmerz und Leid, ich bin der Bauer der Wunderseligkeit!

WINDROSE Mein schönes Opfer, ich sehe so gern dein Gesicht am Heck unseres Schiffs, das von Brechreiz verzerrt ist und stolz auf seinen Krampf.

MAXENCE Verbrenn! Brenn! Brenn!

WINDROSE Mehr Böses als du je zu hoffen wagst.

MAXENCE Brenn! Verbrenn, was mir noch bleibt!

WINDROSE *liest in der Zeitung* Weißt du, dass wir, wenn wir fallen, mit jedem zurückgelegten Meter unser Gewicht verdoppeln. Siebzig Kilo am Start, einen Meter tiefer wiegt man hundertvierzig Kilo, dann bei zwei Metern zweihundertachtzig, nach dreien ist man bei fünfhundertsechzig, vier eine Tonne zwanzig, und zehn Meter tiefer hat man mehr als zehn Tonnen ... Sich aus dem Fenster lehnen, ja. Sich rausbeugen, sich gefährlich rausbeugen, ja. Fallen, nein.

Nimm noch ein bisschen Smaragd. Das ist so kalt wie ein zu spät gesprochener Psalm.

MISERERE Ich werde sie retten.

WINDROSE Nein, du wirst sie nicht retten, wir werden sie dem Lächler geben, und du wirst sie nicht retten können.

MISERERE Ich brauche eine kleine Stärkung.

WINDROSE Raus! Raus! Du hast lange genug von unserer Großzügigkeit gelebt. Raus!

MISERERE Sieh mich an, Maxence!

MAXENCE Ich schau nicht in die Brille, bevor ich an der Strippe ziehe.

WINDROSE Mäßige deine Ausdrucksweise, aber es stimmt, dass es Glück bringt, dich zu zerquetschen, mein lieber Miserere.

MAXENCE Ah! Kennst du diesen Schrei?

WINDROSE Ja, du steigst hoch zum Himmel.

MAXENCE Gib mir den Spiegel, ich seh mich so gern sterben. Ah! Nochmal sterben, sich nochmal sterben sehen, gib mir den Spiegel.

WINDROSE Ist dir nicht kalt? Sieh ihn an, ich war so eifersüchtig auf seine Schönheit! Er ist immer noch schön, selbst mit diesem Aussatz im Gesicht.

MATHIEU Seine Hand blutet.

WINDROSE Ja.

MATHIEU Ich hab Kopfschmerzen.

WINDROSE Leg dich auf den Boden. Beim ersten Mal dreht es dir den Magen um.
Meine Kinder, ich halte euch in den Händen, ich bin ein Wirbelsturm! Mit der Welt werdet ihr sterben. Ihr seid meine Kinder, die kleinen Larven auf meinem Kadaverherzen.

MAXENCE Oh ja! Mein Freudenbringer, ja!

WINDROSE Der Heilemacher hält sich den Bauch.

MATHIEU Ich habe Schmerzen, ich fühle mich gut.

MAXENCE Sie ist da, sie sagt nichts, sie vergibt mir!

WINDROSE Wer?

MAXENCE Louise.

WINDROSE Nein, Louise ist vorhin rausgegangen, das da ist ihr Mantel, dieser zu kurze Regenmantel, ihr grässlicher geflickter, dreckiger Arme-Mädchen-Mantel. Das Geld von ihrem Vater hab ich in der Tasche, sie hat ihr Studium aufgegeben. Musik!

MAXENCE Louise, verzeih mir, wenn du meine Lippen mit deinen gerettet hast, werde ich neue Lippen haben, werde ich schöne, frische und gute Sprüche sagen. Ich werde den Preis der Sprache kennen, jedes Mal, wenn ich dich weinen sehe! Louise, antworte mir, warum bleibst du stumm, ich muss deine Stimme hören. Ich liebe dich, Louise, ich liebe dich und ich will dich zerstören. Ich will dich zerstören, weil du gut bist und sanft. Ich will dich töten, weil du das Licht bist. Das Licht tut meinen kranken Augen weh.

WINDROSE Du redest mit ihrem Mantel!

MAXENCE Du antwortest nicht, nein. Sag mir, sag mir, tust du das für mich? Sag? Dich ganz hingeben?

WINDROSE Du redest mit dem Mantel!

MAXENCE Ach! Das ist sie gar nicht? Es ist der Mantel. Göttlicher Freudenbringer, Mundschenk der letzten Verwandlung, diese schmutzige Visage lohnt den Umweg! Nein? Küss mich, küss mich. Dein Zahnfleisch ist blutig, deine Zahnhälse kommen zum Vorschein? Und die Haut verbirgt nur schlecht den mageren Schädel, ein nasses Stück Wäsche auf einer kalten Statue, weiter nichts. Ich liebe deine Hässlichkeit, küss mich! Wirklich, ist die kleine Louise rausgegangen, ist das der Mantel da?

WINDROSE Ja, das ist der Mantel.

MATHIEU Zu trinken, gebt mir Wasser.

MAXENCE Gib ihm Wasser, der Bauch brennt ihm, er kann nicht laufen.

WINDROSE Soll er halt kriechen.

MAXENCE Du willst trinken?

MATHIEU Ja.

WINDROSE Dann kriech. Ich stell das Glas dahin, kriech.

MAXENCE Habe ich sie geschlagen?

WINDROSE Wen?

MAXENCE Louise. Ich habe ihr vielleicht ein Auge ausgestochen, mit meinem grünen Stift? Ich wollte meinen Kopf verkehrt rum malen, aber ich habe ihr lieber den Stift ins Auge gestoßen, so sieht sie in größerer Vollkommenheit, was ich ihr mit einer Skizze zeigen wollte, die unergründliche Undurchsichtigkeit meiner Seele.

WINDROSE Nein, ich habe deinen Arm umgelenkt, du hast den weißen Flügel ihres Halses verletzt. Sie trägt nun unter ihrem Schal den schwarz-rosa Schmuck, den du ihr geschenkt hast.

MAXENCE Ich fühle mich gut. Er kriecht.

WINDROSE Ja, er kriecht. Sehr langsam.

MAXENCE Louise muss gerettet werden, ich darf Louise nicht töten, Louise ist meine Seele, ich darf sie nicht töten. In ihr habe ich das Wunder der Güte gesehen, ich hab das gesehen! Und ich bin zornig.

WINDROSE Wie gut man sich fühlt, wenn alles in Blau getaucht ist. Eine freundschaftliche Verzweiflung richtet sich im Flur noch einmal die Frisur, bevor sie an die Tür klopft. Eine Stille von etwa einer halben Stunde. Man fühlt sich gut, wenn einen die Gnade vergessen hat. Der Grenzstein am Weg ist ein ausgezeichnetes Ruhekissen. Man müsste verrückt sein, nicht auf die Nacht zu hoffen. Alles ist zu Ende. Man fühlt sich gut. *Requiem æternam!* Im Herzen der Finsternis. Musik!

MAXENCE Wie soll ich dir danken, für die Stunden der Ruhe, die du mir geschenkt hast?

WINDROSE Ich hab sie dir nicht geschenkt, mein Liebster, ich hab sie dir verkauft.

Szene 2

Das Arbeitszimmer von Daedallus. Hippokrates hat gerade seinen Blutdruck gemessen.

DAEDALLUS Ein Jahr, das reicht, um mein Labyrinth zu bauen.

HIPPOKRATES Natürlich kannst du deine geistigen Fähigkeiten sehr viel früher verlieren. Und dein Sohn?

DAEDALLUS Ich vertraue dem Stein mehr als dem Fleisch. In Marmor gravieren, das sieht nach mir aus. Mein Sohn ist gefährlicher als mein Tumor. Der Krebs nagt an meinem Hirn, er nagt an meiner Geschichte. Ich sorge mich mehr darum, was man über mich sagen wird, als um das, was ich bin. Was ich bin, kann nicht umgeschrieben werden.

HIPPOKRATES Du wirst ihm verzeihen, du wirst dir verzeihen, indem du ihm verzeihst. Damit wird alles umgeschrieben, das zehrt alle noch so weisen Grundsätze auf.

DAEDALLUS Nur eins verzeihe ich nicht. Dass er in Sachen Politik keinen blassen Schimmer hat. Es ist doch nicht so kompliziert, das eine zu sagen und das andere zu denken, das hätte er aus der Nuckelflasche unserer dreißig Wirtschaftswunderjahre saugen können! Aber diese Abhängigkeit von der Wahrheit ist mir zuwider.

Warum muss er sich zeigen, wie er ist! Das ist eine Art Mystik, scheußlich, na klar, wie jede Metaphysik! Die Schande ist keine schlechte Zier, zum Teufel mit den Reinen, sollen sie kriegen, was sie verdienen, die Krätze.

HIPPOKRATES Was nennst du Schande?

DAEDALLUS Wenn Reden und Handeln sich scheiden.

HIPPOKRATES Will sagen: das Engagement.

DAEDALLUS Will sagen: das Leben. Das Leben ist ein köstliches Aneinanderrasseln aller Dinge! Wenn er Lüge und Verdorbenheit ablehnt, lehnt er das Leben ab.

Heute braucht er Geld, ich gebe es ihm, für ein falsches Versprechen! Soll er so tun, als ob er sich bessern wollte, ich werde tun, als glaubte ich's, das langt, für einen früheren Minister!

HIPPOKRATES Du willst sehen, dass er das Spiel mitspielt.

DAEDALLUS Ja, in dem Wissen, dass er weiß, dass ich weiß, dass er weiß, diese Sorte von Beziehungen, ja, ein Vater und ein Sohn.

Immer wirft er mir dieses rohe Fleisch in die Fresse! Ich glaube nicht an die Revolution, nein, aber von unserer Sozialdemokratie krieg ich Pickel. Schaut sie euch an, schau

du sie dir an, in diesem billigen Gewissenskomfort, jeder Veränderung ebenso gründlich abgeneigt wie die größten Reaktionäre, aber mit der Maske des Reformers, was Großmut angeht hinter den Sklavenhaltern zurück, aber stets unter dem Deckmantel des Sozialen, gegen die Armen gleichgültiger als irgendein Monarch, aber absolute Stars in der Schmierenkomödie des humanitären Engagements. Die schlimmsten von allen sind unbestreitbar die Sozialisten! Käuflich für alle Belange, und regelmäßig machen sie Pipi um die Statue von ihrem großen Vatergespenst, einäugige Hunde, die am Grab ihres großen Rechtfertigers heulen. All das mit dem Wort »Demokratie«, das sie wie ein Bonbon im Mund haben, an dem sie eifrig lutschen, mit dem unerträglichen Geräusch von sabbernden Greisen.
Und das Wort »Republik« benutzen sie als Zahnstocher, wenn ihnen ein Rest Emigrantenfleisch zwischen zwei liberalen Eckzähnen stecken bleibt.
Mein Publikum! Verzweifelt sind sie wie alle anderen, aber durchtriebener, ebenso unbekümmert gegen den tiefen Schmerz des Menschen, aber verteufelte Demagogen, ebenso verkauft an den Pragmatismus, an die Realpolitik, an das Fatum der Börse und an die Turnschuhe wie die Allerliberalsten. Aber dies ganze Nichts ist hübsch verpackt in einem jungen und unaufdringlichen Kauderwelsch. Sich kompromittieren ja, aber mit einem gewissen Chic, einem Hauch von ganz-und-gar-nicht-reaktionär.
Denn sie haben ein ausgefallenes, kostspieliges und eitles Feigenblatt für die Not erfunden, ein großes Totenzelt, um ihren Dreck zu umhüllen, das sich die Kultur nennt. Und so laden sie uns zu reizenden Soireen, wo man die Kultur dem Faschismus entgegenhält. Idioten, ideologische Scheißefresser, die den staatsbürgerlichen Nasenschleim aufsammeln, stinkende Schnupftücher der großen Niederlage, in die man die ständig wiederholte Schande eines fettleibigen Abendlands schnäuzen kann, eifrige Verehrer einer Republik, die in die Wechseljahre gekommen ist. Die Kultur hat der Faschismus doch selbst erfunden.

Glaubt ihr wirklich an eine Kunst, die nicht die Verbündete der Mächtigen wäre? Ihr bereitet der Jugend einen pompösen Tod. Nein, das ist nicht die wieder aufblühende Farbe einer Philosophie der Sanftheit, ihr habt die Toiletten in den Farben der Demokratie gestrichen, aber die braven Bürger fallen nicht drauf rein.
Warum ich das alles sage? Weil mir nichts so zuwider ist wie die Puritaner, die ein gutes Bild abgeben wollen, die schwachsinnigen Honoratioren, die stotternden Landespolitiker, die schleimigen Kulturbeauftragten, mit denen man diese stinkende Totenmaske für ein Europa fabrizieren muss, das an den Toren des Balkan und an den blutigen Stränden Algeriens Selbstmord begangen hat.
Glaub mir, ich weiß, wer wir sind. Ich habe immer gewusst, dass sie logen. Aber ich nehme diese Schande voll und ganz auf mich! Ich habe früher als alle andern von ihr gewusst, und ich habe sie früher als die andern für mich rentabel gemacht. Ich bin ein Dreck, ja, aber was habe ich mich gut amüsiert!

HIPPOKRATES An all die Pracht zu denken, um sich den Tod vorzustellen: Geflügelte Frauen mit großen, leeren Augen, silberbeschlagene Türen mit flackernder Laterne, gehörnte Kinder mit einer Rute in der Hand, und all das, um am Ende ... was? Zu krepieren wie ein Hund. Die Schlagader platzt, und aus.

DAEDALLUS Und ich mache aus ihm einen dieser Seelennot Leidenden, die glauben, Almosen zu geben, wo sie doch selbst die Bettelschale hinhalten.

HIPPOKRATES Aber warum willst du das aus ihm machen?

DAEDALLUS Das Jahrhundert verlangt es. Sie lügen alle. Er muss die Anerkennung seiner Väter verdienen, und da seine Väter Verräter sind, muss er auch ein Verräter sein!
Er soll leben! *Er zeigt auf ein Bühnenbildmodell.*
Siehst du dieses Labyrinth, das ist das Bühnenbild zu meinem letzten Stück.

HIPPOKRATES Warum satteln alle ehemaligen Minister aufs Theater um?

DAEDALLUS Damit die Leute glauben, dass sie vorher was anderes gemacht haben. Die Feier des Labyrinths, das ist meine ganze Philosophie! Nicht das Kreuz muss in seiner Majestät dargestellt werden, sondern das Labyrinth, man muss sich den Minotaurus als ein glückliches Wesen vorstellen!

HIPPOKRATES Wie kannst du ein Labyrinth auf die Bühne bringen, wo es doch dem Wesen nach horizontal ist?

DAEDALLUS Das ist die testamentarische Herausforderung, die ich dem Bühnenbildner gestellt habe. Die Horizontale feiern! Dies Theater reizt mich ganz besonders, weil ich nie was vom Schnürboden habe runterfallen sehen.

HIPPOKRATES Hinter der Bühne steht ein armer Kerl, der im Namen deines Sohnes mit dir reden will.

DAEDALLUS Lass ihn reinkommen.

Hippokrates geht Miserere holen, Daedallus bleibt einen Augenblick allein und betrachtet sein Bühnenbild.

DAEDALLUS Gibst du deinem Vater keinen Kuss?

MISERERE Aber ich bin nicht Ihr Sohn.

DAEDALLUS Ich habe ihn so lange nicht gesehen, wie soll ich's wissen?

MISERERE Ich komme, um mit Ihnen zu reden, im Namen von ...

DAEDALLUS Sei still! Du sprichst im Namen meines Sohnes, also bist du mein Sohn!
Gib mir einen Kuss.
Gib mir einen Kuss.

Miserere gibt ihm einen Kuss.

DAEDALLUS Wie viel brauchst du?

MISERERE Es geht nicht einfach nur um Geld.

DAEDALLUS Ich habe gesagt wie viel.

MISERERE Achtzehntausendfünfhundertdreiundvierzig.

DAEDALLUS Das ist also die Liebe deines Vaters wert, und die Verleugnung deiner Versprechen. Lass deine Augen sehen. Ah! nein, nein! Ich dachte, du hättest aufgehört! Wenn das Auge krank ist, ist der ganze Körper krank.

MISERERE Vielleicht ist das Auge, mit dem du mein Auge siehst, krank.

DAEDALLUS Gute Antwort, er kriegt Geschmack am Spiel.

HIPPOKRATES Das Auge, mit dem ich Gott sehe, ist auch das Auge, mit dem Gott mich sieht.

DAEDALLUS Gut gesagt, Meister Eckhart!

Mein Auge ist das letzte, was von mir sterben wird, du wirst die Welt noch durch dieses Auge da sehen. Was? Es geht sehr wohl darum, die Welt zu sehen. Was ist ein Körper, ein Ausguck, und wir spähen von der Spitze dieses Schiffsturms aus nach einem Flecken gütiger Erde.

Land! Land! schreien wir mitunter, denn manchmal scheint uns, wir hätten diese Insel gesehen, auf die wir hofften. Aber nein!

Von Trugbild zu Trugbild ist da immer dasselbe Exil.

MISERERE Das stimmt, und wer nie ein Fremder war, der ist der größte Mörder. Aber über das Exil weiß ich mehr als du, denn für mich ist alles unauflösbar absurd.

DAEDALLUS Absurd ist das Leben nur für die Schwachen.

Ich habe den Wunsch nach Rechtfertigung besiegt. Weder Religion, noch Werk, das Sterben macht nicht bitterer als irgendeine beliebige Frucht, das Leben ist da, ein reiner Skandal, das passt zu mir, ich spüre keinerlei Bedürfnis, eine Erklärung unter das Bild zu setzen.

Alles ist da, selbst der Schmerz ist eine Weise da zu sein. Und wenn ein Rabe an einer Kinderleiche frisst, hat das am Ende auch seine Schönheit.

MISERERE Ich bin diese Kinderleiche. Meine Jugend ist das Licht deiner Lampe. Ich erinnere mich, dass du Baccara spielen gegangen bist an dem Tag, als meine Mutter beerdigt wurde. Die einzige Methode, dir zu beweisen, dass du keine dieser Krücken der Menschen nötig hast: die Liebe, den Glauben, das Denken, ist, auf deinem Sohn herumzutrampeln. Das ist dein Triumph! Das Leben ist grausam, und ihr beide, du und das Leben, fresst eure Kinder aus dem feinsten Geschirr. Deine Freude am Diesseits kostet mich jeden Tag ein Glied meines Körpers. Dieses Labyrinth dort ist für mich, nehme ich an!

DAEDALLUS Freu dich nur dran! Deine Verzweiflung ist eine Babyrassel!

Du stinkst nach Selbstgefälligkeit. Die Verzweiflung ist eine Religion, du bist ihr widerlicher Betbruder, sieh mal einer an! Er beugt hübsch das Knie vor dem heiligen Antlitz des »Alles ist sinnlos«, und die Nägel seiner Kleinmädchenfinger glänzen noch von dem unseligen Nass, das er aus dem Weihwasserbecken der enttäuschten Jugend gefischt hat. Das ist so banal! Selbst diese Art, sich schwarz zu kleiden, hat irgendwie was Schäbiges, der Kirchdiener des Weltekels! Schwester Marie vom ewigen Abscheu! Das funktioniert mit fünfzehn! Die Welt hat dich entmutigt, mein armer Junge, zwei, drei Tropfen Schmutz, und wir haben uns gesagt: »Wozu weitergehen«.

Ich suche ein Mittel, dir begreiflich zu machen, dass im Wappen unserer Familie das Fabeltier der Heldentat prangt.

MISERERE Ich und meine Freunde bereiten die Revolution vor.

DAEDALLUS Nachhut-Linke! Modevokabel-Fresser! Sie konstatieren mit ernster Miene, dass die Welt grausam ist für die Schwachen! Geben sie wenigstens zu, diese Miniaturrebellen gegen die ungerechte Gesellschaft, geben sie zu, dass sie die Armen verabscheuen? Große Brandrede wider die maskierten Tyrannen, die das Begehren der Unglücklichen ökonomisch kontrollieren, aber wenn dann der Bettler mit den schweren Verbrennungen sein Almosen verlangt, derselbe verlegene Blick wie bei jedem anderen.

Das Wirkliche juckt schnell in der Nase, und schon holen wir verschämt unsern bescheidenen Groschen raus, und das dazu gehörige Lächeln.

MISERERE Wir werden den Unglücklichen beistehen, das ist alles, was uns bleibt, wir stehen nicht auf der Seite der Henker.

DAEDALLUS Wann werdet ihr zugeben, dass uns nichts so anwidert wie das Elend. Und wer gibt dem Notleidenden nicht die Schuld für seine Not?

Genug der Frömmelei, wir brauchen diese Beinstümpfe an unseren Straßenecken, und schön abstoßend bitte, wenn möglich, und schön entstellt von den Rädern unserer Karossen. Du willst nicht, dass man dir deinen Schmerz nimmt, du Weltverbesserer-Lehrling. Gut! Die Welt will auch nicht, dass man ihr ihren Schmerz nimmt. Du nennst ihn deine Freiheit, dein Gewissen, dein Werk. Also gut dann, der Arme ist die Freiheit, das Gewissen, das Werk einer Gesellschaft! Ich liebe die Armen! Ich will, dass es immer diese Möglichkeit gibt, verleugnet und aus dem Amt gejagt zu werden! Der Arme ist mein Gott, ich versuche nicht, ihn zu heilen, ebenso wenig wie ich versuche, den Musiker von seiner schöpferischen Melancholie zu heilen. Der Arme ist der freie Wille einer Gesellschaft, die Gesellschaft hat eine Seele, sie vor dem Bösen bewahren heißt, sie vor ihrem Heil bewahren. Wenn der Reiche nicht weiß, dass er reich ist, ist er in großer Gefahr! Man muss es ihm nach Maßgabe seines Reichtums in Erinnerung rufen.

MISERERE Eine schöne Lektion in Liberalismus.

DAEDALLUS Geht es denen, die das Problem lösen wollen, die der Dorn der Armut am Gehen hindert, der übrigens nicht in ihrem Fuß steckt, denen, die alle Armut abschaffen wollen, geht es denen um die Unglücklichen? Ganz und gar nicht, sie wollen nur in netter Atmosphäre die Banalität ihres Komforts genießen. Glaub mir, das ist heute die herrschende Denkweise, und ich besinge hier nicht etwa den Tod der Ideen, sondern den Triumph der Demut vor den Bedingungen der menschlichen Existenz.

MISERERE Du hast kein Recht, das zu sagen.

DAEDALLUS Und wer hindert mich dran? Das Gespenst von Jaurès?

MISERERE So kann man nicht leben.

DAEDALLUS Es ist ganz einfach, man muss sich bloß darauf besinnen, dass alles nur eine Rolle ist! Und sich nie mit der Rolle identifizieren, die Tänzerin, die nicht spielt, dass sie tanzt, fällt hin. Liebe nicht, spiel, dass du liebst, führe nicht Krieg, spiel, dass du Krieg führst, baue nichts, spiel, dass du ein Haus baust, was sollte man dir nehmen können? Eine Rolle, es gibt hunderte, am Tag deines Todes stirb nicht, sondern sag dir, das ist ein weiteres Spiel, und spiele den Todeskampf wie ein sehr belebendes Spiel.

MISERERE Diese Komödie schreibst immer du an meiner Stelle, bloß weil du in punkto Verdorbenheit ein paar Takte Vorsprung hast. Ich will dieses Spiel nicht spielen. Nein. Ich will schonungslos leben. Lass mir meinen Weg, es ist ein Weg der langsamen Enteignung, ein Spiel, bei dem man spielt, um zu verlieren.

DAEDALLUS Und das ist alles, was dir einfällt, zur Verteidigung meines Sohnes? Ein Spiel, bei dem man spielt, um zu verlieren! Er ist nicht mehr wert als »ein Spiel, bei dem man spielt, um zu verlieren« ... Er ist nicht mal ein kraftvoller Fluch auf einen schuldigen Vater?
Er hat sich einen Leib und ein Leben nach meinem Bilde gezimmert, nach dem Bild meiner Schuld. Das könntest du anführen! Sein ganzer Niedergang ist immer nur der Schatten, den meine Vergehen auf ihn werfen. Hat er die Wahl? Sein Vater ist ein Verbrecher und ein Lügner. Seine Mutter eine Tote, aus deren Leib er gerissen wurde, von der kalten Hand eines anrüchigen Politikers. Hat er die Wahl?

MISERERE Nein.

DAEDALLUS Lass mich reden, wenn mein Sohn der Verteidigung bedarf, soll die wenigstens nach den Regeln der Kunst vorgebracht werden, denn es geht nicht nur um meinen Sohn, sondern um seine Generation, und er, als leidender Prinz, verkörpert, was seine Brüder durchmachen, ohne dass sie sich trauten, es auf ihre Stirn zu gravieren.
Verstümmelt, wie sollte es anders sein, wenn die Schuld der Väter ihre Söhne von jedem möglichen Schicksal abge-

schnitten hat. Wir haben dem Gewissen alles Leben ausgetrieben, indem wir eine stumme Schuld gepäppelt haben. Wer könnte in der Wüste leben, wer könnte überleben in dieser Wüste, die wir gewollt haben? Solange er nicht den Namen seines Mörders mit seinem Blut über das Tor des *Jahrhunderts* geschrieben hat, wird er keine Ruhe finden. Wie könnte er mit mir reden und mich anklagen für etwas, was er gar nicht weiß. Wie könnte er, wenn nicht, indem er sich umbringt.

MISERERE Er braucht Ihre Hilfe.

DAEDALLUS Es ist ein tödlicher Kampf. Zwischen uns findet der tödliche Kampf von Erinnern und Vergessen statt. Denn die Erinnerung ist das Kind des Vergessens. Und das Vergessen ist oft der gekränkte Vater der Erinnerung.

MISERERE Meine Tochter muss gerettet werden.

DAEDALLUS Deine Tochter soll doch bloß krepieren! Soll sie doch krepieren, deine Tochter! Was ändert das an meiner Geschichte? Können die Tränen deiner Tochter meine Schuld abwaschen? Wenn die Hände deiner Tochter nicht mehr Macht haben als die Hände der Parzen, soll sie doch dran sterben. Tausende Väter beweinen ihre Töchter.

MISERERE Sie ist das Licht.

DAEDALLUS Wir reden von meinem Sohn! Finde was zu seiner Verteidigung, und ich gebe nach.

MISERERE Sie haben besser gesprochen, als ich es je könnte.

DAEDALLUS Dann ist die Angelegenheit erledigt, der Anwalt stottert, also ist der Angeklagte schuldig, das ist die einzige Wahrheit.

MISERERE Sie werden sie verkaufen! Sie werden sie verkaufen!

DAEDALLUS Du hast deine Tochter nicht retten können, also wirklich, wenn ich mich das nächste Mal für eine verlorene Sache schlage, gebe ich dich als Redner an. Wirf ihn raus, er widert mich an.

Hippokrates bringt Miserere hinaus. Mathieu kommt herein. Daedallus gibt ihm einen Umschlag.

DAEDALLUS Du gibst ihm das Geld, das er braucht. Du sagst ihm, das sind deine ganzen Ersparnisse, das wird rührend sein. Und du weckst ihn von den Toten auf.

MATHIEU Er vertraut mir.

DAEDALLUS Ja, du machst das.

MATHIEU Was Sie in Algerien gemacht haben, war das eine Sünde oder eine moralische Schuld?

DAEDALLUS Eine Notwendigkeit.

MATHIEU Ich bin hier, einen Schritt hinter Ihnen.

DAEDALLUS Jedem andern gegenüber ... hätte ich das abgestritten. Aber ich fühle keine Schuld. Jedem andern gegenüber hätte ich auch das abgestritten. Nichts. Ich grabe danach, nichts, keine Schuld.

MATHIEU Ich würde Ihnen gern etwas sagen, aber ich kann nicht. Weder Ihr Schamgefühl noch meins könnten das aushalten.

DAEDALLUS Ich habe auf dich gewartet, und du bist gekommen. Wie spät ist es?

Szene 3

Das Zimmer aus Szene 1. Louise und Maxence.

LOUISE Also, wenn sie gestorben sind, leben sie in uns, eine Geste genügt, oder ein Wort, und sie sind wieder ganz gegenwärtig, wir sind ihr Theater, wenn wir nicht schlafen können, hören wir sie, wie sie sich um uns drängen, wir hören sie wie Würmer im Gebälk. Sie nagen an unserem Tempel, und eines Morgens haben sie ihr Werk vollendet, und wir stürzen in den Staub.

MAXENCE Wer verlangt von dir, dass du die Ertrunkenen auf den Mund küsst?

LOUISE Da ist diese Stimme, die sagt: »Du musst ... du musst« ..., sonst ist alles umsonst.

MAXENCE Das Blut läuft mir aus dem Mund, das kommt vom Zahnfleisch, siehst du, da und da, ich habe in die Kristallschale gebissen, ich dachte, es wäre ein großer Lüster auf dem Ball des Gouverneurs, meine Lippen sind blutverschmiert, meine Zähne sind blutig, Liebesworte aus diesem Mund wären befleckt.

LOUISE Du wirst nicht sterben.

MAXENCE Louise! Gib auf! Dieser Dämon ist zu gerissen für unsere Brüderschaft, dieser Dämon ist zu gierig für unsere Generation, hau ab, es gibt bestimmt irgendwo ... ich weiß nicht ... ein weißes Hotel am Meer, zur Erholung für alte Jungfern und Schwerkranke.

Die Menschen guten Willens, wie man die Verlierer nennt.

LOUISE Lass mich mein Werk vollenden.

MAXENCE Vollendung! Das Wort benutzen all die, die an keine Erlösung glauben.

Mein Niedergang schmerzt mich, weil er ein unvollendetes Werk ist.

LOUISE Ich glaube an etwas, Maxence.

MAXENCE Ich bin sicher, dein Gott hat Mädchenhände. Ich habe immer daran geglaubt, mitten in der Finsternis habe ich immer geglaubt, dass einmal ein Mann oder eine Frau kommt und mir hilft, mir zu verzeihen. Das ist der Gott der Armen.

LOUISE Ja.

MAXENCE Sag es, spuck dieses widerliche Wörtchen aus, trau dich, es zu sagen, Glasperlenkettchen gefallener Mädchen, »Gott«!

LOUISE Wir sind auf dem Weg.

MAXENCE Aber wo siehst du Pilger in unserer Zeit, die noch die Kraft haben, sich aufzumachen; ist den Menschen nicht hinlänglich der Mut genommen, sich auf den Weg zu machen, Massengräber größer als Babylon waren erforderlich, aber zumindest ist das ausgestanden, der Mensch glaubt nicht mehr, dass er auf dem Weg in eine bessere Welt ist, er hofft, dass die Menschheit in ihm verstummt, er hofft, so auf halber Strecke stehen zu bleiben! Unbeweglich!

Liebst du mich?

LOUISE Ja.

MAXENCE Merk dir das. Wir lieben am anderen nur das Bild, das wir uns von seinem Gott machen. Du liebst nicht mich, sondern den verstoßenen Sohn, der mit ausgestochenen Augen an die Tür seines Vaters klopft.

LOUISE Eine Rolle ist so viel wert wie die andere. Meine Rolle ist die des Esels, deine die des Propheten.

MAXENCE Da stehst du, ganz aufrecht und mittelmäßig, ich verkauf dich an einen Typen mit demolierter Fresse, der nur Jungfrauen vögeln will! Auf einem Metallstuhl machst du die Beine breit, er kommt mit seiner Lorgnette und sieht sich das an, er wird sehen, er wird »mmmh« machen, Sabber auf den Lippten und Dollarregen in meine Tasche!

LOUISE Ich bin nichts wert, Maxence, nicht mal den Preis meiner Unschuld. Deine Art, dich wegzuwerfen, ist nicht so verschieden von meiner, mich hinzugeben.

MAXENCE Ah! Das Gesicht deines armen Vaters, vor allem davon geht mir einer ab, dass deine Begnadigung einen Augenblick lang auf der Kraft seiner Redekunst sich in der Schwebe hielt wie eine Kugel auf der Spitze der Fontäne. Der Schmerz wird in ihn eindringen, die echte, schöne Winterkälte! Ohne allen Glanz, ich höre schon, wie seine Knie auf den Boden sacken.

LOUISE Ich bin nichts wert, weil ich vor nichts Angst habe.

MAXENCE Du hast doch Angst um mich, wenn ich auf dem Fensterbrett Faxen mache.
Er beugt sich aus dem Fenster.
So, wie jetzt.

LOUISE Du redest zu viel, um dich umzubringen. Überhaupt redest du zu viel, du stellst um dich herum lauter Wörter auf, du redest zu viel. Wenn du mal nichts mehr sagst, dann krieg ich Angst.

MAXENCE Ich muss doch mit meinem Absturz anfangen!
Ich werde eine Partei gründen, Windrose und ich werden eine Partei gründen, im Ernst!
Ich habe gefunden, was alle gesucht haben, die wahre Revolution, ich bin auf eine feinere Idee gekommen, eine

Lektion in Menschlichkeit, und ich bin sicher, dass meine Generation sich mit Gesang da reinstürzen wird! Das Gefolge des Rattenfängers! Eine politische Doktrin, die sich ganz auf die Selbstzerstörung gründet. Ich werde der Führer der Selbstzerstörung des weißen Mannes sein, das ist eine geniale Idee, ich fange damit an, dass ich dich heirate, und dann schneide ich dir am Tag unseres Amtsantritts die Brüste ab. Dafür musst du schwanger sein. Natürlich nicht von mir, dazu bin ich übrigens gar nicht im Stande, sondern von irgendeinem Kanaken. Das würde sich nicht schlecht machen, in den Geschichtsbüchern. Wie kann das enden? Das kann nicht anders enden, alle großen Zivilisationen haben sich selbst die Adern geöffnet.

LOUISE Du redest irgendwas daher, weil du Angst hast.

MAXENCE Was? Karthago muss zerstört werden; die Söhne der Stadt müssen dafür sorgen, dass ihr das zur Lust wird! Wir müssen einen Namen finden für diese große Abwärtsbewegung. Das Jüngste Gericht?

LOUISE Du weinst, Maxence, lass die Witze, ich seh, dass du weinst.

MAXENCE Oh! Louise, mach nicht kaputt, was mir noch an Würde bleibt. Hau ab! Hau ab!

LOUISE Du kannst mich nicht wegjagen.

MAXENCE Du unterschätzt meinen Schmerz, und du unterschätzt deine Gleichgültigkeit, bald wirst du kotzen.

Miserere kommt herein, er zieht Mathieus Hemd aus und legt sich auf seinen Platz.

MAXENCE Da ist er ja, unser Retter. Ah! Er bleibt stumm.

Windrose kommt herein.

WINDROSE Er hat nicht die richtigen Worte gefunden.

MAXENCE Er hat sein Kind nicht aus den Klauen des Bösen gerettet, wer kann sich mit Worten retten?

WINDROSE Ich geb dir ein kleines Stück Zucker, damit's leichter runter geht, da, nimm.

MAXENCE Er nimmt es. Er nimmt es! Da, Miserere, jetzt bist du ganz unten angekommen.

WINDROSE Und nicht mal ein Wort zur Hochzeit deiner Tochter? Du wirst sie nicht am Arm in die Trauerkapelle führen, ganz in schwarz? In weiß? In glutrot?

MAXENCE Er winselt, die Tränen tropfen in den Absinth!

WINDROSE Achtung, wenn er zu viel Wasser kriegt, wirkt er nicht!

MISERERE Ich friere.

MAXENCE Eine Decke, um seine Schande zu verbergen, schnell.

MISERERE Meine Schande? Meine Schande, Maxence? Ja, ich bin das Gesicht und der abgezehrte Körper deiner Schande, ja, ich bin diese salzzerfressene Statue. Ja, ich bin dein Niedergang, und wenn du mich ansiehst, nimmst du Maß, wie tief du noch fallen kannst, aber du wirst auch fallen, und zwar auf dem Hintern, alle Stufen runter! Wenn du mich dann nicht mehr siehst, den abstoßenden Kontrast, dann weißt du, dass du aussiehst wie ich! Dein Vater hat mich geküsst und »mein Sohn« zu mir gesagt. Mein Sohn! Er hat mich mit dir verwechselt, du bist mir auf den Hacken. Mir steht der Dreck bis zum Kinn, und bei dir schaut die Brust noch raus.
Aber ich hab's versucht! Ich habe versucht, gut zu sein.

Der Lächler kommt herein, mit Blumen. Louise geht in ein angrenzendes Zimmer.

WINDROSE Der Lächler tritt auf.

MAXENCE Sie gehört Ihnen, sie gehört Ihnen, da ist das Zimmer.

DER LÄCHLER Wo ist sie?

MAXENCE Da, bei den Blumen, nackt wie eine Tote.

DER LÄCHLER Kontrolle.

MAXENCE Sie werden sehen, werter Gläubiger, sie ist intakt wie das Rätsel der Welt.

MISERERE Nein! Nein!

WINDROSE Der Vater der Braut.

Mathieu kommt herein.

MAXENCE Der Glaser tritt auf!
MATHIEU Ich hab das Geld, Maxence, ich habe Geld aufgetrieben.
MAXENCE Warum, du netter Werktätiger, warum deine Ersparnisse vergeuden, warum sollen wir das tun?
MATHIEU Da, nehmen Sie.
MAXENCE Theatercoup, sagt Louise, sie soll sich wieder anziehn!
Wir machen das ein andermal.
MATHIEU Ich stelle eine Bedingung.
MAXENCE Was du willst. Louise, du wirst nicht verkauft, ich werde gekauft.
MATHIEU *zeigt auf Windrose* Mit ihm ist Schluss.
MAXENCE Oh! Du willst ja gleich den ganzen Mann aufkaufen. Und der böse Geist muss verbrannt werden!
MATHIEU Also?
MAXENCE Wir schwanken. Wer würde sie wollen? Rose und ich hingegen, das ist eine schöne skandalöse Liebesgeschichte, ein Kunstwerk.
WINDROSE *zeigt die Absinthflasche* Du würdest auf mich und auf ihn hier verzichten?
MAXENCE Ich weiß nicht. Louise?
LOUISE Tu's nicht für mich.
MAXENCE Auf deine Zärtlichkeiten verzichten, und auf den grünen Tod? Mein ganzer Körper wird danach verlangen, wird jeden Tag danach schreien, dass die Fleisch fressende Rose wiederkommt, und der tödliche Smaragd. Ich werde alles verlieren! Alles! Das Wappen meines Niedergangs wird in die Gosse der hehren Gefühle geworfen.
MATHIEU Maxence! Maxence!
MAXENCE Zweimal? Zweimal mein Vorname? Und woher kennst du diesen Namen? Und wer erlaubt dir, ihn zweimal zu gebrauchen? Bist du etwa mein Bruder? Das Kind,

das mein Vater in Algerien einer Dreizehnjährigen gemacht hat, nachdem er deren Familie ausgerottet hatte? Das mein Vater in einem Bordell in Marseille mit einer einäugigen Kongolesin gezeugt hat? Der Sohn der Frau aus der Wohnung unten, die ihre Miete nicht bezahlen konnte?

WINDROSE Dieser Smaragd, dieser Smaragd, das war deine einzige Chance, beim großen Ausverkauf, der deine Niederlage vollendet, eine Perle wahrer Erkenntnis zu Gesicht zu bekommen. Du würdest dein Studium unterbrechen. Und da, seht doch, seht! Ich hab ihm da auf den linken Schenkel tätowiert: »Sohn des Smaragd«.

Er zieht Maxence die Hose runter.

Du gehörst mir, du bist mein Werk, du bist nichts ohne meinen Hass auf dich. Komm her, komm hierher. Ja, zeige allen mein Zeichen.

MAXENCE Seht ihr! Seht ihr! Ich bin gezeichnet.

WINDROSE Komm her. Hierher. So, du bist mein Hund.

MAXENCE Adieu, wie heißt du noch?

MATHIEU Mathieu.

MAXENCE Der Lächler hat einen Ständer, es wird Zeit, dass er sich erleichtert! Oder man kriegt's nicht zum selben Preis.

Du hast doch bestimmt ein bisschen was über, und ich pack dir meine grässliche Liebe zu ihm mit dem Loskauf von der Lahmen und dem Wüstling zusammen ein. Sagen wir: tausend Silberlinge.

MATHIEU Fünfhundert.

MAXENCE Gekauft. Du hast meine Jugend verschandelt, Windrose, aber da ist etwas, da kommst du nie ran.

Diese Frau ist meine Frau, ich will sie. Such du dir ein anderes Opfer. Ich hasse den Mann, der ich war und der mir die Hoffnung geraubt hat, die Hoffnung auf die Macht des Seins.

WINDROSE Ich will nur ... diesen Gürtel, der gehört mir.

Er zieht seinen Gürtel aus der Hose von Maxence.

Zu Mathieu, wobei er Maxence einen Stoß gibt, der sich in seiner Hose verheddert und hinfällt.

WINDROSE Da, das gehört dir.
MAXENCE Ich werde mich deiner würdig erweisen, du bist mein neuer Herr. Lasst mich mit Louise allein.

Sie gehen hinaus. Louise bleibt.

MAXENCE Ich weiß, woraus eure Liebe besteht.
Wann finde ich ein Wesen, das keine Angst vor mir hat? Immer hat man sich vor mir gefürchtet. Sogar mein Vater, weiß er das? Er fürchtet sich vor mir, er hört mich an, und er hört die Totenglocke. Er sieht mich an, ich bin der schwarze Schimmer, der die Nacht ankündigt, bei den Brunnenschalen im Garten. So ist das.
Ihr setzt euch im Kreis um mich herum, auf Abstand von meinem Schmerz, und ihr seht in die singende Glut. So hoffnungslos ist es. Woraus besteht dieses Licht? Ich kann's euch sagen, ich bin zu allem bereit. Ich bin nichts durch mich selbst, ich bin nur das Mögliche von allem, was sein kann, das Blut wie der Honig. Gold ist das wert, diese abscheuliche Verfügbarkeit, das macht die Mörder und die Retter, das riecht schlecht, eine offene Wunde, das hat die schönen Farben des Sonnenuntergangs, es ist das Menschliche selbst, das auf der Brüstung seines Brunnens balanciert.
Legt noch ein bisschen totes Holz auf meinen Scheiterhaufen, das Holz eurer Hoffnungen, das trockene Kleinholz der enttäuschten Liebschaften, das graue Reisig all dessen, was unvollendet blieb, die schwarzen Reben eurer verratenen Versprechen, werft das auf den Haufen, ich werde es euch zu Licht machen, ein Licht, um die letzten Enttäuschungen zu beleuchten. Kommt her, das Allermenschlichste ist hier, ich bin, was der Wind aus mir machen wird, was könnte vollkommener menschlich sein?

Szene 4

Das Arbeitszimmer von Daedallus.

DAEDALLUS Es ist so leicht, die Toten zu lieben. Der Marmor enttäuscht nicht, wenn man seinen Schädel aufstützen will, ist da nicht diese schmierige und zurückweichende Schulter der Lebenden.

ALICE Vielleicht.

DAEDALLUS Vielleicht, ja. Das Lebendige hat einen schlechten Geruch. Es schwitzt und leidet und stirbt schließlich. Mit dem Marmor ist das was anderes. Solange sie am Leben war, wusstest du nicht, dass du sie liebtest.

ALICE Ich komme, dich um etwas zu bitten.

DAEDALLUS Ich habe das Kind gerettet, das stimmt. Wenn ich's noch mal machen müsste, ich weiß nicht, wo doch der Sprössling ziemliches Mittelmaß ist, ich würde einen Strohhalm ziehn, denk ich. Aber sie hat mir nie gefehlt, das geb ich ohne Weiteres zu. Ich bin nicht dran schuld, wenn sie eine zu enge Gebärmutter hatte, und in Sachen Mitleid tu ich mich halt schwer.

ALICE Du wirst auch ihn töten.

DAEDALLUS So wenig ich meinen Sohn auch schätze, ich werde ihn retten. Ich mag keine Flecken auf meiner Biografie.

ALICE Das allein zählt.

DAEDALLUS Und was sonst, wo ich doch in ein paar Monden sterbe. Was? Ich bin nicht zur Beerdigung seiner Mutter gegangen, ich musste eine Billardpartie zu Ende spielen. Und ich hab gewonnen! Soll'n uns doch in Frieden lassen, die Leichen, ich bin zu was anderem berufen als zum Friedhofswärter. Dir bleibt hinter der Anbetung deiner toten Schwester verborgen, wie komplett du im Leben gescheitert bist. Du hast doch Musik gemacht, nicht? Geige gespielt. Aber was soll dieses schlecht geschnittene, dreckige Kostüm, was machst du mit dem Geld, das ich dir gebe? Wenn du dich nicht ein bisschen zurechtmachst, streich ich dir den Unterhalt, iss weniger, zieh dich ein bisschen besser an!

ALICE Sie leben in uns. Du glaubst das nicht.

DAEDALLUS Nein, ich glaube an die absolute Inselhaftigkeit eines jeden, im Leben und im Tod. Ich seh dem ins Angesicht!

ALICE Was ist dann mit der Liebe?

DAEDALLUS Eine lächerliche Erfindung der französischen Literatur, der die Ideen ausgegangen sind, übrigens liegt es an dieser schlechten Übersetzung des Begriffs EROS, dass das politische Leben in Frankreich immer so langweilig war.

ALICE Freunde auch nicht?

DAEDALLUS Wozu Freunde, ich hatte Sklaven.

ALICE Du bist widerlich.

DAEDALLUS Ich bin am Leben.

ALICE Und Maxence?

DAEDALLUS Mein Sohn trägt meinen Namen, das macht mir Kummer, denn wenn ich auch nicht an meinem Sohn hänge, ich hänge doch an meinem Namen.

ALICE Ich werde dir nie verzeihen.

DAEDALLUS Was? Dass ich deine Schwester umgebracht habe? Oder dass ich am Leben bin?

ALICE Das ist kein Leben, das Leben ist nicht so, das Leben ist Dankbarkeit.

DAEDALLUS Aber ich bin die Dankbarkeit in Person, wer bist denn du, dass du mir was von Dankbarkeit erzählen willst? In dieser Brust gibt es ein Echo, nicht? Als der Wind dranschlug, hat es widergeklungen, nicht?

ALICE Ich werde dir nie verzeihen.

DAEDALLUS Was würde dir bleiben?

ALICE Du glaubst, du hast etwas Stärkeres gefunden als die Liebe, das glaubst du, du glaubst, du hast die Kraft des Lebens selbst gefunden, die keine Grenzen kennt und keiner Entschuldigung bedarf, du glaubst, du hast herausgefunden, wie du selber die Raubgier alles Lebendigen sein kannst, und du glaubst, du kannst dich ewig an dieser nuklearen Kraft wärmen und über alle Brüderlichkeit lachen.

Und deshalb ziehst du es vor, den andern keine Aufmerksamkeit zu widmen, du fürchtest, eines Tages könnte die Demut eines gewöhnlichen Lebewesens, könnte das schlichte, gütige Lächeln eines aufopfernden Wesens dir diesen barbarischen Glauben rauben!

Weshalb solltest du dich um uns winzige Würmer kümmern, du verkehrst mit dem Umlauf der Gestirne, ein Freund, ein Hund, wozu, du hast ja die Polarlichter, die werden dir in deiner letzten Stunde die Hand halten.

Und wenn alles mit einem Schlag zusammenstürzte, wegen einem Schmerz im Magen, einer Falte im Laken unter dem Rücken des Sterbenden, einem schweißnassen Kopfkissen, dann brauchst du doch eine Krankenschwester, die dir ein neues bringt, Dionysos selber wird nicht kommen und dir das Bett machen!

DAEDALLUS Es tut so gut, zu leiden, Alice, weißt du das nicht? Es tut so gut, immer noch zu leiden, das weißt du noch nicht.

ALICE Du machst mir keine Angst mehr, ich habe eins begriffen, und das habe ich aus dem toten Mund meiner Schwester erfahren, es gibt noch unentdeckte Inseln der Wertschätzung und der Anerkennung im ungestümen Meer der Geschichte. Das ist schön, ein Mensch, der einem anderen hilft, für nichts. Wenn man einmal von der Schönheit des Gebens erleuchtet worden ist, ist man ein für allemal erweckt.

DAEDALLUS Von wem sprichst du?

ALICE Von einem jungen Mann, den ich liebe und den ich bei mir behalten will.

DAEDALLUS Ein junger Mann! Ich bin beeindruckt! Alice, ich dachte, du wärst zugesperrt.

ALICE Ich brauche dich, damit er in Frankreich bleiben kann. Er hat keine Papiere. Er kommt aus Algerien.

DAEDALLUS Und macht son bisschen auf Gigolo, gibs nur zu.

ALICE Du hast noch Beziehungen zum Innenministerium. Ich tue alles, was du willst.

DAEDALLUS Aber, meine arme Alice, du hast nun wirklich nichts, was du zum Tausch anbieten könntest!

ALICE Er muss in Frankreich bleiben. Ich muss es schaffen, dass er in Frankreich bleibt, ich will gern mein Leben dafür geben.

DAEDALLUS Und wer würde dieses Leben schon haben wollen, deine ganze Erscheinung hat die Farbe der Mauerecken in Bahnhofshotels!

ALICE Du wirst bald sterben, tu was. Er verdient, dass wir ihn retten.

DAEDALLUS Ein Windhauch verspäteter Wollust hebt den Schleier der Witwe!

ALICE Ich flehe dich an.

DAEDALLUS Dann wollen wir unsern Spaß haben. Du trägst noch das Foto meiner teuren Gattin auf deinem Herzen, zeig es mir.

ALICE Da.

DAEDALLUS Wie schön sie ist! Oh Herr, wie vollkommen! Du weißt, dass ich kein Foto von ihr habe. Ich hab sie verbrannt. Ich hatte das ganz vergessen, ich weiß nicht mal, ob Maxence dieses Foto kennt. Auf einer Barke, wirklich wie ein Geschöpf aus der Legende.
Ich werde tun, was du verlangst, sag mir seinen Namen.

ALICE Kader Keyrouz.

DAEDALLUS Spuck auf sie ... beleidige sie!

ALICE Nein.

DAEDALLUS Das Gewissen schwankt immer zwischen der Pflicht zu erinnern und der Pflicht zu vergessen, das Leben und die Trauer zerreißen das Laken, um das sie sich streiten. Du willst ihn retten, also gib dem Leben, was es will, spuck auf deine Schwester!

ALICE Ich hasse dich!

DAEDALLUS Spuck!

Sie spuckt auf das Foto.

2. AKT

Szene 1

Bei Windrose, Absinthflaschen.

WINDROSE Majestätische Auflösung von allem Widerstand, die Windrose badet in den toten Wassern des quecksilbernen Sees. Alle Erkenntnis muss bezahlt werden, ob sie nun trügen oder Heil verkünden, foltern wir unsere Nerven fürstlich mit dem Smaragd dieser Marter, die gallige Auster lässt ihre kotige Perle fahren, verlebtes Augenlid des Kindes, das unter Schlägen starb, ein Zuckerhut auf dem Silberlöffel, wechselnde Maske der Bitterkeit, der Stern des Anis vernarrt sich in das Folterrad.

DER LÄCHLER Delikat in Sachen Likör genau wie in der Syntax, aufrührerisch in den Alkoholika und in der Literatur!

WINDROSE Der Tod in Grün lädt in sein mieses Lokal, die Sprache patscht nur herum in den undichten Kielräumen der Identität, aber hier segeln wir auf den Wassern des Styx.

In meine Herberge tritt ein Eroberer, und einige Nächte später bleibt ihm nichts, als die letzten Groschen in seiner ernüchterten Tasche zu zählen, der unwiderruflich Enterbte hockt in der Spielhölle, er will immer noch spielen, seine Pfennige mit den Ganoven des Viertels verspielen!

Wenn er seine Hosenknöpfe verloren hat, bleibt ihm die Lust, Beute der Algen zu werden. Sieh diese Zeitung, die im Dreck der Gosse dahin dümpelt, das sind die neuesten Nachrichten von deinem Vaterland, das an die Schweine verkauft wurde. Über den Meisterwerken deiner Väter flattert die Fahne der Schande, sie spuckt die schwarze Tinte der Propagandaphrasen in den Himmel.

Ach! Mit Maxence haben wir das Experiment nicht erfolgreich zu Ende führen können. Die letzte Stufe der Alchemie, die schwarze Kunst, hat das Versuchskarnickel in die Flucht geschlagen!

MISERERE Im seinem Schlamm hocken und lachen, das ist die Eigenheit des Menschen. Ja, sprechen wir noch mal vom Niedergang. Wir müssen darüber sprechen. Ein paar alte Chansons am Ende der Nacht in die Tasten geklimpert, die frühe Dämmerung meines Gewissens stößt in der Neige der Gläser an. Man muss doch Lampions auf seine Grube stellen, was? Die Welt ist verbrannt, und ich sitze auf der Asche, und all die Leute da an den Tischen, die ihren Trank schlürfen, haben's mir nicht gesagt.

WINDROSE Achte nicht auf ihn, er ist in einem netten Delirium, Maxence hat ihm ein bisschen Taschengeld gegeben, und er kam an, um es in furchtbaren Smaragd einzutauschen!

DER LÄCHLER Kann ich irgendwie nützlich sein?

WINDROSE Ich will mich rächen, auf die eine oder andere Art. Mathieu leg ich um.

DER LÄCHLER Sie sind eins wie Fleisch und Adersaft.

WINDROSE Ja, und das gefällt mir gar nicht. Ich war so nah dran am tödlichen Streich! Unsere kleine Geschichte von den eingebildeten Schulden, vom unnachgiebigen Gläubiger, das war immerhin ein hübscher Albtraum, und dies ganze Theater war seiner Vollendung nah. Du hättest die Kleine gekriegt, und ich hätte aus Maxence den Helden seines Jahrhunderts gemacht, einen kopfüber aufgeknüpften König!

DER LÄCHLER Als dann jedoch der lehrerhafte Glaser auftrat!

MISERERE Da steigt die Serviererin auf die Bar, rafft die Röcke und zeigt eine komische kleine Möse her, unbehaart, wie aus Pappe und mit bösen blauen Flecken, und sie lacht und sagt: »Ihr braucht eure Drinks nicht mehr zu bezahlen.« »Und warum?«, fragen die Gäste, die alle unsägliche Gauner erster Güte sind, und warum denn? Sie sagt: »Alles ist im voraus bezahlt, Gott ist vorbeigekommen, seht ihr, er hat ein Paket Goldstücke dagelassen!«

WINDROSE *zeigt auf den Lächler* Das Wort Barmherzigkeit kann er nicht aussprechen!

DER LÄCHLER Sagen wir: Ausgleich aller Konten!

MISERERE Hätte man all diesen Schluckspechten die Wirbelsäule rausgenommen, das wäre nicht schlimmer gewesen. Was? Er bezahlt für uns und hat selber gar nichts vom Fest. Ah! Die Reichen sind zu blöd! Seht mal, der Musiker ist zu Boden gegangen und schlägt noch immer den Takt, aber gegen die hintere Wand, die zu Boden gegangene Kurtisane schminkt die Lampe statt ihrer Lippen, und der zu Boden gegangene Architekt lässt einen kleinen Löffel voll Zucker auf einem Absinthglas balancieren.

WINDROSE Er ist ganz schön tief gefallen.

DER LÄCHLER Die Erde ist seine Hauskanzel.

MISERERE Von unten sieht man die Gipfel besser!

Die Serviererin zeigt jetzt ihr widerliches Gesäß, und man peitscht es mit Ledergürteln, das entfacht das Feuer der missratenen Söhne.

Die Morgendämmerung ist der Klang meiner Stirn, die auf den Fußboden fällt. Lieber Fußboden, du bist auf meiner Höhe. Ich sehe nur noch eure Stadtbewohnerfüße, die in ihren schwarzen Schuhen gemartert werden.

Da, ich sabbere offenbar, käme jemand auf die Idee, mich aufzuheben?

WINDROSE Ich nicht!

DER LÄCHLER Der Glaser ist ein Laufjunge von Daedallus!

WINDROSE Interessant. Kann man das beweisen?

DER LÄCHLER Ganz einfach.

MISERERE Maxence, kannst du dich nicht auf meinen blendenden Bankrott stützen. Sieh mich an, setz deinen Fuß auf meine Fresse, stoß mit dem Hacken zu und steig wieder nach oben. Hier unten stinkt es grässlich. Du siehst doch, dass Leute in feiner Wäsche auf dem Balkon der Kanzlei stehen, und junge Mädchen, die sich mit der Liste der ermordeten Kinder zufächeln, in welchem Land noch gleich?

WINDROSE Der Schnapsbrenner hatte mich vorgewarnt, im Strom des grünen Wassers erkennt man die Gesichter nicht mehr! Er glaubt, ich bin Maxence, treiben wir ihn endgültig in die Verzweiflung!

MISERERE Maxence, komm du wieder hoch an den Tag, lass mich der Abdankung des Menschlichen auf den Grund gehen, das passt zu meinem Alter und zu meinem Schlag.
Ich habe dir nie gesagt, dass mein Vater die Schenkel und die Nasen der Judenmädchen in seinem Viertel vermaß. Ein überaus tüchtiger Mann, der pater familiae, ich hab sehr wohl gesehen, dass ihn seine Leutnants zutiefst bewunderten, am Tag als sie mich bei einer Razzia mit ein paar Leuten im Keller erwischten. Und mein lieber Vater fand es ziemlich lustig, dass sie mir den Kiefer ausgerenkt hatten. Er war ein bisschen gekränkt, dass sein Sohn sich mit degenerierten Rassen herumtrieb, aber das geschah nicht aus Heldentum, sie hatten Koks!
Pétain hat ihn eines Tages die Scheiße seines Hundes von einem roten Teppich wegmachen lassen, und so widerfuhr Papa die größte Ehre seines Lebens, er hat den Handfeger einrahmen lassen. Es ist schön, Frankreich zu dienen!

WINDROSE Die Wahrheit ist, deine Vorfahren haben einen breiten Buckel. Deinen Niedergang verdankst du nur dir! Warum in die Ferne schweifen, Miserere, dein Vater war ein Drecksack, und du bist ein perfekter Versager, was hat das eine mit dem andern zu tun? Gar nichts.

MISERERE Die Eltern haben grüne Trauben gegessen, und davon haben die Kinder stumpfe Zähne gekriegt, Maxence.

WINDROSE Diese Leier passt Kindern mit empfindlichen Zähnen gut in den Kram!
Manche haben die Kraft gefunden, den Lauf des Schicksals geradezubiegen! Manche. Und andere haben sich in der Schicksalsschwere gewälzt, die väterliche Schuld ist ein sanftes Kissen für Jammerlappen deiner Art. Es war nicht Pétain, der dir schon in der Wiege die Zirrhose angehängt hat; das warst du selber, in einer unendlichen Folge von täglichen kleinen Unterlassungssünden. Deine feige Bequemlichkeit ist dir eigen.

MISERERE Oh! Maxence, du treibst mich in Verzweiflung!

WINDROSE Da ist das Fenster, wir sind im zehnten Stock;

sei so nett, nimm nicht mehr die Treppe, geh direkt dahin, wo dein Herz dich hinführt, und mach endgültig einen Fleck aufs Pflaster.

MISERERE So viel Undank! Mir meine letzte Krücke wegzunehmen.

WINDROSE Du bist zu nichts mehr nutze, ich hab dich wahrlich gerupft, ich mach mir nicht die Finger schmutzig, indem ich dir die Haut abziehe.

Miserere macht das Fenster auf und lehnt sich hinaus, er zögert.

MISERERE Ich tu's, ja, aber du könntest mir einen kleinen Klaps auf den Rücken geben, wenn ich mich rauslehne, ich hab Angst, mir fehlt der Mumm ...

WINDROSE Brückenzoll des Unverstands!

Szene 2

KADER Und was bist du? Ein Schatten unter Schatten, der seinen Anteil Schatten verlangt.

ALICE Wir sind Geschwister der Rache, nicht wahr? Du willst deinen Vater rächen, und ich räche meine Schwester. Wir wollen, dass sein Kopf rollt, und außerhalb dieser Rache sind wir nichts.

KADER Du hast die Papiere für mich besorgt, hier sind die Fotos und die Negative. Garantierst du mir, dass sie veröffentlicht werden?

ALICE Ich will seinen Untergang genau wie du.

KADER Du willst den Mann. Ich will ganz Frankreich mit Dreck bespritzen. Nicht nur den Leutnant, der Araber exekutierte, indem er sie aus dem Hubschrauber stieß.

ALICE Ist das dein Vater, auf den Fotos?

KADER Nein, einer seiner Genossen. Den haben sie gefoltert wie ihn und exekutiert wie ihn. Mein Vater war kein Kämpfer, nur ein Mann, der frei dachte.

ALICE Ich will den Mann, ja.
KADER Schwör mir, dass du die Fotos veröffentlichst.
ALICE Unser Handel war ganz klar. Du hast deine Papiere, jetzt lass mich mit den Fotos machen, was ich will. Geh jetzt, ich erwarte jemand.
KADER Wenn die Fotos verschwinden, wirst du's mir bezahlen.
ALICE Wie schön du bist, wenn du mit den Zähnen knirscht.

Kader geht hinaus, Maxence kommt herein.

Mein lieber Neffe! Komm rein, komm her. Ich möchte dich im Licht sehen. Hier. Gib mir die Hand. Da. Nimm.
MAXENCE Was ist das?
ALICE Das, worauf du gewartet hast. Ein paar Schwarzweiß-Fotos von einem ganz normalen Frühling.
MAXENCE Wie bist du da rangekommen?
ALICE In ein paar Tagen wird er dich anrufen und sie von dir fordern. Weshalb ich sie dir gebe? Weil es an dir ist, deine Mutter zu rächen. Und dich für das, was er dir angetan hat. Du kannst keine Kinder haben, Maxence.
MAXENCE Wer hat dir das gesagt?
ALICE Hippokrates hat es mir bestätigt.
MAXENCE Ich hatte eine Wasserblase im Gehirn, sie haben geglaubt, ich würde leicht debil. Sie haben mich sterilisiert. Ich hatte schon meine Mutter umgebracht, sie wollten nicht, dass ich eine Nachkommenschaft von Monstern hervorbringe. Es stimmt, sie hatten meinen Schädel ganz ordentlich deformiert, um mich aus der Leiche meiner Mutter rauszuholen. Als sie starb, haben sie die Eisen angesetzt. Das ist meine Geschichte, das ist meine Geschichte, gut, jeder hat seine eigene, nicht? Für jeden sein Eimer Tränen. Aber ich finde es sehr ehrenhaft von meinem Vater, dass er für uns jede mögliche Nachkommenschaft ausgelöscht hat!
ALICE Er wird versuchen, dich zu kaufen.
MAXENCE Und du glaubst, man kann mich kaufen?

Szene 3

Louise und Mathieu, sie erwarten Maxence.

LOUISE Sein Schmerz wog schwerer als meiner. Ja, meiner schien mir fast leicht, als ich sah, wie er gegen sich selbst wütet, diese Anfälle, wenn er sich in die Faust beißt und schreit und hinfällt. Ich hatte das noch nie gesehen, eine so starke Verzweiflung, die mit einem Schlag hereinbricht, eine dunkle Nacht von Schmutz, der mit einem Schlag in einen klitzekleinen Menschenkopf geschüttet wird.
Ich glaube, er ist ein starker und guter Mensch, den geheime Mächte überfluten, Kämpfe, von denen er nur Nebelschwaden und entstellte Gesichter sieht. Hingekauert, so, in sich selbst gestürzt wie in ein Grab.
Ich habe das geglaubt, dass ich ihn retten könnte, und mich retten, indem ich ihn rette. Weil er mich anflehte, ich sollte ihm helfen, Stand zu halten. Man hält ihn für schwach. Aber es braucht viel Kraft, dass man nicht von Dämonen wie den seinen fortgerissen wird. Ja, ich glaube, er kämpft Tag für Tag um jeden Fußbreit Boden, damit sein Bewusstsein nicht in den Strudel gezogen wird, er rettet ein Stückchen da, ein anderes hier, einer, der das Meer pflügt und seine Furchen dem Strand stiehlt.

MATHIEU Man muss ihm eine Hand reichen, für die er sich nicht zu sehr schämen muss.

LOUISE Aber das weiß ich, es ist kaum zu glauben, aber wie es euch anderen anders sagen, die ihr diesen täglichen Zerfall des eigenen Ich nicht kennt, diese Demütigung, jeden Tag zu spüren, wie ein kleines bisschen von einem selbst in der Nacht versinkt: Er akzeptiert alles, um ein Stück Land zu retten, ich hatte das noch nie gesehen. An manchen Tagen, um einen letzten Schimmer der Vernunft zu retten, sind ihm alle Mittel recht, alle. Und das beste Mittel, um vor der Zerstückelung seiner Seele zu retten, was er nur irgend kann, ist das Böse. Darum tut er Böses, um zu retten, was ihm an geistiger Unversehrtheit bleibt.

MATHIEU Das Böse hilft ihm zu leben?

LOUISE Der Schmerz der anderen ist die einzige Droge, die ihm hilft durchzuhalten.
Und auch sich schuldig zu fühlen, sich schuldig zu fühlen ist für ihn der letzte Kreis, zu dem sein Bewusstsein Zugang findet. Wenn er Böses tut, wenn er die Klinge der Ungerechtigkeit packt und fröhlich in die Bequemlichkeit und die Tröstungen der anderen haut, dann hat er ein wenig Ruhe, das Verbrechen ist seine einzige Zuflucht, sein allerletztes Asyl, das Verbrechen ist der letzte Ort, wo er noch Mensch ist, er braucht diese Droge, er wird immer mehr davon brauchen. Er ist ein Verbrecher, ein Feigling, ein Wüstling, ein Verräter, gut, gut, solange er das alles ist, ist er noch ein Mensch.
An manchen Tagen erscheinen ihm seine Hände wie ein Strauch weißer Würmer auf einem Aas und seine Augen zwei klebrige Löcher wie die der Larven, und die Worte, die er sagt und die alle »helft mir doch« bedeuten, sieht er wie grüne Kotze.
Wer kann das verurteilen?

MATHIEU Ist das seine Schönheit? Ich bin nicht sicher, dass die Lust der Voyeure so lächerlich ist wie man sagt. Denn das ist die Lust selber, die Herrlichkeit schauen und von ihr ausgeschlossen sein. Aber ich sage das alles, um dir zu zeigen, dass ich weiß, wovon ich rede.
Es gibt etwas hinter Tod und Verlangen, diese sehr reine Liebe, von der ich sprach, ein weißes Königreich, das ich schon immer vorausgeahnt habe. Leid, das zu Freudenfeuer wurde. Suchen wir, jeder nimmt seine Laterne! Die Schönheit von Maxence ist ein geheimes Zeichen, zweifellos sagt es mehr als andere. Ich werde verstehen, ich werd diese Peitsche in Händen halten, die dem Denken befiehlt zu singen.

Maxence tritt ein.

MAXENCE Meine Schäfchen sind ganz schön aufgeregt. Ich

werde jedem einen Kuss geben. Eure Lippen ekeln mich an, vom einen wie vom andern, aber ich liebe sie. Roses Lippen waren kalt. Eure sind zu süß. Schau mich nicht so an, Mathieu, ja, ich habe die ganze Apotheke aufgegessen, aber ich bleibe senkrecht! Seht euch das an, mein Vater im Königsgewand!

MATHIEU Danach hast du immer gesucht, nicht? Ein Beweis.

MAXENCE *zu Louise* Und du bist da, mit roten Händen, den heiteren Fuß auf dem Vulkan. Dieser hübsche Komet, der hier unter dem Bogen der Braue durchsausen wird, auf der anderen Seite vom Kopf, ein großes, hungriges Hundemaul.

LOUISE Was wirst du tun?

MAXENCE Ich weiß nicht. Heute hab ich ihn vor dem Lauf ...

MATHIEU Geh zu ihm und gib ihm die Fotos. Ich komme mit dir.

MAXENCE Schmal ist die Allee der Lästerer. Auf den Seitenstreifen diese dunklen Bäume. Was? Spindelbäume? Es riecht nach verachteter Frucht, nach himmlischem Überfluss an abgeknickten Blüten, man muss das zarte Gesicht der ewigen Wiederkehr endgültig zertrampeln, und all ihre Wiesen, all ihre Freuden, und das letzte Laub, dass es nurmehr große Brachen mit pünktlichen Raben gibt.
Ich pisse noch auf die Siege der Natur. Da, hier, dieser junge Muskel, der nicht erlahmen will. Bald werde ich so hässlich sein wie dein Vater, ein Verderbergesicht, das muss die Kunst auf ihr Wappenschild malen. Die grünen Hoffnungen gilt es zu ernüchtern. Die Flechte ist der Sieg des Baumes, die Pest fliegt schneller als die Schwalbe, der Nagel hat sich an der Wand des Ekels zur Genüge abgewetzt.
Ein Labyrinth aus Asche. Ein Krieg, so lang und so grausam, dass man seinen Ursprung vergisst. Ich bin schön auf meine Art, das Totem, bemalt mit dem Blut der Gerechten!
Zerstören! Zerstören! Ich bin das Pendel der Geschichte,

ich mähe die Hände ab, die sich zu lang mit meinem Putz aufhalten!

MATHIEU Du wirst tun, was ich sage, morgen gehen wir zu deinem Vater, du bringst ihm den Beweis, dass du weißt, was er ist, und dass du trotzdem weiterleben kannst.

MAXENCE Nichts fasziniert mich so wie mein eigenes Unglück, ich musste einem schlimmen Geschick doch mit flammendem Herzen begegnen! Ich betrachte das mit großem Interesse, das Auge, das stirbt und sich im Sterben betrachtet, dieses Lid ist scharf, eine Wunde, wirklich. Noch mal einen Spiegel! Damit ich es noch mal sehe, das Auge, das das Auge betrachtet, das das Auge betrachtet, der große Spiegelsaal im Jüngsten Gericht an einem Abend wie alle anderen.

Ich gehöre dir, Mathieu, ich tue, was du willst. Du hast mich gekauft, für genau siebzehntausenddreiundvierzig Siberlinge.

Szene 4

Das väterliche Arbeitszimmer. Hippokrates nimmt Daedallus Blut ab.

DAEDALLUS Hast du die Fotos?

ALICE Ja. Unwiderlegbar, man sieht dich in deinem besten Licht. Strahlend in aller Verworfenheit, der Todesengel ...

DAEDALLUS Du machst zu viel draus, ich war nur ein kleiner Befehlsempfänger im Schatten der Rundschreiben vom Außenministerium, der Strom für die Elektroschocks kam direkt vom Oberkommando. Wie hoch ist der Preis?

ALICE Der Preis?

DAEDALLUS Ihr zapft mich an, alle beide. Habt ihr nicht genug Beweise, wie unrein mein Blut ist!

HIPPOKRATES Schönes helles arterielles!

DAEDALLUS Lass uns allein, Quacksalber!

Du siehst doch, Alice hat mich zum ersten Mal unter ih-

rem Stiefel. Sie ist jünger geworden, fabelhaft, wie der siegreiche Hass die Haut strafft.
Also, was willst du?

ALICE Ich erinnere mich, dass du früher gelegentlich die Schilderung von einer deiner bevorzugten Foltermethoden zum Besten gabst. Und ich habe beschlossen, dass du sie auf dich selbst anwenden sollst.

DAEDALLUS Ich höre.

ALICE Trink ein ganzes Glas von deinem Blut.

DAEDALLUS Dann kriege ich die Fotos?

ALICE Dann sag ich dir, wo du sie findest.

DAEDALLUS Hat sie dir der Junge gegeben, den ich vor der Ausweisung bewahrt habe?

ALICE Ja.

DAEDALLUS Bist du sicher, dass du das alles nicht lieber veröffentlichen willst? Mein Bild entstellen. Wenn ich mich auch selbst anklagen wollte, Frankreich würde mir das nicht erlauben, es hat uns amnestiert, bevor uns das Schuldbewusstsein auf die Lippen kommt.
Bleibt aber noch die Lynchjustiz, wenn die Republik ihre Mörder deckt.

ALICE Nein. Eine ganz persönliche Rache reicht mir.

DAEDALLUS Gut. Du wirst mich weder jammern noch weinen sehen.

ALICE So viel verlang ich gar nicht.
Alice schüttet die Blutprobe in ein Kristallglas.
Nun wirst du einen Eisengeschmack im Mund haben.

Er trinkt.

ALICE Die Fotos habe ich deinem Sohn gegeben, er hat sie. Du glaubst gewiss nicht, dass ich mir diese Gelegenheit hätte entgehen lassen. Er versucht schon so lange, dich in die Enge zu treiben. Dein Sohn wird sie veröffentlichen. Mich konntest du kaufen. Ihn nicht.

DAEDALLUS Dann bin ich tot.

ALICE Ja. Du bist tot. Maxence exekutiert dich. Ich höre seinen Schritt.

Maxence, Mathieu und Louise treten ein.

DAEDALLUS Du erscheinst vor mir!

MAXENCE Vater.

DAEDALLUS Du erscheinst vor mir und nennst mich Vater.

MAXENCE Hier sind Mathieu und Louise, ich hab dir von ihr erzählt.

DAEDALLUS Mathieu, Mathieu. Wenigstens sind Sie kein Jude.

MATHIEU Doch, genau, aber väterlicherseits.

DAEDALLUS Dann zählt es nicht.

MAXENCE Achte nicht drauf, er spielt ein Spiel.

DAEDALLUS Er hat Ihnen sicher gesagt, dass ich ein Spieler bin, sicher hat er Ihnen das gesagt. Was für ein Bild er von mir vermittelt! Das Spiel ist eine heftige Leidenschaft. Ich spiele Menschen-ins-Verderben-stürzen. Ich nage sie ab, und wenn wirklich nur noch der Kern übrig ist, nehme ich den zwischen zwei Finger, und hopp!
Hat er Ihnen das wirklich gesagt?

MATHIEU Nein, das sagt er nicht, wenn er von Ihnen spricht.

DAEDALLUS Z z z! Es würde ihm so sehr gefallen, wenn ich das wäre. Jeder rechtfertigt seine Misserfolge wie er kann, ein Scheusal von Vater ist der beste Besen für das Gewissen. Wie könnte er sonst diesen Modergeruch ertragen, der ihm vorausgeht. Das! Diesen Versagerblick. Also gut, ich spiele die Rolle des Ekels, das willst du doch, nicht?

MAXENCE Du bist ein ganz gewöhnlicher Scheißkerl.

DAEDALLUS Und deine Verzweiflung ist nicht mal echt. Ich habe junge Leute gekannt, die lebten mit dem Revolver an der Schläfe, meine Kumpels aus der Bohème, in der einen Hand den Revolver, in der andern einen Mädchenschlüpfer. Hab ich dir schon mal von der Kongonegerin erzählt, die sich mit Pisse einrieb, bevor sie auf den Niggerball ging und die Hüften schwenkte, die machte uns verrückt, weißt du.

MAXENCE Ich komme, um dir Louise vorzustellen, meine Frau.

DAEDALLUS Oh! Sehr gut. Schließlich hat dein Großvater doch das Dienstmädchen geheiratet! Warum haben Sie ja gesagt?

LOUISE Es musste sein.

DAEDALLUS Ich seh schon. Eine Heilige, ja? Wenn man so hässlich ist, kann man sich ebensogut für eine Heilige halten. Haben Sie nieein Foto von seiner Mutter gesehen? Die schönste Frau vom ganzen Planeten, wirklich. Aber ich hab all ihre Fotos verbrannt, ich glaube nicht, dass du weißt, wie deine Mutter aussah. Ihre Schönheit beleidigte mich. Ich meine, als sie tot war. Bei diesem Glanzpapiergesicht musste ich an die Würmer denken, die ihren Schädel fraßen. Ich konnte das nicht. Na, Halbjude, was treibt er hier?

MATHIEU Ich komme, um das Ungeheuer zu sehen, von dem mein Freund gesprochen hat.

DAEDALLUS Na und, nicht zu sehr enttäuscht?

MATHIEU Ich sehe einen unglücklichen Mann.

DAEDALLUS Das bin ich. Verzweifelt, ja, aber das ist nicht diese gepantschte Verzweiflung, dieses Gefühl aus zweiter Hand, womit ihr die Nutzlosigkeit eurer Generation kaschiert. Ich habe einen Verlust erlitten, ja. Mein liebes Kind, du musst dich damit abfinden, von nun an wirst du der Sohn eines Henkers sein. Die Wahrheit musste aus ihrem Kokon schlüpfen und den Himmel mit ihren Goldflügeln überfluten. Der rote Totenkopfkäfer sitzt auf deiner Schulter. Ja, ich habe einen Araber aus dem Hubschrauber geworfen. Einen oder zwei Araber. Vielleicht auch drei. Ich weiß es nicht mehr, sie waren alle gleich. Jämmerliche kleine Idealisten. Die Kabylen sind was Besseres, die habe ich verschont, weißt du.

MAXENCE Also stimmt's, ich habe gewonnen.

DAEDALLUS Ja. Du hast gewonnen, ich bin am Boden. Mein Name ist der von einem Mörder.

MAXENCE Das ist auch mein Name.

DAEDALLUS Und du wirst ihn tragen, wie er ist. Ruiniert. Glaubst du mir, wenn ich dir sage, dass ich ihn deinetwegen reinhalten wollte. Nein, du glaubst mir nicht. Deinetwegen hab ich versucht, zu vermeiden, dass ...

MAXENCE Nein, ich glaub dir nicht.

DAEDALLUS Ich nehme an, ihr seid gekommen, um Geld zu verlangen.
Wie viel?
Sie da, das hässliche Entchen mit Hang zur Mystik, kommen Sie, näher ran. Wie viel? Da, ein Blankoscheck, tragen Sie ein, was Sie brauchen.

LOUISE Ich brauche nichts.

DAEDALLUS Die Metastasen breiten sich aus, ich werde wohl ein bisschen spinnen, zum Ende hin, aber das erspare ich dir. Wer weiß, was ich in meinem letzten Delirium sagen werde. Der Arzt gibt mir noch sechs Monate, er unterschätzt mich. Unglaublich schön, was die Maler aus dem Tod gemacht haben. Diese geflügelten Frauen, diese gehörnten Kinder, diese goldenen Tore. Wo man doch auf dieselbe Art krepiert wie ein Hund.

MAXENCE Und in sechs Monaten erbe ich dein ganzes Vermögen.

DAEDALLUS Mein Vermögen und meinen Verlust.

MAXENCE Danke für das eine wie für das andere.

DAEDALLUS Ich habe natürlich vor, diese letzten Tage in völliger Freiheit zu leben. Habe ich je anders gelebt? Ich mag die Armen nicht und auch nicht die Juden, die Araber, die Schwuchteln. Keinen schamhaften Schleier über meinen Rassismus, er ist, was er ist. Dummheit, die sich nicht erweichen lässt. Es wäre so viel einfacher, wenn ich ein Schwachkopf wäre. Aber ein Ekel und auch noch stolz drauf. Ich behaupte, man kann nicht die ganze Welt lieben. Man muss Partei ergreifen, und deine linksradikalen Genossen werden das tun, wie alle anderen auch.

MAXENCE Es gibt keine Linksradikalen mehr, du bist von vorgestern.

DAEDALLUS Wie nennt man sie dann? Die neuen Lesben, die marxistischen Schwuchteln, die Prediger gegen das Eigentum, die Armensuppenverkäufer, die Gewerkschaftler für das Recht auf Wohnung, die Tröster der bosnischen Tränen und andern Arschwischer der sickernden Misere der Weltwirtschaft! Ihr werdet Partei ergreifen. Die Juden oder die Palästinenser, die Amerikaner oder die Türkei. Man kann nicht die ganze Welt lieben, und wenn alle Dummheiten ausgekotzt sind, steht man da und hat seinen Clan zu verteidigen. Das ist alles. Man wirft Junge und verteidigt seinen Clan. Das ist ...Ich weiß nicht. Ich nenne es das Leben, ich werde noch sechs Monate was davon haben. Ich finde, dies Ragout riecht gar nicht schlecht.

MATHIEU Sie wissen nicht, was Sie sagen.

DAEDALLUS Vergib ihm, er weiß nicht, was er sagt. Ein Christus in Scheiße ekelt euch an? Sich auf das Leben einlassen heißt, sich auf das Böse einlassen. Die größte Sünde ist, geboren zu werden. Unter Exkrementen ist manper du.

MAXENCE Bevor du dich total zur Fäkalie machst, indem du die jüdisch-marxistischen Verschwörungen anprangerst, sieh mal das hier.

Er zeigt ihm die Fotos.

DAEDALLUS Was ist das?

MAXENCE Wir haben noch eine Chance.

DAEDALLUS Was ist das?

MAXENCE Die Fotos, die Negative. Und mein Feuerzeug.

DAEDALLUS Nein! Du willst mich nicht mehr schlachten? Das ist verdammt beschissen, hä? Du siehst, auf den Generationskonflikt gründet man keine Gesellschaft. Wenn's die linke Nachhut denn gestattet. Jede Kultur gründet sich auf den Dialog der Generationen. Und vielleicht auch die Barmherzigkeit. Aber wirsindein bisschen hart rangegangen, die Kröte glänzt denn doch ein bisschen zu giftig, die, die unsere Väter uns ins Gewissen geschoben haben, war auch nicht von schlechten Eltern. Und da ist es nun verdammt beschissen, weil, wenn ihr irgendwas erleben wollt, was nicht bloß die lahme Dorfkirmes ist, müsst ihr euch schon mit den alten Kotzbrocken aussöhnen. Und das nenntsich Geschichte, diese stinkende Scheiße. Das verteilt Staatssekretärsposten an Kollaborateure, das amnestiert mir nichts, dir nichts die Kriegsverbrechen in Algerien, ich lass da einiges aus, und zwar das Beste.

MAXENCE Nein, so seh ich das nicht. Du bleibst, was du bist. Und meine einzige Schuld ist, dass ich deinen Namen trage. Aber alles geht nicht den Bach runter. Die Väter besudeln die Söhne, aber die Söhne sind die Retter der Väter. Die Vererbung der Schuld ist nicht die einzige Devise, es ist nie zu spät für die Stunde des Gewissens. Eine Generation tut das für die nächste. Die Erlösung kommt von unten, du trägst meinen Namen.

ALICE Das ist gegen unsere Abmachung.

MAXENCE Ja.

MATHIEU Verbrennen Sie sie! Tun Sie's!

ALICE Du gibst auf, Maxence. Er dankt dir nicht mal dafür.

DAEDALLUS Wofür sollte ich ihm danken? Dass er seinen Stammbaum vor einem dicken hässlichen Fleck bewahrt?

MAXENCE Sie können alle Akten aus dem Algerienkrieg öffnen, alle. Ich werde mich dafür einsetzen. Aber die hier bleibt geschlossen.

DAEDALLUS Und wenn ich für meine Verbrechen von damals vor Gericht gestellt werden wollte?

MAXENCE Du bist vor Gericht gestellt worden, Vater. Vor Gericht gestellt und verurteilt. Deine Seele ist tot.

DAEDALLUS Und Sie, Mathieu?

MATHIEU Die menschliche Gerechtigkeit ist mir gleichgültig, eines Tages werden Sie um Vergebung bitten, darauf kommt es mir an.

DAEDALLUS Heb dir deine Erlösungsszene für ein anderes Kapitel auf. Dieser Mystizismus!Und da sagt man, als guter Jungphilosoph hast du den schwarzen Himmel mit einem Pessimismus von achtzehn Karatbetrachtet, ich frage mich, welche Mischung ich bei Maxence bevorzuge, den geifernden Weltverächter oder den Priester der Versöhnung im Jenseits.

MAXENCE Ich bin aus dem Alter raus, wo man seine Bestürzung Hellsichtigkeit nennt, das ist alles.

DAEDALLUS Bravo, meine Engel, ihr habt ihn mir völlig verwandelt! Also, entscheidet ihr euch? Alice, eine letzte Breitseite? Die hübsche Nemesis, dein Informant, wird schmählich hereingelegt.Und wenn wir jetzt sofort Herrn Kader Keyrouz anrufen und ihm sagen, dass sein Gönner ihn verkauft hat?

ALICE Ich bin noch nicht tot. Die Geschichte wird triumphieren.

DAEDALLUS Also, junger Mann, es gilt, Geschichte zu schreiben. Am Schluss kommt der Engel der Geschichte und löst, was unlösbar war. Tu's, tauch deine Feder ins väterliche Blut und schreib uns, wenigstens dies eine Mal, die Chronik der Besiegten auf, los! Die Wut des Lamms lässt auf sich warten. Stets stumm in der letzten Stunde. Nur das Schwein schreit laut auf der Schlachtbank. Die Klage des Lamms hat kein Ohr je vernommen.

Mathieu nimmt das Feuerzeug.

MAXENCE Das muss ich machen.

DAEDALLUS Warum tust du das? Du hast mich in der Hand. Zerquetsch mich doch. *Er telefoniert.*

MAXENCE Lasst die Toten die Toten begraben.

DAEDALLUS Alice, ich hab den jungen Kader am Apparat, willst du mit ihm sprechen? Das Studium der Geschichte verwirrt den Geist, der Mystizismus macht schwachsinnig, die Philosophie führt zum Selbstmord. Wer am wenigsten weiß, ist entschieden der Weiseste.

Wir haben die Fotos verbrannt. Hätten halt nicht auf dies alte Pferd setzen dürfen. Er will dich sprechen.

ALICE *nimmt den Hörer* Das ist die Zeitansage.

DAEDALLUS Wie spät ist es? Ich muss ins Atelier.

ALICE Ich sorge dafür, dass meine Stunde schlägt, Daedallus. Glaub mir.

MAXENCE Ausgleich aller Konten. Ich kann in Frieden sterben. *Maxence geht hinaus.*

DAEDALLUS Du wirst leben. Weit weg von mir wirst du leben. Du musst leben, ich will es. Warte, warte! Komm zurück. Geh du ihn holen! Geh ihn holen und sag ihm ... nein, sag ihm nichts.

Doch, erinner ihn an den Namen seiner Mutter. France hieß sie, ja, genau, ihr Vorname war France.

LOUISE Sie meinen, er hat mich geheiratet, um Sie zu kränken?

DAEDALLUS Die ist ja immer noch da!

LOUISE Sie irren sich. Ich bleibe im Schatten, Sie können ganz ruhig sein, weder meine Hässlichkeit noch meine Behinderung wird die Familienfotos verunstalten. Er hat mich geheiratet, weil ich nichts bin. Ein Steigbügel, er brauchte nur einen Steigbügel, um sich hochzuziehen bis ... sich bis zu Ihnen hochzuziehen. Geben Sie ihm seine Chance, er ist noch nicht ganz tot. Werfen Sie nicht diesen Blick auf ihn, eine Handvoll Erde könnte nicht kälter sein. Sie warten auf eine Geste von ihm, er wartet auf eine Geste von Ihnen, zwei Marmorkolosse im stolzen Moder. Er wird diese Geste machen, er muss es tun. Er wird es tun. Aber werden Sie sie annehmen? Sie sagen nichts.

DAEDALLUS Verzeihen Sie mir.

LOUISE Nehmen Sie mich als das, was ich bin, was ich gern bin, nichts. Benutzen Sie mich, ich bin seine Chance und ich bin auch Ihre. Wenn er kommt und Ihnen diesen Kuss geben will, drehen Sie Ihr Gesicht nicht weg.

DAEDALLUS Wer sind Sie?

LOUISE Eine Frau, wie sie Ihnen jeden Tag über den Weg läuft. Und ich verschwinde, wenn meine Aufgabe erfüllt ist.

DAEDALLUS Ihre Aufgabe?

LOUISE Den Sohn seinem Vater zurückgeben.

DAEDALLUS Aber ich will diesen moralisierenden Blödmann gar nicht!

LOUISE Nein, den Vater meine ich nicht.

DAEDALLUS Ich sterbe. Ein Mann kann eine hässliche Frau lieben, wissen Sie.

LOUISE Ich bin nicht hässlich, ich bin wunderschön.

DAEDALLUS Mir scheint, ich musste mich immer schlagen, immer und gegen alle. Ich bin so schwach, so schwach.

3. AKT

Szene 1

WINDROSE Ich kann meine Antennen in alle Richtungen drehen, keine Spur vom Gelobten Land.

DER LÄCHLER So weit ich auch die Augen schicke, nur Schweigen und Wüste.

ALICE Haben Sie mir was zu verkaufen?

WINDROSE In dieser Folge wechseln die Waffen von Hand zu Hand.

DER LÄCHLER In dieser Szene wetzen die Darsteller der kleineren Rollen ihre Dolche gegenseitig.

WINDROSE Die Fratze, die Sie da sehen, betätigt sich mit Freuden als Einbrecher.
Wir haben den Beweis, dass Mathieu von Daedallus bezahlt wird. Er hat sein Studium finanziert, und der andere zahlt auf seine Art zurück.
Bezahlt, um Maxence von seinem Schicksal abzubringen.
Der schöne Engel hat volle Taschen.

DER LÄCHLER Ihre Heiligkeit riechen nach zweifelhaften Einkünften.

ALICE Ich kann nicht bezahlen.

WINDROSE Ich gebe sie Ihnen gratis.

ALICE Wieso?

WINDROSE Weil, jetzt will ich mich amüsieren.
Ich glaube an nichts.

DER LÄCHLER Suizidanfälliger Atheist.

ALICE Der Tod hängt mir am Hals, ein Riesengewicht, ich gehe unter.

WINDROSE Das Nichts amüsiert sich, wie's eben kann.

DER LÄCHLER Die Folge: Ringe kräuseln das Wasser.

ALICE In der folgenden Szene wird Alice Maxence töten.

WINDROSE Sich an längst überholten Streitereien berauschen!

DER LÄCHLER Sich an jahrhundertealten Hassgefühlen vollsaufen!

ALICE Sie und ich, wir sind frei, das ist das Schreckliche.
WINDROSE Frei? Oh nein! Frei sein heißt lieben.
Wenn einer aus dem Fenster fällt, heißt das nicht, dass er fliegt.
ALICE Werfen wir eine Münze, Kopf: Ich töte Maxence, Zahl: ich verzichte auf meine Rache.
WINDROSE Und?
ALICE Das Schicksal sagt: »Alice muss Maxence töten«.
WINDROSE Schicksal würde ich das nicht nennen.

Szene 2

ALICE Ihre Puderdose. Ein Erinnerungsstück. Aber ich weiß, du hast darauf verzichtet, sie zu rächen.
MAXENCE Ja, ich habe auf jede Rache verzichtet.
ALICE Ich hatte anderes gehofft.
MAXENCE Zwei Engel sind gekommen und haben mir ins Ohr geflüstert.
Der Schmerz ist verstummt.
ALICE Mathieu und Louise. Und du hast den Kampf aufgegeben?
MAXENCE Warum sollte man ihm nicht verzeihen? Es heißt, er hätte meine Mutter umgebracht? Er hätte ein paar Algerierinnen vergewaltigt und ein paar Kämpfer gefoltert? Mit welchem Körper hat er das getan? Weißt du, dass wir alle drei Jahre unsere Zellen vollständig auswechseln?
ALICE Er hat dich gekauft.
MAXENCE Nein. Ich lebe für meine Freunde. Ich überlebe für meine Freunde. Für sie! Für sie!
ALICE Sie amüsierte sich auf ihre Art, indem sie mit Hilfe ihrer Puderdose hinter sich sah. Darum hab ich sie dir gebracht. Damit du, ohne dich umzudrehn, ein bisschen von dem wahrnimmst, was hinter deinem Rücken geschieht.
MAXENCE Die einzige Art ihn zu besiegen, wäre gewesen, mich umzubringen, und von nun an will ich leben. Sie hab ich nicht gekannt, und ich will sie nicht kennen.

ALICE Mathieu wird von deinem Vater bezahlt, wusstest du das? Um dich zu begleiten und zu beschützen, seit zwei Jahren ist er dafür engagiert.

MAXENCE Ich glaub dir nicht.

ALICE Wenn du hören würdest, wie sie über den Tag lachen, wo du geglaubt hast, du würdest sie einander vorstellen. Die Geschichte mit dem Juden, das roch doch nach Inszenierung, nicht?

MAXENCE Ich glaube das nicht.

ALICE Mathieu ist eine Marionette von deinem Vater, sein Kammerdiener. Frag Louise, sie weiß es.

MAXENCE Ich glaube dir nicht.

ALICE Wann machst du endlich die Augen auf? Wann akzeptierst du, dass du kämpfen musst? Wann?

MAXENCE Ich hab nicht mehr zu kämpfen, ich will nicht mehr kämpfen.

ALICE Du bist sein Broterwerb. Begreifst du das! Und er ist nicht ohne Reiz, das stimmt!

MAXENCE Nein.

ALICE Du wirst bald den Beweis vor Augen haben. Weiß Louise, dass du unfruchtbar bist?

MAXENCE Nein.

ALICE Dann hast du bald den Beweis.
Mathieu wird dir alles nehmen, indem er so tut, als ob er dich rettet. Deinen Vater, deine Frau, die Erinnerung an deine Mutter. Deine Rache war ein Rückgrat. Jetzt hast du nichts mehr. Du liebst diese Frau nicht, aber könntest du ertragen, dass sie dich betrügt?

MAXENCE Mein Vater hat Mathieu bezahlt?

ALICE Ja.

MAXENCE Ist mir egal.

ALICE Eine Marionette, und darin steckt die furchtbare Hand deines Vaters. Bis ans Bett von Louise. Überall. Diese großartige Kälte, mit der er seine Opfer lähmt. Du hast alles verloren. Und ich habe auch verloren, ich habe die Hoffnung verloren, den Tag zu sehen, wo dieser Mann eine Niederlage erlebt.

In dieser Schachtel sind Sachen von deiner Mutter, willst du sie sehen?

MAXENCE Fast schon Nacht.

ALICE Sommerkleider, Zeitschriften von damals, sie hat manchmal was rot unterstrichen ...

MAXENCE Und die Neonreklame vom Sportgeschäft ist noch nicht an.

ALICE Ihr Messbuch, und die unglaublichsten Talismane, diese Pfauenfeder ...

MAXENCE Ah da! Das »W« von »Waffen« hat den Geist aufgegeben, die »Waffen« sind zu »Affen« geworden.

ALICE Dieser kleine Hund aus Glas ...

MAXENCE Affen, Affen, Affen!

ALICE Du verzichtest darauf, sie zu rächen. Er triumphiert.

MAXENCE Ich seh eine Menge armer Hanseln, die auf den Bus warten. Sie frieren.

ALICE Ich denke, das hier könnte dich interessieren.

MAXENCE Die Frauen tragen Grau dieses Jahr.

ALICE Das sind Gehaltsbescheinigungen. Lies. Mathieus Gehaltsbescheinigungen von vor zwei Jahren, als er angefangen hat, für deinen Vater zu arbeiten.

MAXENCE Ich sehe einen Mann, der seinen Hund schlägt, er schlägt ihn mit seiner Leine.

ALICE Ein Angestellter halt. Wie wir alle.

MAXENCE Jetzt weint der Mann.

ALICE Wann machst du die Augen auf? Die betrügen dich alle, sie und er. Angetrieben vom Stiefel des Diktators, um dich dazu zu bringen, auf dein eigenes Herz zu verzichten. Damit es auf Erden kein Aufbegehren und keine Poesie mehr gibt. Angestellte wie Alice, die alte Jungfer mit dem üblen Geruch. Fenster magst du, Fenster hast du immer gemocht. Das Glück der andern sieht darin aus wie ein Heiligenbild, doch sobald man bei ihnen zur Tür reinkommt, riecht es ranzig nach der häuslichen Küche. Die andern bleiben gleichgültig, wenn wir uns quälen, ebenso gleichgültig, wie wir selber, eine Armee von erfrorenen Soldaten.

MAXENCE Der Mann weint, und der Hund sieht ihn an, er hat vergessen, dass der Mann ihn geschlagen hat, er sieht ihn zärtlich an.

ALICE Mathieu und Louise marschieren vereint. Du bist der einzige, der das nicht sieht. Bald wirst du den Beweis vor Augen haben. Louise weiß nicht, dass du unfruchtbar bist. Sie weiß es nicht. Auf die Art wird sie gestehen, du begreifst nicht. Weil du nicht lieben kannst, weder ihn noch sie, mussten sie sich miteinander trösten. Du hast sie gezwungen zu ...

MAXENCE Hau ab und nimm die Sachen da mit, sie ekeln mich an.

ALICE Verbrenn sie selber. *Sie geht hinaus.*

MAXENCE Oh Herz des Menschen! Wie leicht zerbricht man dich!

Er wirft die Erinnerungsstücke seiner Mutter aus dem Fenster.

Die schamlose Nacht zeigt ihre riesige Vulva, schwarz und verderblich.

Er versteckt sich unter dem Bett.

Wo hat sie das grüne Gift versteckt? Ah, ich hatte eine Flasche da drunter getan.

Louise kommt herein.

MAXENCE Bist du's, Louise?

LOUISE Was machst du da?

MAXENCE Ich suche.

LOUISE Was?

MAXENCE Ein Heilmittel.

LOUISE Steh auf, du machst mir Angst.

MAXENCE Nein.

Du hast gewusst, dass Mathieu von meinem Vater bezahlt wird.

LOUISE Ja, ich hab's gewusst.

MAXENCE Du hast es mir nicht gesagt.

LOUISE Mathieu liebt dich aufrichtig. Komm da raus.

MAXENCE Was weißt denn du schon?
LOUISE Ich weiß vieles.
MAXENCE Was hast du den ganzen Tag gemacht?
LOUISE Ich bin zu dir gerannt.
MAXENCE Nur die Affen tragen Waffen.
LOUISE Was?
MAXENCE Du bist gerannt?
LOUISE Ja. Ich wollte dir was sagen. Ich war bei Hippokrates. Ich bekomme ein Kind.
Ich will es behalten.
MAXENCE Das hat nichts zu bedeuten.
LOUISE Seit ich das weiß, vor zwei Tagen schon, hab ich's deinem Vater gesagt. Er hat gesagt, dass du gern ein Kind hättest. Das hast du nie gesagt.
MAXENCE Geh ins Badezimmer, da liegt ein großer Gummiknüppel, mit dem wir mal den Abfluss der Wanne freigemacht haben. Bring ihn her.

Louise kommt mit dem Knüppel zurück. Sie gibt ihn Maxence. Er schlägt sie. Sie fällt hin, er schlägt am Boden lange weiter auf sie ein.

LOUISE Maxence. Maxence.
MAXENCE Geh dich waschen, los, du hast Blut im Gesicht.

Maxence kriecht wieder unter das Bett; Louise geht ins Bad. Daedallus kommt herein.

Wer ist da?
DAEDALLUS Ich bin's.
MAXENCE Ah ja, der Mann mit den vielen Köpfen!
DAEDALLUS Hast du Louise gesehen?
MAXENCE Nein, heute noch gar nicht. Ich hab Louise heute noch nicht gesehen, du bist auch gerannt, man könnte meinen, du bist gerannt, du bist außer Atem, du möchtest was trinken, an der Quelle trinken.
DAEDALLUS Was hast du? Komm da raus.

MAXENCE Ja, siehst du, armer Vater, die Leute schlagen ihre Hunde mit so viel Schmerzen. Möchtest du, dass ich dir was zu essen mache? Ich hab da Fleisch, das keiner mag. Wir sind alle Vegetarier geworden, in wenigen Stunden. Eine richtige Epidemie, das ist lustig.

DAEDALLUS Louise ist schwanger. Ich bin gekommen, um es dir zu sagen. Ich will, dass du das Kind behältst. Es muss sein. Ich bin vielleicht zum ersten Mal glücklich.

MAXENCE Schwanger von wem?

DAEDALLUS Von wem?

Maxence, sag mir nicht, dass du noch immer diese Geschichte glaubst. Ich hab das nie getan. Aus Verrücktheit hab ich gesagt, dass ich's getan hab. Aber das ist doch gar nicht möglich, natürlich, gar nicht möglich.

Hast du geglaubt, was ich gesagt hab, diese Geschichte, dass ich dich hätte sterilisieren lassen?

MAXENCE Ja, ich hab's geglaubt. Das musste mir doch gefallen. Das erfinden, nein, ich hab nicht gedacht, dass du sowas erfinden kannst.

Louise kommt aus dem Bad, es fällt ihr schwer, sich aufrecht zu halten.

DAEDALLUS Was ist passiert?

LOUISE Nehmen Sie mich mit. Das Kind ist tot. Nehmen Sie mich mit.

Daedallus bringt Louise hinaus, Maxence kommt unter dem Bett vor. Er bleibt mitten im Zimmer stehen.

DAEDALLUS Ein Exil für Hunde, kein Exil für Fürsten. Der Fürst wird vom Schicksal verfolgt, aber der Mann, den ich kenne, wird nur von seiner Schuld verfolgt. Akteons Hunde treiben den Jäger zu einer Schutzhütte im Wald. Die Brüstung taugt nichts, die Hunde kommen durch's Fenster, er bräuchte ein Boot oder ein neu hergerichtetes Theater!

MATHIEU Die ehemaligen Teilnehmer am Algerienkrieg haben einstimmig erklärt, sie trügen keine Verantwortung. Frankreich verweigert eine nationale Reue. Die Generäle reden und schlucken ihre Worte wieder runter. Die ärgsten Zyniker tun so, als hätten sie alles vergessen. Man wartet darauf, dass Sie das Wort ergreifen.

DAEDALLUS Die jungen ehemaligen Kriegsteilnehmer! Nein, sie veranstalten keine Paraden. Nein, sie haben keine Denkmäler, wo Mutter Frankreich mit männlichen Armen ihre Übergriffe bekränzte. Nein. Warum will man sie in den Schmutz ziehen? Weil sie die Befehle des Präfekten von Paris ausführten, der sein Metier bei den Nazis gelernt hatte.

MATHIEU Die Einheit von Leben und Denken.

DAEDALLUS Was sagst du?

MATHIEU Ein junger Philosoph fragt: »Was ist der höchste und der bestformulierte Gedanke?«

Der Weise antwortet, der Duft des Feigenbaums im August im Garten meiner Mutter.

DAEDALLUS Das glaube ich.

MATHIEU Was haben Sie getan?

DAEDALLUS Wir haben uns damit begnügt, sie höflich um ein paar Auskünfte zu bitten, und dann ließen wir sie auf den Koran schwören. Einen elektrischen Koran, gewiss! Nein, das war zu nichts nütze, ja, man konnte es auch sein lassen! Es war ein Spiel! Das ist die Wahrheit, das waren keine richtigen Menschen, und man hatte das Recht, mit ihren Körpern zu spielen!

MATHIEU Schlafende Kulissen sind unheimlich.
Das Theater widert mich zutiefst an.

DAEDALLUS Mich auch, und darum liebe ich es. Verstehst du? Ich musste das Labyrinth zeigen, in das wir unsere Söhne gesperrt haben.

MATHIEU Und aus dem anderen Labyrinth, der Welt, wie kommen Sie da raus?

DAEDALLUS Am Abend der Premiere wird er tun, was er gesagt hat, er geht in die Kulissen und bringt sich um. Er bringt sich genau in dem Augenblick um, wenn die Leute Beifall klatschen, das hat er gesagt. Ich will sterben, während ich den Beifall für meinen Vater höre. Ich besiegle seine Ungnade, indem ich in den Kulissen seines Stücks sterbe. Und er hat das nicht so gut ausgedrückt.
Diesmal richtest du nichts aus.

MATHIEU Ich habe Ihnen gesagt, ich rette ihn, und ich werde ihn retten.

DAEDALLUS Eine Frage: was bindet dich an mich? Ich sehe das frische Gesicht, das sich über diesen Leichnam beugt, und mir wird schlecht. Du und ich, Mathieu, das ist das Bündnis des Schlimmsten mit dem Besten. Glaubst du, jedes Ding hat auf die Art zwei Seiten, die eine furchtbar und die andere vollkommen?

MATHIEU Ich bin nicht vollkommen.

DAEDALLUS Du bist ein Juwel.

MATHIEU Ich betrachte Sie als den letzten Menschen.

DAEDALLUS Was suchst du dann, wenn du im Dreck dieses alten Leibes wühlst?

MATHIEU Tiefer einzudringen in das Wesen des Menschen.

DAEDALLUS Und was siehst du in dem Brunnen?

MATHIEU Was Sie getan haben, ist kaum wichtig. Maxence stirbt, weil Sie nicht um Verzeihung gebeten haben.

DAEDALLUS Und das werde ich auch nicht tun.

MATHIEU Sie werden es tun, damit er lebt.

DAEDALLUS Soll er doch krepieren! Soll er doch geräuschvoll krepieren, soll er mein Labyrinth mit dem unfruchtbaren Saft seines Hirns bespritzen! Und du auch, stirb mit ihm. Ihr seid die Kugel nicht wert, die euch das Maul stopft.

MATHIEU Sie haben meine Mutter vom Straßenrand geholt, und Sie haben ihr eine anständige Arbeit gegeben. Sie haben mein Studium bezahlt. Und wenn es keine Liebe war, was Sie mir gegeben haben, so doch wenigstens ...

DAEDALLUS Wenn es keine Liebe war? Ja, du hast Recht, dich und deine Mutter habe ich gekauft, das ist alles. Sie und dich, weil ihr schön wart, und weil es dieser Schönheit bedurfte, damit ich meinen Ekel vor mir selbst vergessen konnte, ein Pfefferminzbonbon, um den Geschmack meiner faulen Zähne zu vergessen.

MATHIEU Heute kaufe ich Sie frei. Ich bin zwischen dem Vater und dem Sohn.

DAEDALLUS Zwischen dem Vater und dem Sohn? Verkneif dir diesen ekelhaften Katechismus. Du siehst doch, dass zwischen uns dreien nicht der rechte Wind weht.

MATHIEU Ich glaube, wenn Sie jetzt in diesem Augenblick bekunden, dass Sie sich schuldig fühlen, kann ich ihn retten. Aber ich muss das hören. Dieses Wort.

DAEDALLUS Verreck! Verreck, und mit dir alles Sanfte! Was hält mich bloß davon ab, dich anzuspucken! Das beste Geschenk, das man der Menschheit machen kann, ist, dass man sie endgültig in die Verzweiflung treibt.

MATHIEU Er wird in die Kulissen kommen, und ich werde auf ihn warten. Und ich werde ihn retten.

DAEDALLUS Hier sind zwei Fahnen: Die eine ist schwarz, die andere weiß. Am Ende des Stücks wartet der Vater von Theseus auf ein Zeichen, das ihm anzeigt, welches Schicksal seinem Sohn widerfahren ist. Man soll das weiße Segel hissen, wenn er lebt, und das schwarze, wenn er tot ist. Das erwarte ich von dir. Aus den Kulissen sollst du die weiße oder die schwarze Fahne hissen, und ich werde von meiner Loge aus wissen, ob er tot oder am Leben ist. Der Inspizient weiß Bescheid, dass du die Fahne hissen wirst.

MATHIEU Ich werde die weiße Fahne hissen.

DAEDALLUS Als ich dich zum ersten Mal sah, warst du acht

Jahre alt. Ich habe mich zu dir runtergebeugt, ich habe dir diese widerliche Visage entgegengestreckt, und ich habe dich auf den Mund geküsst. Ich habe einen Engel geküsst. Und deine Mutter war nicht schockiert über diesen schamlosen Kuss. Ich habe alleWorte in deinen Mund gehaucht, die ich niemandem anvertrauen konnte. Ich habe darum gefleht, eines Tages für meinen Sohn empfinden zu können, was ich für dich empfand. Warum du? Du warst noch kein Mann, du hattest kein einziges Wort gesagt, dein Leben war noch rein, und ich wusste, du würdest dieser aufleuchtende Blitz des Lebens sein, alle Milde und alle Dankbarkeit und alle Freude. Dein Blick hat nicht getrogen. Du warst einzigartig, die pure Bejahung, etwas Heiliges.

Ich könnte um Vergebung bitten, ja. Bin ich nicht zur Genüge von Schuld vergiftet. Die Schreie meiner Opfer lassen nie von mir ab. Aber wen sollte ich um Vergebung bitten? Ich glaube nicht an das Jüngste Gericht. Die großen Fresken von Masaccio haben mich kalt gelassen. An wen diese Bitte um Vergebung richten? Wer könnte mir Absolution erteilen? Die Republik hat mich nicht vor Gericht stellen wollen. Die Geschichte kennt mich nicht. Ich hätte um Vergebung gebeten, wenn ich gewusst hätte, an wen ich mich wenden könnte. Ich hätte um Vergebung gebeten.

MATHIEU An mich, da ich das einzige bin, was Sie als heilig anerkannt haben.

DAEDALLUS Ja. Ich bitte um deinen Segen, Mathieu. Ich war die Waffe des Bösen, mach, dass es auf Erden ein gleich großes Maß an Gutem gibt, als Gegengewicht zu dem Bösen, das ich getan habe. Dass es irgendwo ein Wesen gibt, das zum Ruhme der Menschheit den Schrecken aufwiegt, der ich bin.

Ich habe einen Text vorbereitet, einige Zeilen, der Schauspieler, der den Theseus spielt, wird für mich sprechen. Ich werde morgen vor allen Leuten mein Geständnis ablegen.

MATHIEU Ich werde morgen eine weiße Fahne hissen. Und

ich werde so mein Werk vollenden. Ich werde Sie retten, und ich werde ihn retten.

DAEDALLUS Ismael! Ismael!

Szene 4

MISERERE Ja, auf meine Weise bin ich ans Kreuz geschlagen und trete für die Sache der Menschheit ein, für ihre Revolte und ihre Klage, hier, so, mit auseinander gerissenen Beinen, den Mund voll Scheiße, ein Fuß tritt mir in den Bauch, der andere zerstampft mir die Augen, unter der völligen Gleichgültigkeit meiner Henker bin ich der Mensch.

DER LÄCHLER Und wenn wir dir noch einen Zahn ausschlagen würden?

MISERERE Lasst mich hier liegen, im Schatten, mit all meiner eingestandenen Verkommenheit und der ewigen Liebe, die jault wie ein ausgesetzter Hund.

Louise kommt herein.

DER LÄCHLER Louise!

MISERERE Du siehst, Louise! Er schlägt mich wegen ein paar Tropfen Absinth, und ich lass ihn, lasse ihn mich schlagen! Schau, gestern haben sie mich da mit einem Zigarrenanzünder verbrannt. Das hat sehr weh getan. Ich habe gebrüllt wie ein Kalb auf der Schlachtbank!

DER LÄCHLER Er hat geschrien! Wie ein angestochenes Schwein!

MISERERE Aber sie haben mich gut dafür bezahlt. Drei große Gläser Absinth, der Kopf stand mir verkehrt rum.
Sehr fein ist das nicht, aber jeder muss halt sehen wie er vorwärtskommt!

DER LÄCHLER Unanständig, diese Sinnsuche in einer freudlosen Zeit! *Er geht hinaus.*

LOUISE Ich mag dich sehr. Liebe deinen Schutzengel wie ich dich liebe.

MISERERE Das hast du zu ihm gesagt?

LOUISE Ja.

MISERERE Was hat er geantwortet?

LOUISE Er hat nicht geantwortet. Ich habe begriffen, dass Schluss ist.

MISERERE Was soll das heißen?

LOUISE Jetzt kann nur Mathieu ihn retten. Weil die Kraft des Geistes mit ihm ist. Aber nicht mit mir. Ich gehe in die Nacht. Gott hat die Tür zugeschlagen.
Gott ist nie da, wenn das Leid zu stark wird.

MISERERE »Als das Lamm das siebte Siegel öffnete, trat im Himmel Stille ein, etwa eine halbe Stunde lang.« Das steht in der Apokalypse.

LOUISE Was soll das heißen?

MISERERE Nach dem Krieg, der Pest, der Hungersnot, dem Tod, ist das die letzte Plage, die Gott auf seine Geschöpfe herabsendet: sein Schweigen. Die Apokalypse hat stattgefunden, diese Stille von etwa einer halben Stunde ist die Welt, in der wir leben.

LOUISE Sag mir, was im Menschen nicht Begierde und Tod ist? Was? Was anderes als die absurde Begierde nach toten Dingen? Als die Absurdität des Todes für alles, wonach sie begehren? Und welche Kenntnis kann man vom Menschen haben, wenn man nicht diesen Wahn kennt, etwas Sterbliches zu lieben.

MISERERE Kämpf nicht gegen den Schmerz. Er ist ein Fluss, mach die Augen zu, lass dich sinken. Lass dich von dieser großen liebreichen Kraft einnehmen. Das ist keine Schwäche, nein, im Fluss die Augen zu schließen. Dieser Fluss weiß, wohin er uns führt. Der Schmerz, der wird dich nicht betrügen. Vertrau es einem Flussbett. Schlaf vertrauensvoll in den Laken des Leids, das Gebet rinnt aus dir, der Saft des Lebens. Nein, Gott ist nicht das Leid. Sondern diese Kraft, die uns das Leid verstehen lässt. Die uns dafür danken lässt, wie wir sind, ans Kreuz geschlagen.

LOUISE Ich gehe in den Winter, keinen Blick mehr für die Welt. Da, jetzt stehe ich reglos auf dem umgepflügten Feld, soweit das Auge reicht rostroter Mergel und eisige Klumpen, irgendwann hat wer den Koffer da vergessen, darin wühlen die Raben nach ein bisschen Fressen, sie zerreißen die bestickten Lumpen mit enttäuschtem Schrei, meine Schuhe bleiben stecken im toten Schlamm, die Hände vorgestreckt zum Blindekuhspiel der letzten Augenblicke vor dem Ziel, nutzloser Irrsinn aller Klage, kopflos kreist ein erloschenes Leuchtfeuer, wer ist da? Wer flüstert da? Ich gehe nicht weiter. Ein ausgewrackter Wagen verrottet mit alten Fotos, mit der Nähmaschine, den Kanonen, dem Schrott des Menschenruhms im selben brackigen Wasser. Nutzloser Lärm, nutzloser Lärm, nutzloser Gewinn. Ich habe das nicht gewollt.

Szene 5

In den Kulissen. Am Abend der Premiere, am Schluss der Aufführung.

MAXENCE Was machst du hier?
WINDROSE Bringst du dich wirklich um?
MAXENCE Was sollte mich daran hindern?
WINDROSE Dann auf Wiedersehn. Ich hab Alice die Gehaltsbescheinigungen gegeben, der Lächler hatte sie für mich bei deinem Vater gestohlen. Ich wollte, dass du das weißt. Du begehst keinen Selbstmord. Ich bringe dich um.
MAXENCE Oh! Lieber Engel, wenn man mich fragt, warum ich mich in den Absinth gestürzt und warum ich mich in fiebrigem Verlangen nach dem Skandal dir zu Füßen geworfen habe, was soll ich da sagen? Es muss doch was passieren!
Die Langeweile, das ist der Teufel, das schwere Federbett der ausgeträumten Träume.
Ich bin meine Generation. Ich bin schon ganz verein-

nahmt von der einzigen totalitären Ideologie, die je an ihr Ziel gelangt ist. »Dass ja nichts passiert.« »Dass uns bloß nichts mehr passiert.« »Nur kein Risiko mehr eingehen.« Damit hat man uns gefüttert. Die höchste Lehre war, über die Waagschalen zu wachen und vor allem jede Offenbarung, jede Hoffnung zu verhökern, auf dass es ja kein Drama mehr gibt. Schluss mit dem Drama! Nichts soll mehr in Erscheinung treten, unsere Seiten im Geschichtsbuch werden den morbiden Widerschein eines großen dunklen Wassers haben, das keine Wellen kräuseln und keine Segelschiffe durchqueren. Das ist besser so, die Welt soll schweigen, und was soll's, wenn die Trompeten unbekannter Königreiche unsre Mauern nicht zum Einsturz bringen! Wir wollen lieber gar nichts wissen, die Menschheit soll auf halbem Wege halten, auf einer Lichtung ohne Illusion und ohne Ruhm und ohne Kampf. Die Menschheit strebt von nun nach dem Mittelmaß. Alle Größe ist verdächtig und das Opfer ekelhaft und fehl am Platz, gerecht ist der, der nichts erreichen will, das ist die herrschende Ideologie. Auf unsern Bühnen, im Film und im Fernsehen tummeln sich Scharen von Hampelmännern, die man bezahlt, damit sie sagen: »Seht her, ich bin wie ihr, banal, beschränkt, und ohne Glanz, aber ist das schlimm?« Die Mitte ist das goldene Maß; der Zug zur Mitte schnurrt durch den Traum des Bürgers, die Riesendroge der Gleichgültigkeit und des Denkverzichts hat die Eliten völlig verhext. Ruhe! Das Gewissen schläft! Das Abenteuer der Menschheit ist ans Ziel gekommen, und wir sehnen mit tiefer Demut die totale Erstarrung herbei!
Aber wer wird unser Elend benennen? Wer? Wer wird endlich mit lauter Stimme sagen, dass wir das elendste Volk sind, das die Erde je trug?

Mathieu kommt herein.

MAXENCE Du kommst zu spät, ich bin fertig mit meinem letzten Bekenntnis.

MATHIEU Ich bleibe bei dir.

WINDROSE Ich gehe.

MATHIEU Da, das Stück ist fast zu Ende.

MAXENCE Da ist der Koffer mit den Segeln, bald wirst du das schwarze hissen.

MATHIEU Nein.

MAXENCE Mach dir keine Hoffnung.

MATHIEU *öffnet den Koffer* Ich werde nicht das schwarze hissen, hier sind nur zwei blaue Segel drin.

Maxence lacht.

MAXENCE Das ist bestimmt ein Abschiedswitz von Windrose.

MATHIEU Er wird ausrasten.

MAXENCE Das ist das Lustigste, was mir in den letzten dreißig Jahren passiert ist.

MATHIEU In jedem Fall werd ich das blaue hissen.

MAXENCE Ja.
Er hisst das blaue.
Ah! Ich sterbe vor Lachen.

Pause. Daedallus kommt herein.

DAEDALLUS Du lebst.
Sie klatschen Beifall, ich habe alles gestanden, und sie haben nichts gehört!

Daedallus verspürt plötzlich einen heftigen Schmerz im Schädel, er fällt auf die Knie.

DAEDALLUS Nichts kann uns besiegen! In dir wie in mir das kochende Blei einer schwarzen Kunst ... an Stelle von Blut ... dieses schwarze Blei ... es strömt mir in den Kopf ... ich brauche Hilfe.

MAXENCE Ich werde nicht die Stütze deines Alters sein, du kannst nicht mehr laufen? Kriech! Bring ihm bei zu kriechen.

DAEDALLUS Helft mir, helft mir, helft mir, helft mir. Ich will mich auf den Boden legen. Helft mir.
Das ist das Ende. Blut läuft mir in die Augen. Blut. Blei.
MAXENCE Ich lehre dich den letzten Kriechgang. Siehst du, siehst du! Ich bin ein Wurm!

Maxence macht einen kriechenden Wurm nach.

DAEDALLUS Ich mach das Fenster auf, um nach jemand zu rufen, aber da ist Blei in meinem Mund. Ich habe Angst. Ich bin allein, warum habt ihr mich an dieses Tier gefesselt? Es wird mich zertrampeln. Es trampelt auf mir rum. Das Tier zertrampelt mir das Gesicht.
MATHIEU Steh auf, Maxence.
MAXENCE Er ist verrückt! Die irdische Gerechtigkeit, endlich!
DAEDALLUS Das Tier zertrampelt mein Gesicht. Das Tier schiebt mir sein Glied in den Mund. Ah! Ich hab sein Glied im Mund. Es macht mich schwanger, durch den Mund!
MAXENCE Jetzt bist du so, wie ich dich in meinen Träumen immer vor mir sehen wollte. Das Schuldgefühl hat dein Hirn gefressen, alter Sprücheklopfer. Der Sohn ist betrunken und der Vater dreht durch.
Sag, Vater, sag mir in deinem Wahn, siehst du das rächende Auge. Das Auge!
Er nähert sich seinem Vater und schreit.
Das Auge! Das Auge!
DAEDALLUS Das Auge! Das Auge! Das Auge!
MATHIEU Quäl ihn nicht.
DAEDALLUS Mein Schwert ist zerbrochen.
MAXENCE Nur das ist dir wichtig! Dein zerbrochenes Schwert! Du könntest kein liebes Wort finden für die, die du verstümmelt hast! Ein liebes Wort, oder ich stoß dich in die Tiefe.
DAEDALLUS Nein, nein, lasst mich nicht allein, er hat mein Schwert zerbrochen, wer? Wer spricht mit ihrer Stimme?

MATHIEU Mit ihrer Stimme?

MAXENCE Ich weiß, was er sagt. Endlich redet er, die Schar deiner Opfer spricht mit ihrer Stimme, du spürst meinen Fuß auf deinem Gesicht.
Er tritt ihn.

DAEDALLUS Hau ab! Hau ab! Abdullah! Abdullah ist nicht tot, er stößt mit den Offizieren an. Ich hab ihn nicht umgebracht, er hält eine Silberschale in den Händen, er weint, sie weint auch. Wer ist da?

MAXENCE Ich bin's, ich seh dir beim Sterben zu.

DAEDALLUS Ich habe Schmerzen. Das Tier verschlingt meinen Schädel.

MAXENCE Sag ein liebes Wort! SAG MIR EIN LIEBES WORT!

Maxence schlägt seinen Vater.

MATHIEU Lass ihn!

MAXENCE Nein, ich lass nicht zu, dass er stirbt, ohne ein Wort für uns gesagt zu haben.

MATHIEU Tu das nicht, Maxence!

MAXENCE Aber wer bist denn du! Verpiss dich! Das geht nur ihn und mich was an! Hau ab.

DAEDALLUS Ich rede! Ich rede endlich! Ich bin Abdullah! Ich bin Abdullah! Ich bin der heilige Krieger. Ich hab das Blut des Kriegers getrunken, ich habe sein Blut getrunken.

Daedallus bewegt sich nicht mehr. Pause.

MATHIEU Er ist tot. Glaube ich.

MAXENCE Ja. Abdullah, wer ist Abdullah? Von dem hat er nie gesprochen. Mathieu, weine ich?

MATHIEU Ich kann dein Gesicht nicht sehen.

MAXENCE Wir trinken auf seine Gesundheit! Schau her, ich habe Absinth! Er ist tot! Endlich! Er ist tot!

MAXENCE Wir müssen jemand holen.

MATHIEU Nein, wir beide. Lass uns beide trinken. Nur du

und ich. Da, über seiner Leiche. Ich hab nur ein Glas, trink!

MATHIEU Das darf man nicht!

MAXENCE Trink! *Zur Leiche* Siehst du, wir trinken. Ich hab keine Angst mehr vor dir. Gib mir den kleinen Hut da.

MATHIEU Was?

MAXENCE Den kleinen Spitzhut, gib ihn mir.
Ich setz ihm den Spitzhut auf, oh! Da ist eine Schelle dran.
Halt, hilf mir, ihn da hinzusetzen.
So.

Alle drei setzen sich. Auf dem Kopf des Toten der spitze Hut.

MAXENCE Na, Alter, wie ist es in der Hölle? Aber du hast ja ein Auge auf Persephone geworfen, schau mal, er hat einen Ständer! In den Armen des Todes hat der einen Ständer! Fass mal hin.

Maxence berührt das Glied seines Vaters.

MATHIEU Nein. Ich hole jetzt jemand.

MAXENCE Komm, fass an! Sein Schwert ist nicht zerbrochen, es ist unglaublich, es stimmt, wir haben Blei in den Adern! Fass an. Um uns herrscht allergrößte Ruhe. Das Jahrhundert ist verstummt. Der Schmerz ist so hoch gestiegen, so hoch gestiegen ist der Schmerz, dass die Frauen Kinder ohne Hände und ohne Augen geboren haben. Das Uhrwerk des Gewissens steht still. Der Wahnsinn hat sich auf die Welt geworfen. Die Schweine sind in die Stadt eingedrungen. Und zum König haben wir eine alberne Leiche gewählt.

MATHIEU Er lebt.

Daedallus hustet und wacht auf.

DAEDALLUS Ich war ohnmächtig.

MATHIEU Ja. Ja.

DAEDALLUS Ich habe Schmerzen.
MAXENCE Papa! Papa! Du lebst.
DAEDALLUS Wer bist du?
MAXENCE Maxence, siehst du mich nicht?
DAEDALLUS Ich erkenne dich nicht.
MAXENCE Bring Licht, Licht!
MATHIEU Ich suche. Da, hier, so.
Er macht Licht in den Kulissen.
DAEDALLUS Wer bist du?
MAXENCE Du siehst mich doch, ich bin Maxence.
DAEDALLUS Nein! Nein! Du bist nicht Maxence. Maxence steht da hinten und schweigt, in der Ecke, und du bist der Sohn vom Fleischer, als der Fleischer gestorben ist, waren wir sehr traurig, meine Frau und ich, aber wir konnten dich nicht adoptieren, verstehst du.
MAXENCE Ja, ja, ich bin der Sohn vom Fleischer, schau, ich habe geronnenes Blut unter den Nägeln.
DAEDALLUS Du bist dreckig. Lass mich mit Maxence allein. Komm in meine Arme.
Komm. *Er zeigt auf Mathieu.*
MAXENCE Tu, was er sagt.
MATHIEU Ich bin Mathieu.
DAEDALLUS Mein Sohn, mein Fleisch. Du kriegst alles, alles, ich hab Geld für dich versteckt.

In Mathieus Armen stirbt Daedallus zum zweiten Mal.

MATHIEU Er ist tot. Ja.
MAXENCE Diesmal hast du's geschafft. Du hast mir alles genommen.
MATHIEU Dich wollte ich. Dich liebe ich.
Ich liebe dich, ich liebe dich, weil es absurd ist.
MAXENCE Und darum hast du mir alles weggenommen. Mein Kind und meinen Vater. Alles. Du brauchtest dich nur zu bücken und aufheben, was ich weggeworfen hatte. Mein Kind, Louise, meinen Vater, und am Ende mich, meine sterblichen Überreste.

MATHIEU Ich weiß nicht, wer wen bestohlen hat. Ich will dich, dich allein. Nichts dahinter, keinen ferneren Horizont, keine Perspektive, ich will das, was da ist. Ich weiß nicht warum. Das will nichts weiter besagen. Nichts!

MAXENCE Wir liegen im selben Grab.

MATHIEU Die Welt, meinst du, wie sie ist. Die Zukunft ist ein Fels vor der Gruft, komm, du Kinderleiche, komm und wärme meinen uralten Schmerz.

Maxence kommt in seine Arme.

MAXENCE Kämen wir nicht raus aus diesem Schacht, wenn wir uns Rücken an Rücken hochstemmen?

MATHIEU Sei still.

MAXENCE Aber wann wirst du schmutzig sein wie ich? Wann? Wann wirst du diese eklige Sanftheit los! Deine zuckersüßen Haare widern mich an! Der bloße Gedanke, dass deine Hand auf meine Haut fasst, deine Finger wie weiße Larven, dein genügsamer Geruch, dieser feuchte, weiche Mund, ein Kuss ließe mich vor Entsetzen schauern, und ich kann mir nicht vorstellen, wie sich dein Schweiß mit meinem mischt, ohne zu spüren, wie mir das Festmahl von gestern hochkommt. Ich stell mir deine grünliche Kinderhaut vor, dein leises Hecheln in der Lust, und ich winde mich im Krampf, im höchsten Ekel. Schau her, was ich sage, treibt mir die Haare zu Berge. Und ich stelle mir vor, da zwischen deinen Beinen, dieser tote Fisch, rot und klebrig, da stecken mir zwei Finger tief im Hals, sobald ich sage: »dein Körper«, kotze ich, sobald ich auch nur »dein« sage, an allem, was zu dir gehört, hängt derselbe Mief nach Elend.
Spielen wir ein Spiel. Ich gehe in das Labyrinth und ich öffne mir mit dem Revolver ein drittes Auge auf der Stirn. Wenn du mich rechtzeitig findest, schieße ich nicht.

Er flieht in das Labyrinth, Mathieu folgt ihm. Er ruft.

MATHIEU Maxence! Maxence! Ich flehe dich an ! Maxence,

wo bist du? Das hier hab ich gestern auf ein Blatt aus einem blauen Heft gekritzelt. Ein Gedicht, glaub ich.
Ich glaube, so muss ein Gedicht sein. Ich hab's in einem Augenblick irrsinniger Freude geschrieben. Im Café, am Tisch, weil da so ein goldenes Licht war, und ein Pärchen, das zusammen aus einem Teller aß.
Hör zu. Hör mich an. Diese Worte werden dich retten, ich will es. Diese Worte müssen uns retten. Maxence! Hör, was ich geschrieben hab, da, mit dem Bleistift, und gar nicht fertig, weil die Spitze abgebrochen ist. Ich habe so stark gedrückt, dass ich die Mine abgebrochen hab.
Ich kenne ein weißes Königreich. Komm mit mir, ich führe dich an der Hand, und du wirst keine Angst mehr haben. Lassen wir die Toten die Toten begraben.
Für uns ist da der Fluss des Vergessens, mit seinen runden Steinen und weißen Algen. Wir unterstehen dem freien Gebot eines neuen Tages Die Särge sollen in der Werkstatt unsrer Väter faulen Mögen die Totengräber, wenn sie wollen, die Hände verschleißen Sollen sie doch Kinder aus Marmor an unserer statt begraben Fährt nicht der Wind wie früher durch das Laub der gelben Linde? Frohe Musik ertönt aus den Gärten der neuen Häuser
Kannst du nicht frei hinaus und dir eine Straße wählen?
Setz dich auf eine Bank oder leg dich ins Gras!
Und magst du einem Passanten eins aufs Ohr geben: du kannst
Und magst du diesen Moment den vorigen vergessen: du kannst du kannst dir den Staub von deinen Stiefeln schütteln
Du kannst dir die Haut mit dem Handschuh aus Rosshaar striegeln
Du kannst auch den ganzen Tag schlafen, glücklich in deinem Schlamm.
Du kannst mir einen Kuss oder eine Ohrfeige geben
Ist das nicht Freiheit genug?
Ist das nicht Schein der Freiheit genug, damit du dich besänftigen kannst?

Ist das nicht Barmherzigkeit genug?
Das ist das Reich, das ich dir biete, mein König.
Die Zeit ist besiegt, wir behaupten
Ein reines Jetzt, die ewige Rose
Dies Land, mein König, ist nur reich, weil es noch gar nicht ist.
Noch ist gar nichts.
Komm, beiß in den Schlüssel zu deinem Reich.
Hinter deinem Schritt lösch ich die Spur.
Mit einem Lorbeerzweig lässt sich die bittere Fährte verwischen
Die Wunde in deinem Herzen ist frischer als der Tag
Brauchst du ein neues Messer, um dem neuen Tag die Fessel zu lösen
Nimm nur meins, es hat noch nicht gemordet.
Das Segel zerreißt, wir setzen den Fuß auf weißen Sand.
Mit der Flut ist der Groll von einst zerflossen, das alte Gesetz in die tiefe See gestürzt
Komm, wir entsiegeln ein neues Buch
Ich kenne ein weißes Königreich.

Ein Schuss ist zu hören.

Maxence. Du bist nicht tot, ich will es nicht. Nein. Komm raus aus dem Dunkel, komm! Komm raus aus dem Dunkel.

Maxence tritt aus dem Dunkel.

MAXENCE Nimm mich mit, Mathieu, nimm mich mit, nimm mich mit in das Reich, von dem du gesagt hast.

(Nancy, Café de Foy, 2. April 1999)

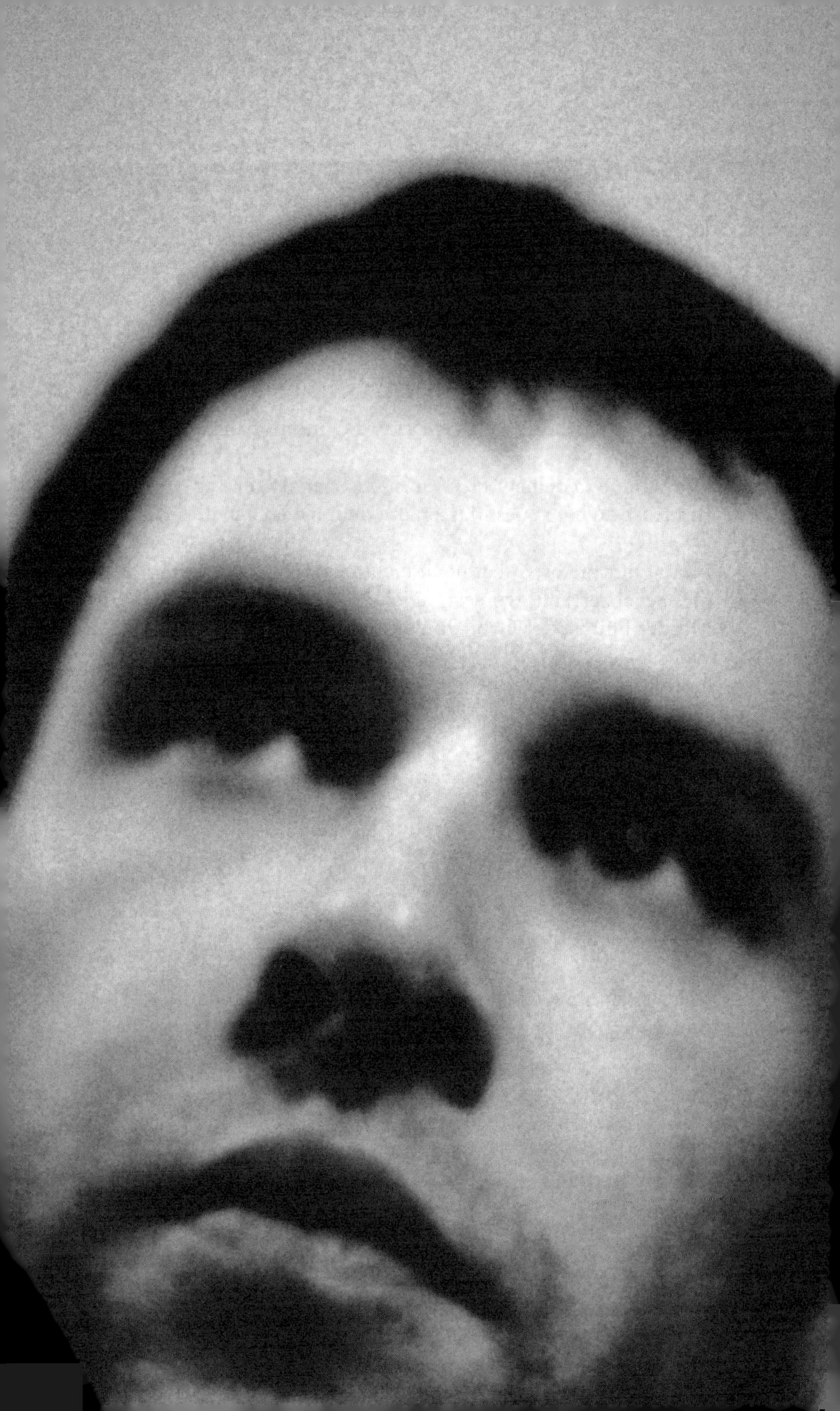

Lionel Spycher
9 MM
Aus dem Französischen von Uli Aumüller

Personen

Monsieur Kléber 36 Jahre

Nathalie Mlinek 27 Jahre

Alfa Allamodio 33 Jahre, schwarz

Bruno Vendetti 26 Jahre

Madame Vendetti Bruno Vendettis Mutter

Die Stimme

1

Dehors il neige.

M. KLEBER Vous aimez mon costume Nathalie?
NATHALIE MLINEK Oui.
M. KLEBER Touchez.
Vous pouvez toucher.
NATHALIE MLINEK Oui.
M. KLEBER Et la coupe?
NATHALIE MLINEK Les coupes, je ne sais pas bien monsieur Kléber.
M. KLEBER Un costume, c'est un tissu et une coupe aussi, sans coupe, le tissu ne vaut rien.
C'est nouveau, c'est ce qu'ils font pour cet hiver.
NATHALIE MLINEK C'est bien alors.
M. KLEBER Vous ne trouvez pas qu'il est un peu sombre? Je le trouve un peu sombre.
NATHALIE MLINEK Oui. Un peu.
M. KLEBER Non, un peu, cela ne veut rien dire, il est sombre ou il est clair.
Là, il est sombre mais c'est ce qui se fait en ce moment.
Alors?
NATHALIE MLINEK Oui, c'est bien alors.
M. KLEBER Des années qu'ils font dans le sombre.
Non? Vous ne trouvez pas.
NATHALIE MLINEK Oui.
M. KLEBER Même l'été c'est sombre, l'été on peut être clair en vacances mais si on travaille il faut rester sombre.
C'est une question de vulnérabilité.
C'est du sérieux le sombre.
La cravate. Vous aimez, la cravate?
NATHALIE MLINEK La cravate aussi.
M. KLEBER D'où je viens personne ne met de cravate. Aux baptêmes, aux mariages, aux enterrements, c'est tout. Et quelles cravates alors !
Vous le savez bien.

1.

Draußen schneit es.

MONSIEUR KLÉBER Gefällt Ihnen mein Anzug, Nathalie?
NATHALIE MLINEK Ja.
MONSIEUR KLÉBER Fassen Sie mal an.
NATHALIE MLINEK Ja.
MONSIEUR KLÉBER Und der Schnitt?
NATHALIE MLINEK Mit Schnitten kenn' ich mich nicht so aus, Monsieur Kléber.
MONSIEUR KLÉBER Ein Anzug besteht aus einem Stoff und einem Schnitt, ohne Schnitt ist der Stoff nichts wert.
Der hier ist neu, so sieht das aus, was sie für diesen Winter machen.
NATHALIE MLINEK Also ist er gut.
MONSIEUR KLÉBER Finden Sie ihn nicht ein bißchen dunkel? Ich finde ihn ein bißchen
dunkel.
NATHALIE MLINEK Ja, ein bißchen.
MONSIEUR KLÉBER Nein, ein bißchen, das besagt nichts, entweder ist er dunkel, oder er ist hell.
Der hier ist dunkel, aber das wird im Moment so gemacht.
Also?
NATHALIE MLINEK Ja, also ist er gut.
MONSIEUR KLÉBER Seit Jahren machen sie in Dunkel.
Nein? Finden Sie nicht?
NATHALIE MLINEK Ja.
MONSIEUR KLÉBER Sogar im Sommer trägt man Dunkel, im Sommer kann man im Urlaub Hell tragen, aber bei der Arbeit muß es Dunkel sein.
Es geht dabei um Verwundbarkeit.
Dunkel ist seriös.
Der Schlips. Gefällt er Ihnen, der Schlips?
NATHALIE MLINEK Der Schlips auch.
MONSIEUR KLÉBER Wo ich herkomme, trägt kein Mensch einen Schlips. Bei Taufen, bei Hochzeiten, bei Beerdigun-

Ici on dit que c'est ce qui se fait de mieux.

NATHALIE MLINEK Un autre café?

M. KLEBER Avec mon premier costume j'ai regardé passer des femmes différentes de celles que j'ai connues avant. J'aimais penser qu'un jour leurs robes pourraient aller avec mon costume, qu'un jour mon costume serait fait de la même sorte d'étoffe que ces robes. J'ai changé plusieurs fois de costume et j'ai rencontré ma femme.

NATHALIE MLINEK Elle a appelé.

M. KLEBER Son père a mis du temps à m'accepter, mais il n'avait pas le choix, sa fille m'aimait, je l'avais convaincue de m'aimer. Je n'étais pas le genre de gendre que le vieux attendait mais tant pis, il n'avait qu'à serrer les dents. C'est un homme intelligent et il a rapidement compris qu'il devait me faire confiance. Avec l'âge, il s'est adouci, il a desserré les dents et m'appelle son »fils«. Moi, j'ai toujours dit »oui papa«. Fils de si peu, j'ai su me trouver un père, un père digne de son fils.

NATHALIE MLINEK Elle vous attend pour dîner.

M. KLEBER Qui Nathalie?

NATHALIE MLINEK Son père dîne avec vous ce soir.

M. KLEBER Ce soir?

NATHALIE MLINEK Oui.

M. KLEBER Comment savez-vous cela Nathalie?

NATHALIE MLINEK Elle a rappelé.

M. KLEBER Quand?

NATHALIE MLINEK Ce soir.

M. KLEBER Quand a-t-elle rappelé?

NATHALIE MLINEK Avant, quand je vous l'ai dit.

M. KLEBER Quand? Soyez précise, il faut toujours que vous soyez la plus précise possible. Quand alors?

NATHALIE MLINEK Juste un peu avant que je vous le dise.

M. KLEBER Oui vous me l'avez dit juste après, exact. Je pensais à autre chose au moment où vous me le disiez.
Il faut que j'arrête de penser à l'avenir, il faut toujours rester dans le présent et régler les problèmes du présent les uns après les autres, ne pas parler du futur qui peut

gen, sonst nicht. Und was für Schlipse! Sie wissen schon. Hier sagt man, meiner wäre von bester Qualität.

NATHALIE MLINEK Noch einen Kaffee?

MONSIEUR KLÉBER In meinem ersten Anzug habe ich Frauen nachgeschaut, die anders waren als die, die ich vorher kannte. Gern dachte ich, daß ihre Kleider eines Tages zu meinem Anzug passen könnten, daß mein Anzug eines Tages aus dem gleichen Stoff wäre wie diese Kleider. Ich habe mehrmals den Anzug gewechselt und habe meine Frau kennengelernt.

NATHALIE MLINEK Sie hat angerufen.

MONSIEUR KLÉBER Es hat einige Zeit gedauert, bis ihr Vater mich akzeptiert hat, aber er hatte keine Wahl, seine Tochter liebte mich, ich hatte sie davon überzeugt, daß sie mich liebt. Ich war nicht die Art Schwiegersohn, die der Alte erwartete, sein Pech, ihm blieb nichts übrig, als den Mund zu halten. Das ist ein intelligenter Mann, und er hat schnell begriffen, daß er mir vertrauen mußte. Mit zunehmendem Alter ist er milder geworden, er hat den Mund wieder aufgemacht und nennt mich seinen »Sohn«. Ich habe immer »ja, Papa« gesagt. Als Sohn kleiner Leute habe ich mir einen Vater verschafft, einen Vater, der seines Sohnes würdig ist.

NATHALIE MLINEK Sie erwartet Sie zum Abendessen.

MONSIEUR KLÉBER Wer, Nathalie?

NATHALIE MLINEK Ihr Vater ißt heute abend bei Ihnen.

MONSIEUR KLÉBER Heute abend?

NATHALIE MLINEK Ja.

MONSIEUR KLÉBER Woher wissen Sie das, Nathalie?

NATHALIE MLINEK Sie hat noch mal angerufen.

MONSIEUR KLÉBER Wann?

NATHALIE MLINEK Heute abend.

MONSIEUR KLÉBER Wann hat sie noch mal angerufen?

NATHALIE MLINEK Vorhin, als ich es Ihnen gesagt habe.

MONSIEUR KLÉBER Wann? Seien Sie genau, Sie müssen immer so genau wie möglich sein. Also wann?

NATHALIE MLINEK Kurz bevor ich es Ihnen gesagt habe.

toujours décevoir. L'éléphant n'a pas encore trouvé le chemin du cimetière.

Vous avez rappelé le monsieur des parfums?

NATHALIE MLINEK Oui monsieur.

M. KLEBER C'est bien. Les parfums pour les fêtes, c'est bien. Pas de surprises à Noël, les bénéfices doublent, alors, cette année, il faut simplement les tripler, affoler les concurrents et faire impression au conseil d'administration.

Le vieux ne peut pas en revenir, et sans regret il pourra offrir en toute confiance tout ce qu'il a, comme une deuxième fille, à son fils. Personne ne pourra lui reprocher ce favoritisme car tout est mérité. Ses petits-enfants ne sont pour rien dans ces histoires.

NATHALIE MLINEK Votre femme demande que vous rappeliez.

M. KLEBER Elle ne sait pas que j'ai du travail, que de la rappeler me prend du temps, elle ne sait rien, dans son monde elle n'a rien appris, quand je lui dis que je serre les dents, que le monde est fait comme cela et que personne n'y arrive autrement, elle ne comprend pas et quand je dis cela, qu'elle m'observe alors, je peux voir dans ses yeux de la peur, de la peur, oui Nathalie, comme si je venais de lui annoncer là, que je venais, comme cela, de décider de lui tuer nos enfants. Vous, Nathalie, vous, vous pouvez comprendre. Vous me comprenez. Nous parlons la même langue, du même monde.

Tenez, appelez ma femme, dites-lui que la réunion va se terminer très tard, qu'elle ne m'attende pas pour dîner.

Nous, nous attendrons la fermeture pour quitter les lieux. Cela vous ne dérange pas j'espère. J'ai des fois l'impression qu'il y a encore des choses qui vous dérangent. Non?

Non.

MONSIEUR KLÉBER Ja, Sie haben es mir kurz danach gesagt, stimmt. Ich habe an was anderes gedacht, als Sie es mir gesagt haben.

Ich muß aufhören, an die Zukunft zu denken, man muß immer in der Gegenwart bleiben und nacheinander die aktuellen Probleme lösen, nicht von der Zukunft sprechen, die immer eine Enttäuschung werden kann. Der Elefant hat den Weg zum Friedhof noch nicht gefunden.

Haben Sie den Parfummann noch mal angerufen?

NATHALIE MLINEK Ja, Monsieur.

MONSIEUR KLÉBER Gut so. Parfum zum Fest, das ist gut. Weihnachten keine Experimente, der Gewinn verdoppelt sich, also dieses Jahr muß er einfach verdreifacht werden, die Konkurrenz muß es mit der Angst kriegen, und der Verwaltungsrat muß beeindruckt sein.

Der Alte kann es nicht fassen, und er wird ohne Bedauern und voller Vertrauen seinem Sohn wie einer zweiten Tochter alles, was er hat, vermachen. Niemand kann ihm Begünstigung vorwerfen, denn alles ist verdient. Seine Enkel haben nichts mit dem Ganzen zu tun.

NATHALIE MLINEK Ihre Frau möchte, daß Sie zurückrufen.

MONSIEUR KLÉBER Sie weiß nicht, daß ich zu tun habe, daß es mich Zeit kostet, sie zurückzurufen, sie weiß nichts, in ihrer Welt hat sie nichts gelernt, wenn ich ihr sage, daß ich die Zähne zusammenbeiße, daß die Welt nun mal so ist und daß man es nur so zu etwas bringt, das versteht sie nicht, und wenn ich das sage, dann beobachtet sie mich, dann kann ich in ihren Augen Angst sehen, ja, Angst, Nathalie, so als hätte ich ihr gerade eröffnet, daß ich einfach so beschlossen habe, unsere Kinder umzubringen. Sie, Nathalie, Sie können das verstehen. Sie verstehen mich. Wir sprechen dieselbe Sprache aus derselben Welt.

Hören Sie, rufen Sie meine Frau an, sagen Sie ihr, daß die Besprechung erst sehr spät zu Ende geht, daß sie nicht mit dem Essen auf mich wartet.

Wir warten, bis geschlossen wird, und dann gehen wir.

Ich hoffe, das stört Sie nicht. Manchmal habe ich den Eindruck, es gibt Dinge, die Sie stören. Nein?
Nein.

2.

MONSIEUR KLÉBER Wie gehen die Geschäfte?
Das war ein Scherz, ein Scherz, Monsieur Allamodio. Geht's Ihnen gut?
ALFA ALLAMODIO Gut, Monsieur.
MONSIEUR KLÉBER Schön, ich wollte mit Ihnen über unsere Geschäfte sprechen. Na ja, ich meine über das, weswegen Sie hier mein Angestellter sind. Ein sehr guter Angestellter übrigens, einer der besten.
Das wissen Sie ja, Monsieur Allamodio.
ALFA ALLAMODIO Ich mache meine Arbeit.
MONSIEUR KLÉBER Ja, richtig. Ihre Arbeit, man muß immer seine Arbeit machen, nichts weiter, dann ist es gut. Ich mag Sie sehr, Monsieur Allamodio, das können Sie mir glauben, und das ist keine taktische Schmeichelei, da können Sie sicher sein. Außerdem, welchen Nutzen hätte ich davon, Ihnen zu schmeicheln?
Keinen, nicht wahr?
Absolut keinen, das wissen Sie doch auch?
ALFA ALLAMODIO Ja, Monsieur.
MONSIEUR KLÉBER Die Kamera in der Spirituosenabteilung ist seit über zehn Tagen kaputt. Ich mag diese Kamera sehr, ich meine, sie ist hochinteressant. Das wissen Sie, ich habe es Ihnen schon vor zehn Tagen gesagt, als sie kaputtgegangen ist.
ALFA ALLAMODIO Ich habe den Techniker angerufen, Monsieur ... Ich hab' angerufen. Wie Sie es mir gesagt haben.
MONSIEUR KLÉBER Ja, Sie haben's mir gesagt, aber der Bildschirm bleibt seit zehn Tagen hoffnungslos schwarz, und ich spreche Sie nicht darauf an, um Ihnen Vorwürfe zu

machen, sondern weil Sie dafür zuständig sind. Verstehen Sie mich?
Verstehen Sie doch, Monsieur Allamodio, es ist unangenehm für mich, mir vor diesem schwarzen Bildschirm immer vorzustellen, es könnte bei mir etwas passieren, gewissermaßen hinter meinem Rücken.
Verstehen Sie mich?

ALFA ALLAMODIO Ja, Monsieur. Ich habe schon mehrmals bei dem Techniker angerufen. Aber mit Weihnachten, den Feiertagen, überlastet ... Sie sagen, sie kämen, sobald wie möglich.

MONSIEUR KLÉBER Na gut, sehen Sie sich mit Mademoiselle Mlinek den Wartungsvertrag für die Kameras an und sorgen Sie dafür, daß sie kommen. Sie wissen doch, daß Verträge Ihnen Rechte geben, Monsieur Allamodio. Sie müssen lernen, Verträge als Waffen zu betrachten.
Sie kennen doch Waffen, nun Verträge sind genauso, diese Instrumente schüchtern ein, und meistens braucht man sie gar nicht einzusetzen. Merken Sie sich das, Monsieur Allamodio, verstehen Sie mich recht, ich vertraue darauf, daß Sie es lernen.
Schön, ich nehme an, diese Sache ist geregelt. Sind wir uns einig, Monsieur Allamodio?

ALFA ALLAMODIO Ja, sind wir, Monsieur.

MONSIEUR KLÉBER Es gefällt mir sehr, wie Sie nachdenken, bevor Sie »sind wir« sagen. Das ist ein Zeichen von Intelligenz. Wirklich, Monsieur Allamodio.
Da ist noch was anderes, wenn ich in diese Richtung weiterdenke, in Richtung Diebstahl. Sie waren sich ja wohl im Klaren darüber, was ich mir vor dem schwarzen Bildschirm vorstelle. Nun, Monsieur Allamodio, in dieselbe Richtung gedacht, es gibt Dinge, die mir nicht entgehen können, wenn ich mir die Gewinne von November ansehe. Meine Buchhaltung funktioniert nämlich, und dank ihrer entgeht mir nichts. Meine Buchhaltung sagt mir, daß in meinem Supermarkt Ware nicht verkauft wurde und trotzdem nicht am Lager ist.

Verstehen Sie, manchen Zahlen tauchen weder in der Spalte »Gewinn« noch in der Spalte »Lager« auf, schlimmer noch, diese Ware ist, wenn man den Berichten der Abteilungsleiter glauben darf, nie bis in die Regale gelangt.
Sie sehen, was ich meine.
Verstehen Sie das, Monsieur Allamodio?

ALFA ALLAMODIO Ja. Ich verstehe.

MONSIEUR KLÉBER Nun, was verstehen Sie, Monsieur Allamodio?

ALFA ALLAMODIO Ich verstehe, daß im Lager gestohlen wird.

MONSIEUR KLÉBER Ja, genau, Monsieur Allamodio, im Lager, direkt im Lager. Nun, wie ist das möglich?
Können Sie es mir sagen?
Wissen Sie es?

ALFA ALLAMODIO Nein, Monsieur. Ich weiß nichts.

MONSIEUR KLÉBER Verstehen Sie mich recht, Sie müssen verstehen. Ich kann verstehen, daß einem im Supermarkt Kleinigkeiten entgehen können, niemand ist unfehlbar, wir sind Menschen, und all diese kleinen menschlichen Fehler werden beziffert und bei der Preiskalkulation berücksichtigt, aber das Problem hier ist ernster. Es sieht so aus, als käme das Problem von innen, denn wer hat Zugang zum Lager, außer den Angestellten des Supermarkts? Und das ist sehr ernst, weil dann leider – und glauben Sie mir, daß es mir leid täte – aber, wie soll ich sagen, es besteht die Gefahr, daß das Vertrauen zu meinen Angestellten nachläßt. Verstehen Sie, das ist wie ein schwarzer Bildschirm, bei dem ich glaube, daß hinter meinem Rücken etwas passiert.
In Ihren Augen. In Ihren Augen ist es auch schwarz, furchtbar schwarz, Ihre Augen. Ein Panther.

ALFA ALLAMODIO Ich kontrolliere. Auch die Angestellten.

MONSIEUR KLÉBER Ich weiß, Monsieur Allamodio. Sie haben es mir schon einmal gesagt, und ich gratuliere Ihnen dazu, man muß allen und allem mißtrauen, aber verstehen Sie mich, die Zahlen sprechen, nicht ich.

Die Zahlen, Monsieur Allamodio, die Zahlen. Stellen Sie sich vor, es ginge so weiter, stellen Sie sich die Verluste vor, die Preise, die erhöht werden müßten, der Verkauf, der zurückgehen würde – noch höhere Verluste. Also heißt es überwachen, alle ständig überwachen, alle, die Zugang zum Lager haben, Ihre eigenen Kollegen von der Sicherheit, die ja auch Angestellte sind, die Kassiererinnen, die Aushilfen, die wir am Wochenende beschäftigen, die vielleicht, die nichts zu verlieren haben.
Auf jeden Fall machen Sie Ihre Arbeit, und Sie machen sie gut, ich betrachte dieses Problem, wie das mit der Kamera, allein weil ich mit Ihnen darüber gesprochen habe, als erledigt. Machen Sie weiter Ihre Arbeit, Monsieur Allamodio, seien Sie wachsam, immer noch wachsamer, denn um diese Jahreszeit steigen zwar die Verkaufszahlen, aber die Diebstähle nehmen auch zu.
Halten Sie mich auf dem laufenden, ich vertraue Ihnen.

3.

BRUNO VENDETTI Ich hab' den ganzen Nachmittag auf dieser Bank gesessen. Ich kann sagen, daß ich mich keine Sekunde gelangweilt habe.
Ich bin hier sitzen geblieben, in der Kälte, und habe gewartet. Ich habe ein paar Joints geraucht, um mich aufzuwärmen und weil ich am Anfang nämlich sehr genervt war. Ich habe haufenweise Leute vorbeigehen sehen, aber keinen Alfa. Ich habe seine Freundin Nathalie vorbeigehen sehen. Sie hat mir gesagt, er würde arbeiten und hätte keine Zeit. Ich habe mir gedacht, daß er genau der Typ ist, der lieber arbeitet als seine Versprechen hält.

ALFA ALLAMODIO Bleib sitzen.

BRUNO VENDETTI Ich war enttäuscht, als ich das gedacht habe. Dann habe ich noch ein paar Joints geraucht und habe mich überhaupt nicht gelangweilt. Ich habe mir gesagt, daß Alfa in jedem Fall irgendwann hier vorbeikommen würde. Daß wir uns aussprechen würden. Unter Freunden.

ALFA ALLAMODIO Es ist vorbei, Bruno.

BRUNO VENDETTI Da. Er hat mir gerade gesagt, es wäre vorbei. Einfach so. Und warum sollte es vorbei sein, hä?

ALFA ALLAMODIO Sie wissen Bescheid.

BRUNO VENDETTI Sie können nichts wissen, Alfa. Du bist doch der Chef. Du entscheidest darüber, was sie wissen. Nur du, du allein. Wenn du nichts siehst, wissen sie nichts.

ALFA ALLAMODIO Sie wissen es, anhand der Zahlen aus der Buchhaltung.

BRUNO VENDETTI Du brauchst ihnen nur zu erklären, daß sie sich irren. Du bist schließlich der Chef.

ALFA ALLAMODIO Unmöglich.

BRUNO VENDETTI Es ist möglich. Ihre Buchhaltung ist falsch, sonst nichts. Ganz einfach.

ALFA ALLAMODIO Unmöglich. Sie sagen dann, daß die Buchhaltung immer funktioniert.

BRUNO VENDETTI Das ist aber schade, Weihnachten gehen die Geschäfte am besten. Schade. Wirklich. So ein Pech.

ALFA ALLAMODIO So ist das nun mal.

BRUNO VENDETTI Gut. Ich war heut' nachmittag doch ein bißchen unterwegs. Im Lager wurde ich gefragt, was ich da zu suchen hätte. »Meinen Freund Alfa«, hab' ich gesagt, »nur meinen Freund Alfa, sonst nichts.«

ALFA ALLAMODIO Sei vorsichtig, Bruno.

BRUNO VENDETTI Würdest du mich festnehmen, mein Freund?

ALFA ALLAMODIO Wenn eine Kamera dich erwischt, ist es nicht mehr meine Entscheidung.

BRUNO VENDETTI Ich kenne die Kameras, noch besser als du. Die in der Spirituosenabteilung ist kaputt. Ihre Buchhaltung funktioniert zwar immer, aber ihre Kameras können schon ausfallen. Oder?

ALFA ALLAMODIO Ist nicht mehr kaputt ... seit heute abend. Ich hab' dich gewarnt.

BRUNO VENDETTI Hä? Schön. Okay, mein Freund Alfa hat

ein bißchen Angst. Seine Bullenuniform steigt ihm zu Kopf. Na gut, schön.

ALFA ALLAMODIO Ich warne dich.

BRUNO VENDETTI Ich brauch' das bald sowieso nicht mehr. Ich hab' was Besseres, mit Leuten, die keine Angst haben, die bereit sind, Risiken einzugehen.

4.

MONSIEUR KLÉBER Ich will nur wissen, ob dieses Parfum Ihnen gefällt, ob Sie es tragen würden?

NATHALIE MLINEK Wenn Sie wollen.

MONSIEUR KLÉBER Das ist nett von Ihnen, Mademoiselle Mlinek, aber ich will nichts. Ich will nur wissen, ob dieser Duft Ihnen gefällt.

NATHALIE MLINEK Ja, Monsieur. Ja.

MONSIEUR KLÉBER Verstehen Sie, ich will wissen, ob dieses Parfum den Frauen hier gefallen würde. Sie sind von hier, Sie können es mir sagen. Riechen Sie noch mal dran.

NATHALIE MLINEK Ja.

MONSIEUR KLÉBER Nun?

NATHALIE MLINEK Ich weiß nicht, Monsieur.

MONSIEUR KLÉBER Sie wissen es nicht. Ja. Aber wie ist es, gefällt es Ihnen?

NATHALIE MLINEK Ja.

MONSIEUR KLÉBER Was gefällt Ihnen?

NATHALIE MLINEK Ich weiß nicht.

MONSIEUR KLÉBER Hören Sie doch auf, zu sagen, Sie wüßten es nicht, das ist ja nervtötend. Also, was gefällt Ihnen? Der Duft?

NATHALIE MLINEK Ja. Der Duft. Die Schachtel.

MONSIEUR KLÉBER Die Schachtel. Das ist es, ja, ja, ich verstehe. Diese Leute von der Marktforschung haben das auch gesagt. Ja, schön, ich glaube, das Produkt könnte gehen, aber es ist teuer. Das ist das Problem, es ist teuer, und die Frauen von hier werden woanders einkaufen. Teuer, zu teuer, nicht, finden Sie nicht auch?

NATHALIE MLINEK Ja. Es ist teuer.

MONSIEUR KLÉBER Ja, wir müssen den Preis senken, ich werd's ihnen sagen.
Wissen Sie, ich finde ja nicht, daß das gut riecht, ich finde das zu stark, sogar vulgär, allerdings sehr aufregend.
Meine Frau benutzt sehr raffinierte Sachen, die viel teurer sind als das hier, allerdings nicht so aufregend, nicht aggressiv genug, vielleicht. Mädchen wie Sie haben etwas Aggressives, eine höchst aufregende innere Gewalttätigkeit. Ich respektiere Ihre innere Gewalttätigkeit sehr, ich glaube, Sie könnten mich eines Tages beißen, und das ist es, was mich erregt, genau das.
Eine Tigerin.
Hier, nehmen Sie das Parfum, das ist ein Geschenk. Ich glaube, wenn sie es schaffen, den Preis zu senken, wird das Produkt Weihnachten ein Renner.
Danke, Mademoiselle Mlinek.

5.

MONSIEUR KLÉBER Sehen Sie, Nathalie.
Schauen Sie mal.
Da, auf dem Bildschirm der Parfumabteilung.
Sehen Sie es sich an.
Wie gelungen dieses Display ist, phantastisch. Das Parfum als Weihnachtsangebot und die dazugehörige Creme.
Sehen Sie sich die Frau da an.
Eigentlich wollte sie nichts, sie wollte das Nötige zum Essen einkaufen, und dann, phantastisch, erschaffen wir den Wunsch. Den Wunsch.

NATHALIE MLINEK Das liegt an der Schachtel.

MONSIEUR KLÉBER Die Spielzeugabteilung ist auch großartig, noch offenkundiger, eine regelrechte Eskalation der Wünsche, hier erfinden wir die Gelüste. Das ist wie ein

Kindertraum, der wahr wird, ohne daß das Kind ihn geträumt hat, doch es glaubt, es hätte ihn tatsächlich geträumt. Wir erfinden ganz einfach seine Träume, wir bieten ihm an, eine ganze und ganz neue Welt zu betreten. Das ist bestimmt der Sektor, wo die Innovation am umfangreichsten ist, jedes Jahr staune ich über die Neuheiten, die das Vorjahr zu etwas Vorgeschichtlichem machen und neue Wünsche erschaffen, die unmöglich in Zaum zu halten sind.

Wünsche sind furchtbar schwer in Zaum zu halten Nathalie.

NATHALIE MLINEK Monsieur. Nein.

MONSIEUR KLÉBER Sie könnten mir sagen, wenn die Wünsche wirklich unerfüllbar sind, muß man sich eben damit abfinden können.

NATHALIE MLINEK Bitte. Ja.

MONSIEUR KLÉBER Sie haben recht. Die Preise sind gewissermaßen Hindernisse, die Wünsche in bloße Gelüste verwandeln. Die Erwachsenen bemühen sich dann, ihre Wünsche zu unterdrücken, während die Kinder unsere Verbündeten sind, weil sie ihre Wünsche noch nicht einschränken können. Sie wissen nicht, daß die Verwirklichung von Träumen Opfer voraussetzt. Wenn man seinem Kind erklärt, daß all diese Dinge zu teuer sind, daß das alles ein Traum ist, lügt man es an, denn es weiß, daß das, was man anfassen kann, kein Traum ist und daß das alles wirklich da ist, daß es existiert und für es ist, hier und jetzt.

NATHALIE MLINEK Monsieur, wir ...

MONSIEUR KLÉBER Anfassen. Anfassen, und es kann kein Traum mehr sein.

Hier allerdings verstehen die Kinder den Wert der Dinge immer früher. Sie sind in gewisser Weise frühreif, und wir sind mehr und mehr dazu gezwungen, sie wie Erwachsene zu behandeln und die Preise zu senken. Hier ist es wichtig, die Kinder als Erwachsene zu betrachten, so wie es wichtig ist, die Erwachsenen wie Kinder zu behandeln, indem man auf die Verpackung und die Präsentation achtet, die weismachen sollen, daß es eine Neuheit ist. Diese Frau wird das Parfum kaufen, und dieses Kind wird seinen Eltern erklären können, daß der Preis des Wunsches gesunken ist und daß das Opfer für liebende Eltern nicht unmäßig ist. Lieben ist stärker als Geld, Nathalie. Denken Sie das nicht auch manchmal?

NATHALIE MLINEK Lieben? Ich weiß nicht.

MONSIEUR KLÉBER Ich weiß nicht, aber ich bin mir sicher, daß Liebe und Geld zusammengehören. Reich oder arm, die Eltern werden ihre Liebe beweisen müssen und deshalb kaufen müssen, wieder kaufen, denn auch wenn dieses Monatsende schwieriger ist, ist das Kind doch nicht weniger liebenswert als im Vormonat, und es weiß wohl, daß es, wenn seine Eltern es wirklich so lieben, wie Eltern lieben sollen, einfach absolut alles verdient, was existiert, alles was andere Kinder schon haben, alles, was es sehen, anfassen, oder riechen kann.

NATHALIE MLINEK Riechen.

MONSIEUR KLÉBER Sehen Sie diese Kinder in den Gängen spielen, ihre Wünsche sind genau gleich. Wir haben es geschafft, ihren Wunsch zu uniformieren, für die Eltern jedoch wird das Opfer nicht gleich sein und wird in den meisten Fällen trotz allem gebracht werden müssen. Als hätten die Erwachsenen nicht den Mut, den Kindern die Ungleichheit der Welt zu gestehen.

NATHALIE MLINEK Kaffee?

MONSIEUR KLÉBER Sehen Sie sich den da an, der als Superman verkleidet ist, können Sie sich vorstellen, daß seine Mutter ihm erklärt, daß das Kostüm zu teuer ist, daß sie es sich nicht leisten kann? Nein, genausogut kann sie ihm erklären, daß Superman selbst nicht existiert, daß es keine Helden gibt, die den Armen zu Hilfe herbeigeflogen kommen, wenn die Bösen sie angreifen – und warum nicht gleich, daß es den Weinachtsmann auch nicht gibt. Die Eltern fühlen sich verpflichtet, die Unschuld zu bewahren, selbst wenn es sie auch schon nicht mehr gibt.
Verstehen Sie die Unschuld?

NATHALIE MLINEK Ja, die Unschuld.
MONSIEUR KLÉBER Und Sie, die Unschuld ...?
NATHALIE MLINEK Ja.
MONSIEUR KLÉBER Nicht die Unschuld, die manche bis zum Tod bewahren, nicht diese unerträgliche geistige Behinderung.
Nein, die wahre Unschuld, die nicht anhält. Die des Tierchens, das gerade im Dschungel geboren wurde und schnell lernt, daß man kämpfen muß, um zu fressen, um nicht getötet zu werden und um das Recht zu haben, sich mit einem Weibchen der Meute fortzupflanzen.
NATHALIE MLINEK Die Unschuld. Nein.
MONSIEUR KLÉBER Ja. Ja.
Aber der zieht ja seinen Blouson wieder an, der Superman, er hat das Kostüm darunter anbehalten.
Er stiehlt, der Junge.
Rufen Sie bitte Monsieur Allamodio.
Der muß festgehalten werden, Mademoiselle Mlinek.

6.

MONSIEUR KLÉBER So.
Wie alt ist dieses Kind Ihrer Meinung nach, Mademoiselle Mlinek? Im Alter der Unschuld vielleicht, könnten Sie mir sagen.

Alfa Allamodio kommt.

MONSIEUR KLÉBER Wo ist er?
ALFA ALLAMODIO Nebenan.
MONSIEUR KLÉBER Wir müssen ein Exempel statuieren. Er muß für das bezahlen, was er genommen hat.
ALFA ALLAMODIO Ich kenne seine Familie.
MONSIEUR KLÉBER Ich will ein Exempel haben. Ich will nicht, daß solche Sachen wieder vorkommen, und vor allem soll so ein Junge die anderen nicht auf Ideen bringen.

Es wird zuviel von den Größeren gestohlen, und denken Sie daran, Monsieur Allamodio, Weihnachten steigt zwar der Umsatz, aber die Diebstähle genauso.
Rufen Sie die Polizei.

ALFA ALLAMODIO Monsieur.

MONSIEUR KLÉBER Keine Diskussion, Monsieur Allamodio, die Polizei bringt ihn nach Hause, dann wird seinen Eltern klar werden, daß man ein Kind nicht großzieht wie eine Ziege, daß man damit umzugehen wissen muß.

ALFA ALLAMODIO Ich kann ihn zu seiner Mutter bringen ... Ich kann ihr klarmachen, wie Sie sagen, daß das nicht wieder vorkommen darf. Das ist richtig.

MONSIEUR KLÉBER Nein, Monsieur Allamodio, Sie wissen doch, daß das so eine Mutter ist, der das scheißegal ist, sie hört Ihnen kaum zu, sie droht ihm vor Ihnen eine Strafe an und läßt ihn wieder laufen, sobald Sie weg sind. Ich kenne das, ich kenne das, glauben Sie mir. Worte sind hier nichts wert. Glauben Sie nicht, Monsieur Allamodio?

ALFA ALLAMODIO Ich glaube ... Sie haben recht.

MONSIEUR KLÉBER Die Polizisten bringen ihn nach Hause, die Nachbarn können es alle mitansehen, vielleicht schämt sich seine Mutter, und ihr wird klar, daß Diebstahl etwas Schlimmes ist, egal in welchem Alter, vielleicht verhindert sie in Zukunft, daß er ganz allein im Supermarkt herumläuft. Rufen Sie die Polizei, Monsieur Allamodio, das Kostüm kann er behalten. Als Andenken.
Gehen Sie, und kommen Sie anschließend wieder zu mir.

Alfa Allamodio geht ab.

MONSIEUR KLÉBER Mademoiselle Mlinek, denken Sie nicht, daß meine Idee das Beste für alle ist?
Denken Sie das nicht?

NATHALIE MLINEK Sie wissen es.

MONSIEUR KLÉBER Ja, verstehen Sie, abgesehen von unseren Interessen in dieser Sache, glaube ich, gewissermaßen zur Erziehung dieses Jungen beizutragen, das ist vielleicht

seine Chance, auf den rechten Weg zurückzukehren.
Denken Sie nicht, Mademoiselle Mlinek?
Was denken Sie eigentlich?
Denken Sie, daß ich hart, grausam, ich weiß nicht was bin, ist es so?

NATHALIE MLINEK Nein, Monsieur, ich weiß nicht, ich denke, Sie wissen es.

MONSIEUR KLÉBER Aber Mademoiselle Mlinek, die Leute sind auch hart, das Leben ist hart, es ist nicht immer alles leicht. Ich kenne das alles. Dieser Junge muß lernen, die Zähne zusammenzubeißen, wie Sie, wie ich und wie Monsieur Allamodio.
Denken Sie nicht, daß ich recht habe, Mademoiselle Mlinek?

NATHALIE MLINEK Monsieur.

MONSIEUR KLÉBER Ja, Mademoiselle Mlinek, dieser Junge hat heute gewissermaßen Glück gehabt. Das Glück, sehr jung zu lernen, daß man die Zähne zusammenbeißen muß, das ist die beste Schule. Ich weiß nicht, ob meine Kinder das eines Tages lernen werden, aber vielleicht haben sie es nicht nötig.

Alfa Allamodio ist wieder da.

MONSIEUR KLÉBER Monsieur Allamodio?

ALFA ALLAMODIO Die Polizei kommt gleich. Sie bringen ihn nach Hause.

MONSIEUR KLÉBER Sehr gut, die Sache ist erledigt, das Problem ist gelöst, reden wir nicht mehr darüber. Ich wollte mich bei Ihnen bedanken.

ALFA ALLAMODIO ...?

MONSIEUR KLÉBER Nun, meine Kamera, die in der Spirituosenabteilung – endlich ist der Alptraum mit dem schwarzen Bildschirm vorbei.
Was war damit los?
Nein, entschuldigen Sie, ich will es gar nicht wissen, das ist Ihre Sache, das geht nur Sie an.

Mademoiselle Mlinek, könnten Sie uns bitte einen Kaffee machen?

Nathalie Mlinek geht ab.

MONSIEUR KLÉBER Ja, Monsieur Allamodio, wie gesagt, Sie tragen die Verantwortung, und ich möchte, daß Sie mehr und mehr Verantwortung übernehmen. Sehen Sie, so eine Geschichte wie mit dem Jungen – um so etwas will ich mich nicht mehr kümmern.
Verstehen Sie, Monsieur Allamodio?
Gut, wissen Sie, ich hab' Sie gern, wissen Sie?
Sie sind ein bißchen meine rechte Hand, wie man so sagt.
Es könnte sein, daß ich eines Tages bei den Wahlen kandidiere.
Ja, bei den Wahlen, sind Sie kein Franzose, wählen Sie nicht?
Wählen Sie in Ihrer Heimat?
ALFA ALLAMODIO Nein, Monsieur, keine Wahl.
MONSIEUR KLÉBER Aha, na ja, wenn ich gewählt werde, denke ich an Sie.
Wissen Sie, Politik ist wichtig für die Geschäfte. Das hat mein Schwiegervater richtig erkannt, und diese Aufgabe muß ich wie die anderen übernehmen, wenn er beschließt, sich zur Ruhe zu setzen. Ich werde dann für Sie eine Stelle an meiner Seite einrichten, Fahrer, um in die Hauptstadt zu fahren, oder so was, für meine Sicherheit zuständig, wenn mir meine Macht streitig gemacht wird. So Sachen eben wie wichtige Männer sie haben. Sehen Sie, ich möchte wirklich, daß wir zusammen vorankommen.
Verstehen Sie, ich bringe Ihnen bei, Verantwortung zu tragen, wie Sie mir von Zeit zu Zeit beibringen, Ihre Waffe zu gebrauchen.
Finden Sie nicht, daß ich Fortschritte mache?
Meine Schüsse werden immer präziser, oder?
Was halten Sie davon?

ALFA ALLAMODIO Ja, Monsieur. Sie machen Fortschritte. Das ist wahr.

MONSIEUR KLÉBER Schön, das alles muß natürlich unter uns bleiben, Sie verstehen, ein künftiger Landtagsabgeordneter, der mit einem Wächter in einem Schuppen Schießen übt, das wirkt nicht sehr seriös, aber mir macht es Spaß. Schießen ist entspannend für mich. Und Sie, entspannt es Sie auch?

ALFA ALLAMODIO Ich schieße nicht oft.

MONSIEUR KLÉBER Ja, zum Glück sind die Kostümdiebe noch nicht bewaffnet.
Gut, gut, gehen wir doch heute abend in den Schuppen, bringen Sie ihre Waffe mit, machen Sie mir die Freude.
Ja, Monsieur Allamodio?

ALFA ALLAMODIO Heute abend?

MONSIEUR KLÉBER Hatten Sie etwas anderes vor?
Also gut, heute abend um neun, einverstanden?
Einverstanden, neun Uhr.

7.

BRUNO VENDETTI Hier sind die Leute blöd. Aber ich werde das alles vergessen, weil die Welt größer ist.

Alfa Allamodio kommt.

BRUNO VENDETTI Stimmt es nicht, daß die Welt groß ist, Alfa?
Es ist spät, da hinten ist schon lange alles dunkel, du arbeitest aber viel, Freund.

ALFA ALLAMODIO Du bist nicht zu Hause. Du solltest nach Hause gehen.

BRUNO VENDETTI Ich habe auf dich gewartet. Dieses Gras haut voll rein, Freund.

ALFA ALLAMODIO Dein kleiner Bruder hat gestohlen. Im Supermarkt. Heute.

BRUNO VENDETTI Ach ja.

ALFA ALLAMODIO Er ist erwischt worden.
BRUNO VENDETTI Hast du ihm eine Standpauke gehalten?
ALFA ALLAMODIO Nein.
BRUNO VENDETTI Hast recht, das nützt nichts, der Junge hat nichts in der Birne. Was hat er geklaut?
ALFA ALLAMODIO Ein Kostüm. Superman.
BRUNO VENDETTI Das entspricht seinem Alter.
ALFA ALLAMODIO Die Polizei hat ihn zu dir nach Hause gebracht.
BRUNO VENDETTI Was?
ALFA ALLAMODIO Die Bullen haben ihn zu deiner Mutter gebracht.
BRUNO VENDETTI Echt?
Echt, bist du verrückt geworden?
Ich glaubs nicht, ich glaubs einfach nicht.
ALFA ALLAMODIO Ich habs dir ja gesagt. Wegen der Zahlen.
BRUNO VENDETTI Verdammte Scheiße, die Bullen bei mir zu Hause, so was Blödes, Alfa, so was Blödes.

8.

BRUNO VENDETTI Die haben hoffentlich nichts durchsucht, hä?
MADAME VENDETTI Nein, die haben nichts durchsucht. Ich sag dir doch, daß sie nicht mal reingekommen sind.
BRUNO VENDETTI Gut.
MADAME VENDETTI Ich hatte große Angst. Zuerst habe ich gedacht, du wärst es, dir wäre was passiert. Ich habe an viele schlechte Nachrichten gedacht, die man einfach so einer Mutter mitteilen kann. Sie haben mir gesagt, es ginge um den Kleinen, und ich hatte ihn noch nicht gesehen. Da bin ich fast ohnmächtig geworden. Sie waren sehr nett, sie haben mir gleich gesagt, daß es nicht so schlimm wäre, aber es war zu spät, ich bin umgefallen, halbtot.
BRUNO VENDETTI Du warst ohnmächtig?

MADAME VENDETTI Ja. Ja, Bruno, Mama hatte große Angst. Zuerst habe ich gedacht, du wärst es, und als sie mir gesagt haben, es ginge um den Kleinen, hatte ich ihn noch nicht gesehen.

BRUNO VENDETTI Und als du umgekippt warst, sind sie da nicht reingekommen?

MADAME VENDETTI Nein, ich sags dir doch, sie sind da hinter der Tür geblieben.

BRUNO VENDETTI Bist du dir sicher? Hä? Wie kannst du dir da sicher sein. Du warst ja weg.

MADAME VENDETTI Ich war nicht lange ohnmächtig.

BRUNO VENDETTI Woher willst du das wissen? Sie konnten reingehen und alles durchsuchen.

MADAME VENDETTI Nein, der Kleine hat mich gleich geweckt, er hatte auch Angst.

BRUNO VENDETTI Wie willst du das wissen? Sie konnten durchsuchen.

MADAME VENDETTI Nein, wenn ich's dir doch sage, sie sind draußen geblieben.

BRUNO VENDETTI Kann sein, daß sie durchsucht und alles wieder an seinen Platz getan haben, bevor du wieder zu dir gekommen bist.

MADAME VENDETTI Nein, Bruno, ich schwörs dir, das ist nicht möglich.

BRUNO VENDETTI Gut. Wo ist er?

MADAME VENDETTI Im Schlafzimmer. Er schläft jetzt. Er hatte große Angst.

BRUNO VENDETTI Ich geh ihn wecken. Ich muß das mit ihm klären.

MADAME VENDETTI Nein, bleib hier, er hatte Probleme einzuschlafen.

BRUNO VENDETTI Du hast ihm nichts gesagt.

MADAME VENDETTI Wir hatten beide große Angst. Lassen wir das bis morgen, warum willst du ihn wieder anschreien?

BRUNO VENDETTI Ich will ihn anschreien, weil du es nicht kannst und weil er dich zum Weinen bringt.

MADAME VENDETTI Nein, siehst du, ich weine nicht.

BRUNO VENDETTI Er lenkt die Augen der Bullen auf uns. Die Nachbarn reden auch.

MADAME VENDETTI Das ist mir egal, diese ganzen Geschichten, und die Nachbarn auch.

BRUNO VENDETTI Mir nicht. Man muß unauffällig sein. Man darf nicht auffallen.

MADAME VENDETTI Ich habe nichts zu verbergen, ich schäme mich nicht.

BRUNO VENDETTI Zeig mir, was er gestohlen hat.

MADAME VENDETTI Hör auf zu schreien, Bruno, du weckst ihn noch auf.

BRUNO VENDETTI Hast du es ihm gelassen? Ja klar, du hast es ihm gelassen.

MADAME VENDETTI Es ist meine Schuld, er ist so klein, Bruno, wenn er einen Vater hätte, wäre es was anderes, alles wäre anders.

BRUNO VENDETTI Du kannst nur heulen. Ich hatte auch keinen Vater, und ich habe schnell ganz allein gelernt. Ich habe gelernt, ganz allein mit beiden Beinen auf der Erde zu stehen. Ich habe gelernt, mich nicht beim Träumen erwischen zu lassen.

MADAME VENDETTI Ja, Bruno, du bist ein guter Sohn, aber ich flehe dich an, schrei nicht. Bitte, wir sind alle müde, du auch, geh schlafen. Morgen, morgen, sieht alles anders aus.

BRUNO VENDETTI Verflucht noch mal, ich schreie, weil ich Lust habe zu schreien. Verflucht!

MADAME VENDETTI Hör auf, wenn du schreist ...

BRUNO VENDETTI Könnte man meinen, dein Vater'. Ja, vielleicht, vielleicht hat er auch so geschrien, und er hatte bestimmt recht. Vielleicht hatte er sogar an dem Tag recht, an dem er beschlossen hat, wegzugehen, vielleicht hat er gut nachgedacht und hat gewußt, daß er hier nichts zu tun hatte. Wie der Araber, der Vater des Kleinen, den du dir nicht vom Leib halten konntest.

MADAME VENDETTI Hör auf, Bruno, ich flehe dich an, hör auf zu schreien. Siehst du, jetzt weine ich.

BRUNO VENDETTI Ich schreie nicht mehr, gehen wir schlafen. Morgen sagst du ihm aber Bescheid, wie ich's dir gesagt habe, und daß er von mir auch was zu hören kriegt.

MADAME VENDETTI Ja, Bruno. Du hast recht.

BRUNO VENDETTI Morgen gehe ich früh weg.
Abends komme ich nicht nach Hause.
Übermorgen bin ich wieder zurück.

9.

ALFA ALLAMODIO Das ist nicht anständig.

BRUNO VENDETTI Ich hab' die Papiere. Sie haben mir die Papiere gegeben und, sieh mal, einen Vorschuß, einen ganz kleinen Vorschuß.

ALFA ALLAMODIO Das ist gut.

BRUNO VENDETTI ›Das ist gut‹, ist das alles? Und das hier?

ALFA ALLAMODIO Ein Revolver.

BRUNO VENDETTI Sie haben ihn mir für alle Fälle gegeben. Da bist du platt, was. Siehst du, ich hab's dir ja gesagt, woanders, das große Geschäft mit Leuten, die mir vertrauen, die keine Angst haben.

ALFA ALLAMODIO Das ist riskant.

BRUNO VENDETTI Ich fahre hin, ich komme zurück, das ist alles, das ist nichts.

ALFA ALLAMODIO Und das Risiko?

BRUNO VENDETTI Das Risiko? Daran denke ich gar nicht, ich denke an nichts, ich habe keine Angst, ich stehe mit beiden Beinen auf der Erde.

ALFA ALLAMODIO Also kein Risiko.

BRUNO VENDETTI Weißt du, Alfa, da hapert es bei dir, du hast Angst, ich weiß nicht, wie du es mit dieser Angst, die dich ständig von jeder Bewegung abhält, so weit gebracht hast. Scheint's war es da drüben, in deiner Heimat, echt beschissen, schlimmer als hier.
Weißt du, du könntest mitmachen, ich habe mit ihnen über dich gesprochen, ich hab' ihnen gesagt, daß du ei-

sern schweigen kannst, ich hab' ihnen gesagt, wie du bist, wie ich, mit beiden Beinen auf der Erde, verschwiegen, wie ich, daß du schnellstens Geld brauchst, um zurückzugehen, zurück in die Heimat, das willst du doch? Oder?

ALFA ALLAMODIO Mir geht's gut.

BRUNO VENDETTI ›Mir geht's gut.‹ Na, wenn es gut geht, dann bleib doch da, du hast ja recht, wie die Leute hier, die sagen, ›es geht so‹ oder ›so ist es nun mal‹, aber trotzdem, nur fürs Fahren, das ist doch schon gut, du wirst sehen, in zwei Tagen komme ich zurück, in zwei Tagen habe ich mehr in der Tasche, als du hier in einem Monat verdienst, das ist der Anfang, du wirst sehen, das ist erst der Anfang, Freund.

10.

ALFA ALLAMODIO Beide Beine auf der Erde und die Zähne zusammengebissen.

Die Schritte der Menschen beschmutzen den Schnee, und ihre Worte voller Wörter und Berechnung töten die Stille. Der Schnee kommt von hoch oben, viel höher als es hier ist. Selbst wenn die Menschen auf Mauern steigen, die bis in den Himmel gehen, eine Wolke zieht vorbei, und der Schnee löscht alles aus ... so als fiele der Himmel langsam auf all das, um alles anzuhalten.

Wenn es eines Tages überall gleichzeitig schneien würde, hier wie dort, dann würde sich nichts mehr bewegen, und die Erde wäre jene reglose kleine weiße Kugel tief in der Unendlichkeit des schwarzen Universums.

Das Leben, das nichts mehr erwärmen konnte, wäre stehengeblieben ... vorbei der Lärm, das Geschrei und das Weinen. Es gab zuviel Unglück darauf. Alles mußte angehalten werden.

Die von Menschen hergestellten Waffen hatten zuviel Lärm gemacht, und der Schnee hatte alles sanft gedämpft.

Dann würde man neu lernen müssen, alles neu lernen, neu lernen zu leben.
Und danach, viel später, wenn alles weggeschmolzen wäre, nach dem schmutzigen Schnee, nach dem Matsch ... was würde man vorfinden?
Das Gleiche? Genau das Gleiche?
Oder etwas anderes? Gleichsam eine zweite Chance?
Was. Wenn es wirklich lange gedauert hätte, was dann?
Der Schnee. Bevor ich hierherkam, hatte ich noch nie welchen gesehen. Als ich ihn gesehen habe, wußte ich es. Ich wußte es. Das war noch größer, noch größer als alles, was ich mir dort unten vorstellen konnte, dort, wo kein Schnee fällt. Und die Schatten sahen mich schon an. Machten sich über mich lustig, verabscheuten mich schon.
Immer noch jetzt sehen sie mich an, da, Schatten hinter Vorhängen, auch an den Fenstern der obersten Etagen, als würde der Schnee, der auf mich fällt, mich verbrennen.
Aber ich kann auch das aushalten.
Und du.
Da oben.
Kleiner Vogel.
Auch du bist draußen, während es schneit und die Schatten zu Hause sind.

DIE STIMME Die Schatten frieren.

ALFA ALLAMODIO Die Schatten frieren. Und du nicht.

DIE STIMME Ich bin kein Schatten.

ALFA ALLAMODIO Nein. Du bist ein kleiner Vogel. Aber sogar ein kleiner Vogel friert. Du solltest in dein Nest zurückfliegen. Deine Mutter sucht dich bestimmt. Du wirst dich erkälten.

DIE STIMME Und du, frierst du nicht? Ich beobachte dich seit vorhin, vorhin hast du gesungen, du hast mit dir selbst gesprochen, du wirst auf der Bank einschlafen.

ALFA ALLAMODIO Mein Herz ist warm.

DIE STIMME Ja, mein Herz ist auch warm. Mein Herz ist erfüllt, erfüllt von warmem Licht.

ALFA ALLAMODIO Aber wer bist du, wenn du kein Schatten bist? Ich sehe nichts vor lauter Schneeflocken. Es ist dunkel. Du bist da oben im Himmel. Worauf sitzt du denn da oben?

DIE STIMME Auf nichts.

ALFA ALLAMODIO Auf nichts? Aber ich weiß genau, daß du kein kleiner Vogel bist. Wer bist du, wenn du auch kein Schatten bist?

DIE STIMME Ich fliege, Alfa.

ALFA ALLMODIO Du fliegst?

DIE STIMME Ich bin jetzt Superman.

ALFA ALLAMODIO Komm sofort herunter. Geh nach Hause. Bruno ist nicht da. Dein Bruder wäre nicht erfreut, dich da oben zu sehen.

DIE STIMME Ich fliege Alfa. Ich habe beschlossen zu fliegen, und ich fliege wie Superman. Ich kann nicht mehr herunterkommen, ich fliege immer, für immer. Es hat genügt, wirklich daran zu glauben und es auszuprobieren, also habe ich das Fenster in meinem Zimmer aufgemacht, ich habe tief eingeatmet und bin gesprungen. Weißt du, ich sehe alles von hier oben, es ist schön, sehr schön, je höher ich steige, desto schöner ist es.

Da unten sammelt die Feuerwehr und die Polizei einen Jungen auf, er ist bestimmt gefallen, ja, er ist aus dem Fenster seines Zimmers gefallen. Eine Menge Leute stehen um ihn herum, Frauen weinen, seine Mutter heult vor Schmerz.

Aber wenn ich höher, weiter hinauffliege, ist da ein Kind, das spielt, es wirft Kugeln aus frischen Schneeflocken in den Himmel.

Noch weiter oben sehe ich weiter, und es schneit nicht mehr, es ist hell, und Frauen bereiten etwas zu essen, es riecht gut, Alfa.

Ich fliege wieder nach unten, und da haben sie das Kind auf ein weißes Tuch gelegt, gleich tragen sie es weg, aus seinem offenen Mund fließt Blut, die Frauen weinen, und ihre Augen sind rot, die Sirenen heulen, seine Mutter schreit. Ich muß fort, Alfa, es schneit nicht mehr, der Himmel

klart auf, man wird mich sehen, ich muß fort, man darf mich nicht sehen, niemand darf es wissen, du darfst nichts sagen, weder meinem Bruder noch den anderen, es ist ein Geheimnis.
Ich fliege, Alfa.
Unser Geheimnis.

11.

NATHALIE MLINEK Denkst du dran?
ALFA ALLAMODIO Manchmal. Ja. Du auch?
NATHALIE MLINEK Danach vergesse ich es wieder.
Das ist besser.
Bruno Vendetti kommt.
BRUNO VENDETTI Alles ist so gelaufen, wie es sollte. Siehst du Alfa, kein Grund zur Angst.
Was macht die denn hier? Vor meinem Haus. Ich fahre zwei Tage weg, ich komme als neuer Mensch wieder, und hier die alten Geschichten. Na gut, ist nicht schlimm. Mit den alten Geschichten hier ist bald Schluß. Nicht schlimm.
NATHALIE MLINEK Es ist schlimm.
BRUNO VENDETTI Was ist schlimm?
NATHALIE MLINEK Eine Tragödie, Bruno.
BRUNO VENDETTI Meine Mutter?
NATHALIE MLINEK Dein kleiner Bruder.
BRUNO VENDETTI Hä? Was erzählt die da, Alfa? Wieso redet sie jetzt mit mir, wo sie sonst nie was sagt?
NATHALIE MLINEK Dein kleiner Bruder, er hat in seinem Zimmer auf dem Fensterbrett gespielt, bei dem Schnee, es war glatt. Er ist abgerutscht, er ist gefallen, er ist tot, Bruno. Keiner ist schuld.
BRUNO VENDETTI Der Schnee? Welcher Schnee? Tot? Hä? Hör bloß auf zu reden.
NATHALIE MLINEK Sag's ihm, Alfa.
ALFA ALLAMODIO Der Schnee. An dem Tag, als du weggefahren bist.

BRUNO VENDETTI Hast du's gesehen? Cousin? Sag. Tot. Das ist nicht wahr.

NATHALIE MLINEK Niemand hat was gesehen. Die Feuerwehr ist gekommen, die Polizei auch. Deine Mutter will niemand sehen, sie sagt, ihr Sohn wäre umgebracht worden. Es war ein Unfall, Bruno, er war ganz allein da oben, es hat geschneit, er ist abgerutscht.

BRUNO VENDETTI Nein. Sei still.

NATHALIE MLINEK Deine Mutter sagt, es wäre wegen dem Diebstahl im Supermarkt, der Polizei und allem. Die Nachbarn reden darüber, sogar die Zeitungsleute sind gekommen. Sie wollte nicht aufmachen, weder Alfa noch mir. Sie hat mir gesagt, sie wolle niemand sehen. Der Leiter des Supermarkts wollte sie besuchen, aber sie hat ihn beschimpft.

BRUNO VENDETTI Seit still. Alfa, laß sie nicht weiterreden.

NATHALIE MLINEK Weißt du, das hat alle hier erschüttert, der Kleine hatte das Kostüm an und hat Superman gespielt. Leute haben ihn rufen hören, er würde fliegen, bevor er gestürzt ist, aber er hat gespielt, Bruno, er sagte, »ich fliege«, wie ein Kind, das spielt. Er hat gespielt und ist abgerutscht. Aber du weißt ja, wie die Leute sich Sachen ausdenken können.

BRUNO VENDETTI Was für Sachen?

NATHALIE MLINEK Nachbarn haben deiner Mutter gesagt, er hätte absichtlich springen können, weil er sich schämt, wegen dem Diebstahl, der Polizei, die ihn nach Hause gebracht hat, all dem, aber das alles ist nicht wahr. Es hat geschneit, und er ist abgerutscht. Es war ein Unfall.
Niemand ist schuld.

BRUNO VENDETTI Du hast nichts gesehen?

NATHALIE MLINEK Nein, er hat nichts gesehen, niemand hat was gesehen, die Leute haben nichts gesehen und denken sich Geschichten aus, die ein Kind sich nicht ausdenken kann.

BRUNO VENDETTI Im Supermarkt denkt man sich also auch Geschichten aus?

NATHALIE MLINEK Monsieur Kléber wollte kommen und deiner Mutter helfen, sie unterstützen, wie man das so macht. Monsieur Kléber ist in Ordnung. Ein guter Chef. Einer, der den Leuten helfen will. Bald Kreistagsabgeordneter. Sogar Sozialist. Mit ruhigem Gewissen. Anständig.

BRUNO VENDETTI Du sagst nichts, Freund?

NATHALIE MLINEK Er kommt wieder, wenn sie will. Monsieur Kléber möchte euch helfen. Er versteht das Unglück.

12.

MADAME VENDETTI Sie haben ihn zurechtgemacht, so gut es ging, aber die Wunden waren zu tief, und sein Mund ging einfach nicht zu, es war unmöglich, ihn zu schließen. Er sieht trotzdem schön aus, sein Mund stand auch immer offen, wenn er schlief. Ich könnte mir einreden, er schläft. Du mußt hingehen und bezahlen, ich habe ihnen gesagt, du würdest alles bezahlen, wenn du wieder da bist, sie sollten das schönste Holz nehmen und ihn zurechtmachen, wie es sich gehört, sie sollten ihn waschen, ich könnte es nicht. Sie haben ihn parfümiert, er riecht noch gut, wie vorher. Sie haben es nicht geschafft, seinen Mund zu schließen. Geh hin und bezahl sie.

Weißt du, ich habe ihm gesagt, daß es nicht gut war, was er getan hat, gestohlen. Ich habe ihm gesagt, daß du nicht erfreut bist, wie du gesagt hast. Er hat es verstanden, er hat mir versprochen, es nicht wieder zu tun. Er hat im Schlafzimmer gespielt, ich war in der Küche, die Nachbarn haben es mir gesagt, sie haben gesagt, »die Feuerwehr und die Polizei sind da, der Kleine ist unten«. Ich habe gesagt, nein, mein Kleiner ist im Schlafzimmer. Er war unten, Bruno. Ich bin mit den Nachbarn hinuntergegangen, er war da. Die Nachbarn haben mir wieder nach oben geholfen, weil, ich habe geweint, ich war halbtot. Du warst nicht da, Bruno, aber jetzt bist du da. Sie haben ihn umgebracht, Bruno, er ist gestorben, weil er sterben wollte, er hat sich geschämt, solche Geschichten sind ja nicht schlimm, aber er war ein Kind, er hat geglaubt, daß es sehr schlimm ist, daß man ihm immer böse sein würde. Lieber ist er gestorben.

BRUNO VENDETTI Er ist gestürzt, das ist traurig, der Schnee, er hat gespielt, er ist ausgerutscht, es war ein Unfall. Ein Kind kann nicht auf solche Ideen kommen. Ich bezahle sie.

MADAME VENDETTI Seit zwei Tagen frage ich mich, wieso ich noch lebendig bin. Ich müßte tot sein, ich dürfte nicht mehr lebendig sein. Nicht mal die Peperoni haben mehr einen Geschmack, ich kann nichts mehr essen, ich kann nicht mehr weinen, trotzdem bin ich nicht tot.

BRUNO VENDETTI Du lebst. Du lebst, und solange du lebst, mußt du mit beiden Beinen auf der Erde bleiben. Sonst wirst du verrückt.

13.

MONSIEUR KLÉBER Ich habe heute nacht schlecht geschlafen, ich konnte wegen dieser ganzen Affäre nicht schlafen, ich habe die ganze Nacht die Zähne zusammengebissen, es ist schrecklich. Dieses blutjunge Kind, dennoch weiß ich, daß ich mir nichts vorzuwerfen habe.

Ich habe getan, was getan werden mußte, und ich kann nichts dafür, wenn es schneit. Die Gesetze sind gut genug gemacht, um mir nichts vorzuwerfen, aber die öffentliche Meinung der Idioten könnte über mich urteilen und mich verurteilen. Ich habe nichts Böses getan. Die Zähne zusammenbeißen, das ist alles. In meinem Innern habe ich nie jemand getötet.

Verstehen Sie, Mademoiselle Mlinek.

NATHALIE MLINEK Monsieur ...

MONSIEUR KLÉBER Es ist bedauerlich, aber ich habe das Gefühl, daß meine Zukunft von der Meinung der Leute hier abhängt. In der Demokratie muß man sich bemühen, denen zu gefallen, die man verabscheut, wenn die, die man liebt, weniger zahlreich sind, man muß diese arme, passive Masse verführen, die mit der Einzigartigkeit dessen, der sich ganz allein aufgebaut hat, nichts zu tun hat.

NATHALIE MLINEK Monsieur Vendetti ist unten, soll ich Kaffee kochen?

MONSIEUR KLÉBER Verstehen Sie, die Zahlen sind weder dumm noch intelligent, sie lassen sich nicht beeinflussen, es sind Zahlen, sonst nichts. Sie sprechen für sich selbst, und durch einige Anstrengung habe ich sie für mich sprechen lassen.

Trotzdem habe ich heute nacht schlecht geschlafen.

Haben Sie gut geschlafen, Nathalie? Nackt? Schlafen Sie nackt?

NATHALIE MLINEK Monsieur ...

MONSIEUR KLÉBER Warten Sie mit dem Kaffee.

Wie gut, daß Sie ihn dazu bewegt haben zu kommen, ich wußte, daß es richtig war, Ihnen zu vertrauen, Sie sind von hier, Sie verstehen es, mit ihnen zu reden, Sie verstehen sie besser als ich.

14.

MONSIEUR KLÉBER Mademoiselle Mlinek macht uns einen Kaffee.

Sie geht ab.

MONSIEUR KLÉBER Monsieur Vendetti, ich muß Ihnen sagen, daß das Unglück, das jetzt, dazu noch an den Feiertagen, Ihre Familie getroffen hat, mich tief betrübt. Ich kann mich zwar weder in Ihre Lage versetzen noch in die Ihrer Mutter, doch ich kann Ihre Weigerung, mich zu empfangen, verstehen, ich habe nämlich selbst Kinder, und wenn mich ein solches Unglück treffen würde, wüßte ich nicht, wie ich reagieren würde.

BRUNO VENDETTI Niemand kann sich in die Lage meiner Mutter versetzen, aber sie ist ein starke Frau, sie hat in ihrem Leben schon oft gelitten. Allerdings hat sie noch nie ein Kind verloren. Keine Mutter könnte unter diesen Umständen mit beiden Beinen auf der Erde bleiben.

MONSIEUR KLÉBER Ja, ich verstehe. Glauben Sie mir, Madame Vendetti hat mein ganzes Mitgefühl.

BRUNO VENDETTI Na gut. Für mich ist es auch schwierig, mit den Beinen auf der Erde zu bleiben.

MONSIEUR KLÉBER Ja, aber Sie machen auf mich den Eindruck, ein kräftiger Junge zu sein. Sie können bestimmt die Zähne zusammenbeißen, um Ihrer Mutter beizustehen.

BRUNO VENDETTI Wenn uns nach dem Unglück wenigstens eine Hoffnung zuflöge, wie ein Weihnachtsgeschenk.

MONSIEUR KLÉBER Ja, Monsieur Vendetti, das denke ich auch, deshalb wollte ich Ihre Mutter ja aufsuchen. Nichts kann über den Verlust eines Sohnes hinweghelfen, da stimme ich zu, aber ich finde, daß auf keinen Fall materielle Probleme zu dem Unglück hinzukommen dürfen.
Ich möchte, daß Sie ein Geschenk zu Weihnachten annehmen. Ich möchte Ihnen einen Gutschein übergeben, der in allen Ladenabteilungen gültig ist.
Die Summe ist beträchtlich, aber, verstehen Sie, sie soll auf keinen Fall einen Sohn ersetzen.
Sie müssen sich bemühen, mit Ihrer Mutter ein so gutes Weihnachtsfest wie möglich zu verbringen, essen Sie, trinken Sie.

BRUNO VENDETTI Meine Mutter hat keinen Appetit mehr, Monsieur Kléber. Ihr Angebot wäre annehmbar, wenn mein kleiner Bruder sich das Knie aufgeschlagen hätte, sogar wenn er sich einen Arm gebrochen hätte, sogar wenn er ein Auge verloren hätte. Aber das ist es nicht. Er ist tot, und meine Mutter hat den Kopf verloren. Wenn man den Kopf verloren hat, kann man nicht an Essen denken. Nein, wirklich, an dieses Angebot ist nicht zu denken.

MONSIEUR KLÉBER Monsieur Vendetti, Sie verstehen nicht, was Sie ein Angebot nennen, ist in Wirklichkeit ein Geschenk. Nichts verpflichtet mich dazu, und selbst wenn dieses Geschenk, wie soll ich sagen, ich entschuldige mich im voraus, unangebracht oder sogar ungeschickt sein kann, so müssen Sie verstehen, daß das alles ist, was ich tun kann. Ich wiederhole, Monsieur Vendetti, daß ich mir nicht einbilde, dieses Geschenk könnte einen Sohn oder einen Bruder ersetzen.

Haben Sie Vertrauen, Monsieur Vendetti, der Appetit Ihrer Mutter kommt wieder, dieser Gutschein kann in Zukunft eine Unterstützung sein, er ist zeitlich unbegrenzt.

BRUNO VENDETTI Ich glaube, *Sie* verstehen nicht, Monsieur Kléber. Erstmal muß ich Ihnen sagen, daß ich nicht an die Zukunft denke, ich bin hier, jetzt. Ich hab's Ihnen ja gesagt, ich stehe mit beiden Beinen auf der Erde. Monsieur Kléber, was ich sagen will ist, daß Ihr Geschenk annehmbar sein könnte. Ich finde nicht, daß es unangebracht oder ungeschickt ist, im Gegenteil, es ist anständig, ich will sagen, Monsieur, daß der Betrag nicht in Ordnung ist. Auch noch ein Einkaufsgutschein, das ist doch idiotisch. Halten Sie mich für einen Idioten, Monsieur Kléber? Halten Sie meine Mutter für eine Idiotin? Hä? Ist es so?

MONSIEUR KLÉBER Ich verstehe nicht, Monsieur Vendetti. Durch das Unglück haben Sie den Kopf verloren.

BRUNO VENDETTI Nein, mein Kopf ist da, glauben Sie mir. Meine Mutter macht Sie für ihr Unglück verantwortlich. Schuld, sie sagt, Sie sind schuld, Sie und Ihre Polizisten. Sie sagt, daß das ihren Sohn getötet hat.

MONSIEUR KLÉBER Ich erlaube mir, Sie zu unterbrechen, Monsieur Vendetti, Sie lassen sich hinreißen, Sie halten mich für schuldig, Sie beschuldigen mich, und ich, ich habe mir absolut nichts vorzuwerfen. Ganz und gar nichts.

BRUNO VENDETTI Monsieur, ich spreche im Namen meiner Mutter. Ihretwegen bin ich hier. Ich sage ja nichts, meine Mutter spricht in ihrem Schmerz, die Leute hören sie, und ich kann sie nicht am Sprechen hindern.

MONSIEUR KLÉBER Sie sind schlau, Monsieur Vendetti, sehr schlau, aber so schlau nun auch wieder nicht. Sie wollen zu viel, zu schnell, und ich glaube nicht, daß Sie wirklich mit beiden Beinen auf der Erde stehen, wie Sie sagen. Verstehen Sie mich, das ist ein Geschenk, auf keinen Fall eine Entschädigung, ich habe mir nichts vorzuwerfen. Sonst würde ich meine Versicherung einschalten, die Verträge decken das ab. Was Sie zu verlangen scheinen ist Geld. Ich glaube, selbst wenn ich Ihnen angenommen viel Geld, sogar sehr viel Geld geben würde, nichts kann Ihnen Ihren Bruder zurückgeben und nichts kann Ihre Mutter trösten.

Ich bin immer erstaunt, wenn Leute wie Sie noch zu glauben scheinen, Geld mache glücklich. Aber Monsieur Vendetti, das existiert nicht, Sie täuschen sich.

BRUNO VENDETTI Hä? Monsieur ...

MONSIEUR KLÉBER Außerdem, Monsieur Vendetti. Lassen Sie mich ausreden, Sie haben schon zuviel geredet. Außerdem, habe ich gesagt, ja, Monsieur Vendetti, verstehen Sie, wenn ich Ihnen Geld gäbe, eine Entschädigung, dann wäre ja offensichtlich, daß ich eben damit die Schuldvorwürfe annähme.

Nein, Monsieur, das ist unmöglich, weil ich dieses Geld, das Sie von mir verlangen, nicht habe.

Ja, Monsieur, das mag Sie überraschen, das überrascht Sie bestimmt, aber ich persönlich habe so eine riesige Summe nicht, wie Sie sie fordern könnten, wenn ich schuldig wäre. Ja, Sie fordern nämlich, Sie erlauben sich, wie vor einem Gericht Schadenersatz zu fordern. Nur wird kein Gericht mich für verantwortlich halten. Wäre ich schuldig, ja, das Leben eines Kindes ist sehr teuer, man schlägt keine Köpfe mehr ab, aber es kostet ein anderes Leben. Ich bin nicht verantwortlich für den Tod eines Kindes, und ich sage es Ihnen, außerdem habe ich das Geld nicht.

Also, was?

Ich würde das Geld des Supermarkts nehmen, und dann würde ich was, den Supermarkt für verantwortlich halten,

so, Monsieur Vendetti, sehen Sie die Dinge so? Aber das ist nicht möglich: ein Supermarkt soll verantwortlich sein, ein Mörder, warum dann nicht gleich eine ganze Gesellschaft?
Nehmen Sie mein Geschenk, nehmen Sie es an, tun Sie, was ich gesagt habe, und gehen Sie jetzt. Mademoiselle Mlinek begleitet Sie hinaus.
Leben Sie wohl, Monsieur Vendetti.

15.

ALFA ALLAMODIO Er gibt nichts.
BRUNO VENDETTI Ich werde ein Mittel finden, damit er bezahlt, er und seine ganze Sippschaft von Hurenkindern, glaub mir, Freund, frühere und künftige Generationen werden dafür bezahlen.
ALFA ALLAMODIO Von Monsieur Kléber kriegst du nichts.
BRUNO VENDETTI Was weißt du denn? Hä?
ALFA ALLAMODIO Er nimmt und gibt nicht.
BRUNO VENDETTI Ich nehme mir, oder er gibt mir.
ALFA ALLAMODIO Er nimmt. Das ist alles.
BRUNO VENDETTI Hat er sie genommen? Sie läßt sich einfach so nehmen.
Wie eine Hündin nimmt er sie, die Nathalie, es ist so, Freund, in seinem Büro da oben.
ALFA ALLAMODIO Sei still.
BRUNO VENDETTI Er hat Frau und Kinder, hat er mir gesagt.
ALFA ALLAMODIO Ja?
BRUNO VENDETTI Weißt du, was, Cousin? Nathalie ist ein Mädchen, das für dich gemacht ist, ja, du weißt es, ich hab's dir schon mal gesagt, für dich.
Zeig mal deine Waffe, Freund, du hast sie doch bei dir, Alfa, da, in deiner Jacke, du gehst ja arbeiten, Freund. Zeig mal.

Bruno Vendetti hat die Pistole von Alfa Allamodio genommen.

BRUNO VENDETTI Sie ist schön, weißt du, Alfa, das ist ein Zeichen der Macht, damit hast du Macht, damit kann man nehmen, geben, das gefällt mir, das faßt sich gut an, Bumm!

ALFA ALLAMODIO Gib sie mir wieder.

BRUNO VENDETTI Das faßt sich gut an, Das faßt man so an, ganz fest, und dann, bumm!

ALFA ALLAMODIO Gib her.

BRUNO VENDETTI Ach komm, Freund, reg dich ab, ich hab' meine eigene, sieh mal, sie haben sie mir dagelassen, nicht so groß wie deine, Freund, das ist klar, aber es reicht, um einen Scheißtypen fertig zu machen. Dazu braucht man keine Automatik, neun Millimeter, das ist zuviel für einen Scheißtypen, fast eine Verschwendung. Es ist doch so, Freund, und man muß nicht wirklich schießen können, es genügt, näher ranzugehen und dann, hä. Bumm.

ALFA ALLAMODIO Ich gehe jetzt arbeiten.

BRUNO VENDETTI Bumm, Monsieur Kléber, in den Kopf, Arschloch. Hä?
Ja, geh, arbeite, wie es sich gehört, ich komme dich heute abholen, wenn der Laden zumacht.

ALFA ALLAMODIO Wozu?

BRUNO VENDETTI Nicht um Kléber abzuknallen, glaubst du, ich bin bekloppt, du hältst mich wohl auch für einen Idiot. Nein? Nein, ich komme, weil du mein Freund bist, Alfa, weil ich einen Freund brauche, Bruder. Willst du mich hier ganz allein lassen? Nein, willst du nicht. Ich habe keine Lust allein zu bleiben, also geh, ich komme.
Aber wirklich, Alfa, die Nathalie ist für dich wie der Finger für den Abzug, glaub mir.

16.

BRUNO VENDETTI Ich warte auf Alfa.

NATHALIE MLINEK Du mußt draußen warten. Er macht seine Runde, und dann kommt er raus.

BRUNO VENDETTI Im Schneegestöber. Es ist kalt draußen.

NATHALIE MLINEK Es schneit? Dann warte unten.

BRUNO VENDETTI Alfa hat gesagt, ich soll hier warten, also warte ich hier. Kein Grund, woanders hinzugehen.

NATHALIE MLINEK Du darfst hier nicht bleiben, ich muß los.

BRUNO VENDETTI Was stinkt denn hier so? Bist du das, oder ist das hier? Scheiße, du bist das. Du stinkst so.

NATHALIE MLINEK Los, raus, es reicht.

BRUNO VENDETTI Sowas nennen die Parfum. Vielleicht nimmst du zuviel, vielleicht ist es besser, wenn du weniger nimmst.

NATHALIE MLINEK Bruno.

BRUNO VENDETTI Ich bleibe, weil ich auf Alfa warte, der seine Runde macht und der mir gesagt hat, hier und sonst nirgends auf ihn zu warten. Scheußlich, wie du stinkst, Nathalie, wirklich scheußlich.

NATHALIE MLINEK Faß ja nichts an.

BRUNO VENDETTI Hör mal, es genügt nicht, sich ein bißchen nett anzuziehen, ungefähr zu wissen, wie man mit dem Hintern wackelt und sich schminkt – um zu gefallen, muß ein Mädchen wenigstens ein bißchen gut riechen, Nathalie. Verstehst, es ist scheißegal, was du denkst, es ist nicht schlimm, wenn du nichts kapierst, aber riechen, das schon, man muß dich riechen können, ohne daß sich einem der Magen umdreht. Wenn sich einem der Magen umdreht, hat man zu nichts mehr Lust, verstehst du?
Ja, ich glaube, wenn Alfa mich nicht gebeten hätte, hier zu bleiben, hier, in diesem Raum, der jetzt stinkt, also ich glaube, ich wäre schon weit weg, sogar in der Kälte, sogar im Schnee, mit dem Wind, der mir in die Ohren blasen würde, um mir den Magen zu reinigen.

17.

ALFA ALLAMODIO Ich habe nicht gesagt, daß du hier warten sollst. Ich habe unten gesagt. Jetzt bist du hier ... was suchst du hier?

BRUNO VENDETTI Hä? Alfa? Bruder, Ruhe, Cousin.

ALFA ALLAMODIO Im Büro. Was machst du hier?

BRUNO VENDETTI Freund.

ALFA ALLAMODIO Freund?

BRUNO VENDETTI Ja, Freund.

ALFA ALLAMODIO Hör auf.

BRUNO VENDETTI Hör auf. Hä, hast du nie daran gedacht, sag, ist er dir nie so sehr auf die Nerven gegangen, daß du daran gedacht hast, ihn umzulegen, da mit der Kanone, die er dir gegeben hat, um ihn zu beschützen. Nein, du denkst nie daran?

ALFA ALLAMODIO Jetzt ... hör auf.

BRUNO VENDETTI Okay, Cousin, vergiß es, vergiß alles, bleib auf deinem Platz, auf deinem Platz, dafür bist du gut.

ALFA ALLAMODIO Das denkst du?

BRUNO VENDETTI Ich denke, was ich sage.

ALFA ALLAMODIO Gut ... geh jetzt.

BRUNO VENDETTI Ich gehe, mach keinen Aufstand, ich gehe, Alfa.

Alfa, ich will dir was sagen, im Herzen meiner Mutter, weißt du, ist Wut, viel Wut, diese Wut ist auch in mir, dieselbe, sitzt tief in meinem Gehirn fest, bereit auszubrechen, bereit zu explodieren, meinen ganzen Körper zu überschwemmen, in meine Adern zu fließen, meine Beine anschwellen zu lassen, die immer fest auf der Erde stehen, wie du weißt, eines Tages wird sie in meinen Armen, in meinen Händen ankommen, sie wird eines schönen Tages in Form von fünf kleinen Kugeln unten an dieser Hand anwachsen. Verstehst du, Alfa, ich sage dir das, weil diese Wut, diese selbe Wut, die meine Mutter in ihrem Herzen hat, die ich tief in meinem Gehirn verwahre, diese Wut, dieselbe, genau dieselbe, sehe ich, wenn ich dich anschaue, in deinen Augen. Deshalb glaube ich auch, daß du irgendwann Lust hattest, ihn umzulegen, an dem ein oder anderen Tag, als er mit dir gesprochen hat. Ich glaube, du bewahrst das irgendwo in dir, in deinem Körper auf, aber ich glaube nicht, daß du nicht daran gedacht hast.

ALFA ALLAMODIO Geh jetzt.

BRUNO VENDETTI Was denkst du, Alfa? Was denkst du eigentlich?

ALFA ALLAMODIO Was willst du?

BRUNO VENDETTI Ich hab's dir doch gesagt, wir legen ihn um, den Hurensohn, den Arschficker, wir legen ihn um, wie einen Hund, wir legen ihn um, beide zusammen, wie zwei Blutsbrüder, eine Art Pakt, mit seinem Blut besiegelt. Im Blut seiner Rasse.

Bruno Vendetti zieht seine Pistole.

Dieses Ding ist die Macht, die Herrschaft, die Gewalt, stärker als alles, gerechter als alle Zahlen, größer als alle Götter. Das verstehst du nicht, Cousin. Hä?

ALFA ALLAMODIO Nimm die Waffe runter.

BRUNO VENDETTI Hä. Sieh mal, wie ich's dir gesagt habe, der Arm ganz gerade, gestreckt, am Ende die Hand, genau in der Achse, der Finger, schau, der Finger am Ende, ja, am Ende des Arms, da, da, genau da, die Wut, ja, eine kleine Kugel aus Wut. Eine kleine Kugel, die über den Abzug rollt und den Schlagbolzen des Glücks umlegt.

ALFA ALLAMODIO Du zitterst.

BRUNO VENDETTI Hä.

Nein.

Ich könnte sie mit beiden Händen halten, mit weniger gestrecktem Arm, wenn ich wollte, das könnte ich, das ginge so, deine wäre zu schwer. Es kommt auf die kleine Kugel an.

18.

MADAME VENDETTI Ich möchte lieber sterben, wie er. Ich lasse mich hinübergleiten.

BRUNO VENDETTI Red' keinen Unsinn.

MADAME VENDETTI Bruno, dein Bruder, vorhin, hier, da. Ich war in der Küche. Ich saß am Tisch. Da, ich habe nachgedacht, ich saß so da. Dein Bruder, Bruno, der war vorhin, als ich nachdachte, er war da, genau da stand er.
Er sah mich an, er lächelte. Ich habe mit ihm gesprochen, ich habe ihm gesagt, »du bist tot«, »ich werde verrückt«, habe ich gedacht.
Ich wollte ihn berühren. Ich hatte Angst.
Er ist tot, wenn ich ihn anfasse, spüre ich genau, daß er tot ist. Ich bin aufgestanden, ich konnte ihn berühren, er lächelte immer noch, ich habe »rede« gesagt.
Ich sehe schon, daß du mir nicht glaubst, Bruno, aber er hat gelacht, ein Lachen, das Angst macht.

BRUNO VENDETTI Du bist müde, du mußt jetzt schlafen, morgen wird alles anders sein.

MADAME VENDETTI Schlafen? Nein. Wenn ich schlafe, kommt er und lacht wie ein Teufel.

BRUNO VENDETTI Mama, du bist müde, ich bin hier, ich bin bei dir, leg dich hin, ich bin da, schau, leg dich hin, ich bleibe da, gleich schläfst du, ich warte, ich rede mit dir.

MADAME VENDETTI Du bist lieb, Bruno, du bist immer lieb gewesen, meine Söhne sind immer lieb zu ihrer Mutter, alle Nachbarn wissen das.
Wenn sie ihn nicht parfümiert hätten, würde er schon stinken, er ist tot.

BRUNO VENDETTI Ja, schlaf, ich rede, sag nichts mehr.

MADAME VENDETTI Die Polizei ist heute noch mal da gewesen. Er ist tot, und sie kommen noch mal, um Fragen zu stellen. Dich wollten sie auch sprechen.

BRUNO VENDETTI Hä? Mich sprechen?

MADAME VENDETTI Ich habe ihnen gesagt, daß es sich nicht lohnt, weil du nicht da warst, als es passiert ist. Sie haben

»in Ordnung« gesagt. Ich habe ihnen erzählt, daß mein Kleiner hier war und vor mir gelacht hat, da, in der Küche, neben dem Kühlschrank. Sie haben gesagt, es wäre in Ordnung, sie würden nicht mehr kommen und mich belästigen.

BRUNO VENDETTI Sind sie reingekommen? Hä? In die Küche?

MADAME VENDETTI Nein. Sie sind draußen geblieben. Ich habe gesagt, »ich warte auf meinen Sohn. Niemand kommt rein, wenn mein Sohn nicht da ist. Die Nachbarin kann reinkommen, sonst niemand«. Wenn sie reinkommen wollen, müssen sie auf meinen Sohn warten, habe ich gesagt, »er kommt gleich«, sie sind gegangen, weil es wohl nicht sehr wichtig war.

BRUNO VENDETTI Schön, schlaf, ich bin da.

MADAME VENDETTI Was machen wir jetzt, Bruno?

BRUNO VENDETTI Schlafen.

MADAME VENDETTI Wenn ich schlafe, bist du dann da?

BRUNO VENDETTI Ja.

MADAME VENDETTI Und wenn ich aufwache?

BRUNO VENDETTI Immer noch da.

MADAME VENDETTI Wo? Da?

BRUNO VENDETTI Da oder vor der Glotze nebenan, ich habe einen Film, ich bleibe hier, wenn du rufst, komme ich, schlaf.

MADAME VENDETTI Ja, ich schlafe.

19.

ALFA ALLAMODIO Und wenn der Schnee nie mehr schmelzen würde und diese winzige Kugel bewegungslos bliebe? Wenn nichts mehr wüchse, nichts Lebendiges mehr, außer dem Wind?

Wenn von ganz da oben, von weiter oben als alles, was überall hier hoch ist, der Schnee weiter leise gefallen wäre wie ein sanfter Schleier, und wenn dieser Schleier sich jetzt bis zum Horizont ausbreitete und sogar die Wellen sich nicht mehr bewegten?

Die Erde hätte aufgehört sich zu drehen, und was dann? Nach der Panik und den Fragen ohne Antwort, was? Stille. Endlich Stille. Das Ende, der Tod, endlich der Tod. Der Schnee hatte die Armeen des Unheils auf ihren Kriegswegen angehalten. Schlaue kleine Soldaten, Schattenreste, die im frischen Gips stecken gebliebenen sind, versuchten noch zu entkommen, aber es war schon zu spät, und alles war gut so.

Aus war's mit dieser egoistischen, kriegerischen menschlichen Rasse, deren Zeit vorbei war und um die es keiner Tierart, die die Kälte ertrug, leid tat. Sie selbst würde sich nicht leid tun, sie hatte zuviel gelitten, und falls ihre Seele irgendwo, weit weg, überleben könnte, so mochte sie denken, daß so alles besser war, seit ihr Körper nicht mehr existierte. Diese Gattung hatte sich selbst zuviel Leid zugefügt, ihre Unstimmigkeiten, ihre Ängste und ihre Wünsche hatten ihr nur Unglück gebracht, und ihre Krankheiten hatten sie verurteilt.

DIE STIMME Du redest wieder mit dir selbst, Alfa.

ALFA ALLAMODIO Bist du's? Kleiner Vogel, bist du zurück?

DIE STIMME Ich werde immer wiederkommen. Unser Geheimnis, Alfa, hast du es vergessen?

ALFA ALLAMODIO Ich träume ja.

DIE STIMME Zeig deine Hände, Alfa.
Wie groß sie sind.
Sie sind groß, damit bist du reich.

ALFA ALLAMODIO Du machst dich lustig über mich, wie die Schatten.

DIE STIMME Und wenn du sprichst, könnte man fast denken, du singst.

ALFA ALLAMODIO Du lächelst über mich.

DIE STIMME Ich lächle, Alfa, ja, nicht über dich, nein, nicht über dich.
Ich lächle, weil hier alles so schön ist, Superman fliegt hö-

her als alle Flugzeuge und alle Raketen. Wenn er nach unten schaut, kann er sehen, wo es nicht schneit, wenn es hier schneit, wo Nacht ist, wenn hier Mittag ist.
Stell dir das alles von da oben aus vor, wie schön es ist, wie still es ist, nichts bewegt sich mehr, nichts spricht mehr.
Ich bin jetzt sehr hoch, ich bin fern, ich spiele mit einer Wolke, und da sie weich ist, kitzelt sie mich an den Füßen.

ALFA ALLMODIO Ich höre dich. Es klingt fröhlich, wie du lacht.
Bruno kommt.

BRUNO VENDETTI Du hast wieder geträumt, Alfa. Von Gott? Von Nathalie vielleicht?

20.

MONSIEUR KLÉBER Geben Sie ihm, was ich versprochen habe.

NATHALIE MLINEK Er will Sie aber sprechen.

MONSIEUR KLÉBER Ich habe keine Zeit, keine Zeit für Diskussionen.

NATHALIE MLINEK Er besteht darauf.

MONSIEUR KLÉBER Dann rufen Sie Monsieur Allamodio.

NATHALIE MLINEK Monsieur Allamodio hat ihn bis jetzt daran gehindert, heraufzukommen, aber jetzt findet Monsieur Allamodio, Sie sollten ihn anhören.

MONSIEUR KLÉBER Monsieur Allamodio denkt das. Also, wenn Monsieur Allamodio das denkt, lassen Sie beide heraufkommen.
Warten Sie, Nathalie.
Ich hätte gern, daß Sie heute abend bleiben können, können Sie?
Wir müssen diese Bestellungen durchsehen. Es muß sein.
Bitte.

NATHALIE MLINEK Schon gestern, Monsieur.

MONSIEUR KLÉBER Es muß sein.
Sie bleiben doch, nicht wahr?

NATHALIE MLINEK Ja.
MONSIEUR KLÉBER Gut, bitten Sie sie herauf.

21.

MONSIEUR KLÉBER Schlagen Sie sich auf keine Seite, Monsieur Allamodio, Sie sind heute Diplomat. Die Diplomatie ist wichtig, sie verhindert bedauerliche Taten, solche, die man sofort bereut. Der Zweck Ihres Besuchs ist doch kriegerisch, Monsieur Vendetti?
Täusche ich mich etwa?
Unterstelle ich Ihnen böse Absichten?
Bevor Sie antworten, sollten Sie zur Kenntnis nehmen, daß Gewalt noch nie ein Problem gelöst hat, es ist die Diplomatie, die Kriege beendet.

BRUNO VENDETTI Ich hab's dir ja gesagt, Alfa, der da macht große Sätze. »Geld macht nicht glücklich«, in jedem Satz ist wenigstens ein Wort, das zu kompliziert ist.

MONSIEUR KLÉBER Ich will versuchen, mit Monsieur Allamodios Hilfe diplomatisch zu bleiben, aber gehen Sie nicht zu weit, Monsieur Vendetti. Die Welt wird aus Sätzen fabriziert.

BRUNO VENDETTI Mit Ihren Sätzen und Ihrer Diplomatie werden Sie uns im Kreis rumführen. Wir verlieren nur Zeit.

MONSIEUR KLÉBER Sie haben recht, Zeit ist ein wichtiger Wert, Zeit als Abszisse, Geld als Ordinate.
Also, reden Sie.
Was verschafft mir die Ehre dieses morgendlichen Besuchs?
Falls Sie Ihre Meinung geändert haben, brauchen Sie sich nur an meine Sekretärin zu wenden, und der Einkaufsgutschein gehört Ihnen, Sie hätten sich nicht die Mühe machen müssen, hier heraufzukommen.

BRUNO VENDETTI Ich bin raufgekommen, um zu erfahren, ob Sie über meinen Vorschlag nachgedacht haben.

MONSIEUR KLÉBER Ihren Vorschlag?
Als Erpressung?
Ich habe Ihnen schon erklärt, daß niemand für das Schicksal verantwortlich gemacht werden kann.

BRUNO VENDETTI Das Schicksal? Wollen Sie mir weismachen, daß Sie daran glauben? Die Leute von hier glauben daran. Meine Mutter glaubt ans Schicksal, aber Sie, Sie nicht, das glaube ich nicht, für Sie gilt das Schicksal nicht, für mich übrigens auch nicht.

MONSIEUR KLÉBER Sie glauben nicht an das Schicksal, aber woran glauben Sie denn dann, an Gott vielleicht?

BRUNO VENDETTI Noch weniger, Monsieur Kléber, wenn ich nämlich an Gott glauben würde, könnte einfach so abwarten, daß das Leben geschieht, wie Alfa. Nein, das nicht, ich bin wie all die, die wirklich überhaupt nicht an Gott glauben, ich mache mir meinen eigenen Gott. Ich mache mir mein Paradies hier, weil ich eben, genau wie vom Schicksal, von Gott nichts erwarte, verdammt gar nichts.

MONSIEUR KLÉBER Herzlichen Glückwunsch.
Sie verstehen auch, schöne Sätze zu machen. Ich gebe Ihnen Ihr Kompliment zurück, aber hüten Sie sich vor dem allzu leichtfertigen Wort. Seien Sie vorsichtig, die Diplomatie zwingt uns manchmal »ja« zu sagen, auch wenn wir ganz entschieden »nein« denken.

BRUNO VENDETTI Das Schicksal, die Diplomatie, die Sätze, das alles überlasse ich Ihnen. Ich überlasse Ihnen das alles, auch wenn ich glaube, daß Sie sich einen Dreck darum kümmern, weil, im Grunde, sind wir uns ein bißchen ähnlich, wir stehen mit beiden Beinen auf dem Boden, wir lassen sie nicht hinter einem Schicksal herlaufen oder zu einem Gott auffliegen. Hä.

MONSIEUR KLÉBER Dann habe ich mir ja umsonst Sorgen gemacht. Hinter Ihren fuchtelnden Händen, die Ähnlichkeit mit zwei kleinen unbezähmbaren wilden Tieren haben, gibt es einen organisierten Geist, der imstande ist, Subjekte, Prädikate und Objekte aufzureihen, um Sätze herzustellen. Sie sind mir sympathisch, Monsieur Vendetti, aber ich kann wirklich nicht mehr für Sie tun als diesen bescheidenen Einkaufsgutschein. Ich kann Sie jedoch ermutigen, auf jedem Ziel zu beharren, das Sie sich in Zukunft setzen, beißen Sie schön die Zähne zusammen, und alles trifft ein, so habe ich alles erreicht. Haben Sie ein Auge auf die Diplomatie, machen Sie weiter schöne Sätze, lassen Sie Schicksal und Gott beiseite, und die Zahlen werden Ihren Sieg künden, Ihren Sieg über Sie selbst, über Ihre Situation. So wie ich, können Sie dann Ihre kleine Welt bewegen. Sie verstehen mich.

BRUNO VENDETTI Ich verstehe Sie, Monsieur Kléber, aber mit jedem Sieg geht eine Niederlage einher. Ich meine, bei einem vorschriftsmäßigen Sieg gibt es den Sieger, aber es gibt auch den Besiegten. Sie verlieren heute, wie ich es sage, heute verlieren Sie. Das Schicksal, so nennen die Leute hier die Dinge, die zu stark für sie sind, den Tod und all das, auch das Pech. Das Schicksal war bis jetzt mit Ihnen, aber da ich nicht glaube, daß es stärker sein kann als ich, deshalb ficke ich das alles, und heute ficke ich Sie, Monsieur Kléber.

MONSIEUR KLÉBER Diplomatie, Monsieur Vendetti.

Es ist wieder die Traurigkeit, die Sie beherrscht. Man darf das nicht zulassen, man muß sich in der Traurigkeit aufrichten, man darf nicht zulassen, daß sie die Kontrolle übernimmt. Ihr kleiner Bruder ist gestorben, und niemand kann ihn wieder lebendig machen, nicht einmal der größte aller Götter, an den Sie ja ohnehin nicht glauben.

Bei der kleinsten Bewegung, die Sie machen, fordere ich Monsieur Allamodio auf einzugreifen. Er wird es tun, er ist nämlich nicht nur mein Angestellter, sondern ich glaube, daß er außerdem Gerechtigkeit und Frieden in sich hat, manche Leute haben diese Dinge in sich, Monsieur Vendetti.

BRUNO VENDETTI Siehst du, Alfa, du hast die Macht, ich hab's ja immer gesagt, daß du die Macht hast, ich habs dir gesagt, aber ich, ich hatte keinen Supermarkt, der über-

wacht werden mußte. Ich habe dir eine prozentuale Beteiligung an einem Deal vorgeschlagen, und euch, euch hier ist ein festes Gehalt ja lieber, auch wenn das feste Gehalt winzig klein ist. Wie Ihre Sekretärin, Monsieur Kléber.
Ach ja, da habe ich eine Videokassette, das könnte Ihre Frau interessieren ... Und eine entehrte Frau, Monsieur Kléber, das wissen Sie ja, ist ein zorniger Vater. Ich hatte keinen Vater, aber ich kann es mir vorstellen. Sie verstehen nicht, Sie tun vielleicht so, als verständen Sie nicht. Na gut, dann werd' ich Ihnen sagen, auf meiner Kassette ... diese Kamera da, die alles gesehen hat ... Sie brauchen nämlich sogar bei sich Kameras zur Kontrolle, zur Überprüfung. Im Innern Ihres Körpers sollten Sie so ein Scheißding installieren. Ich sag's Ihnen, da gibt es nämlich auch Scheißdreck zu sehen. Also, auf der Kassette, ich sage es, und alle können es sehen, da sind Sie und – ich sag's Ihnen, wie ich's gesehen habe – , nicht gerade beim Ordnen von Papieren, Ihre Sekretärin. Ich weiß nicht, wie man das nennen soll, ich weiß nicht mal, ob das einen Namen hat, das ist wohl Liebe, ist so die Liebe?

MONSIEUR KLÉBER Das reicht, Monsieur Vendetti, das ist Erpressung.
Monsieur Allamodio, die Diplomatie hat ihr Gutes, aber man muß wissen, wann sie ausgedient hat.
Monsieur Vendetti, wollen Sie bitte gehen.

BRUNO VENDETTI Dann kriege ich nichts, und Sie ... Sie verlieren alles.

MONSIEUR KLÉBER Gehen Sie, Monsieur Allamodio, entschuldigen Sie mich bitte, ich muß mich mit Monsieur Vendetti unter vier Augen unterhalten.
Wie gesagt, die Diplomatie hat ihre Grenzen.
Ich kann Ihnen doch vertrauen, Monsieur Vendetti? Wir beschränken uns auf die Wörter und bilde Sätze, die uns helfen werden, uns zu verstehen, ohne daß die Diplomatie ihre Nase hineinstecken muß.

Alfa Allamodio geht ab.

22.

MADAME VENDETTI Sag doch was.
Du lächelst, das ist alles.
Klagst du mich an?
Bin ich schuld?
Hör auf.
Ich bin müde.
Es ist dein Vater, ich bin nicht schuld.
Und du lächelst noch, aber das ist nicht dein wahres Lächeln. Dein wahres Lächeln ist das eines glücklichen Kindes, wie das Lächeln, wenn man fotografiert wird.
Heute nacht habe ich geträumt, es war ein Alptraum, du warst tot, es war schrecklich, ich wollte auch sterben, es tat so weh. Dann bin ich aufgewacht, es war nur ein Alptraum, nicht die Realität, und ich wäre fast wieder eingeschlafen. Da habe ich gedacht, daß es schon drei Tage her ist, daß du abgestürzt bist, du bist wirklich tot, es ist kein Traum, es ist das Schicksal. Die Alpträume wecken mich, und das Schicksal läßt mir nicht einmal den Frieden des Schlafs.

23.

MONSIEUR KLÉBER Wer sagt denn, wir könnten uns nicht verständigen?
Wollen Sie wissen, was ich wirklich denke?
Ich denke, daß es in dieser Welt nicht sechsunddreißigtausend Rassen gibt, nicht einmal zehn, es gibt alles in allem zwei.
Monsieur Vendetti, wir gehören zur gleichen Rasse.
Wir gehören zur Rasse derer, die man nicht aufzuhalten wagt, die es verstehen, die Zähne zusammenzubeißen, die zum Gehen keine Krücken brauchen, die sich selbst erschaffen haben, ohne Vater, ohne Gott. Wir haben aus uns selbst heraus gelernt, die Zähne zusammenzubeißen,

durch die bloße Kraft unserer Intelligenz, das ist eine Kraft, die wir in uns haben.
Wir gehören beide zur selben Rasse, deshalb brauchen wir uns nicht zu bekriegen, das wäre ein dummer Zeitverlust und unseres Rangs unwürdig.
Verstehen Sie mich?
Ich versuche nicht, zu fliehen, mir ist klar, daß für Sie wie für mich dieser Einkaufsgutschein lächerlich ist. Ich habe Sie verstanden, und Sie können beruhigt gehen. Ich möchte nur, daß Sie mich verstehen, damit Sie sich der Rasse bewußt werden könnten, der Sie angehören, denn mir scheint, Sie sind sich nicht ganz im Klaren über das Glück, das Sie haben. Entschuldigen Sie, ich wollte nicht von Glück sprechen. Glück und Pech gehen ja mit dem Schicksal einher, sie passieren den anderen.

BRUNO VENDETTI Zahlen, Monsieur Kléber, ich bin gekommen, um über Zahlen zu sprechen.

MONSIEUR KLÉBER Glauben Sie vielleicht, ich brauchte nur meine Taschen zu durchsuchen, um schöne runde Summen herauszuholen?

BRUNO VENDETTI Sätze, Sie versuchen, mich mit Ihren Sätzen einzulullen. Morgen beerdige ich meinen Bruder, in zwei Tagen tröste ich meine Mutter, und in drei Tagen haben Sie mich vergessen. Geben Sie mir die Summe, und in drei Tagen ist alles vorbei.

MONSIEUR KLÉBER Und die Kassette?

BRUNO VENDETTI Wenn ich die Summe habe, vergesse ich die Kassette.

MONSIEUR KLÉBER Und später haben Sie die Summe nicht mehr, und dann wieder die Kassette.

BRUNO VENDETTI Sie haben keine Wahl mehr, das ist Ihr Schicksal.

MONSIEUR KLÉBER Mein Schicksal?

BRUNO VENDETTI Auf der Kassette.

MONSIEUR KLÉBER Monsieur Vendetti, ich erinnere Sie daran, daß Sie es zuerst gesagt haben, Sie haben gesagt, wir wären uns ähnlich. Ich sage, wir sind die selben, von derselben Rasse, aus derselben Welt, von derselben Art Vater, von der Art, die nicht existiert, wir können uns verstehen, ich komme auch von da, vielleicht schlimmer, aber Sie werden sehen, wenn Sie erstmal da sind, an meiner Stelle, werden auch Sie das alles vergessen. Man vergißt schnell, Sie werden sehen, das hat dann keinerlei Bedeutung mehr, woher man kommt. Sie werden sich nur sagen, es war gut, daß ich die Zähne zusammengebissen habe, als die anderen sich auf das Schicksal verlassen haben.

BRUNO VENDETTI Die Summe.

MONSIEUR KLÉBER Sie haben recht, ich gebe Ihnen alles, und Sie werden nicht wieder mit diesen Geschichten ankommen.

BRUNO VENDETTI Ich will das alles jetzt. Morgen der Tag gehört meinem Bruder.

MONSIEUR KLÉBER Ich habe es Ihnen doch schon mal erklärt, ich habe so eine Summe nicht bei mir. Die steht auf dem Papier. Am Wochenende, wenn die Abrechnung auf die Bank gebracht wird, dann bekommen Sie die Summe, sie geht nicht auf die Bank. Ich werde sagen, wir müßten es noch mal zählen. Dann fährt der Panzerwagen leer zur Bank zurück. Sie kommen hinten herum, da machen wir dann den Austausch. Ich werde sagen, wir wären bestohlen worden oder die Abrechnung wäre falsch, oder ich sage gar nichts, ich rede mich schon heraus.

BRUNO VENDETTI Hinten herum? Keine faulen Tricks.

MONSIEUR KLÉBER Nein. Hinten herum, im Lager, nach Ladenschluß. Ich habe gehört, Sie kennen den Weg.

BRUNO VENDETTI Ich komme bewaffnet. Hä.

MONSIEUR KLÉBER Stecken Sie das weg.

BRUNO VENDETTI Auch wenn die Polizei da sein sollte, ich zögere nicht, ich schieße.

MONSIEUR KLÉBER Wir sprechen dieselbe Sprache. Das haben wir nicht nötig, überlassen Sie das den anderen. Wir reden über einen Vertrag, nicht über einen Überfall. Sie sind intelligent, Monsieur Vendetti, ich mache gern Geschäfte mit Leuten wie Ihnen.

BRUNO VENDETTI Sie bezahlen Ihre Schulden, mehr nicht, hä, das ist alles, und ich verspreche Ihnen, daß ich Sie fertig mache, wenn die Summe nicht da ist.

24.

MADAME VENDETTI Der Tod macht mir weniger Angst als sein Lächeln. Sogar das Parfum ist verlogen, der Tod hat seinen Geruch.

BRUNO VENDETTI Morgen wird er beerdigt.

MADAME VENDETTI Wir werden ihn beerdigen, und er wird zurückkommen und uns anklagen, dich klagt er auch an. Er wird mich weiter quälen, wie ein Teufel.

BRUNO VENDETTI Kein Teufel.

MADAME VENDETTI Ich sehe sein Lächeln.

BRUNO VENDETTI Genug.

MADAME VENDETTI Es ist so.

BRUNO VENDETTI Nichts ist so oder so, alles ändert sich. Später. Bald. Gehen wir einkaufen. Da suchst du dir ein Kleid aus, das schönste, aus dem schönsten Stoff, wie das der Damen. Wenn du unschlüssig bist, nehmen wir zwei, dazu passende Schuhe und auch Schmuck.

MADAME VENDETTI Was ist mit deinen Augen, Bruno, sie sehen nichts mehr, dein Gehirn denkt, und was du mir erzählst, sind Träume. Eine erfundene Welt, wie im Fernsehen. Du erreichst nichts, wenn du so denkst.

BRUNO VENDETTI Alles wird sich ändern, wir werden zusammen fortgehen, näher am Glück werden wir diese alte Welt hier vergessen, die dich hat an das Schicksal glauben lassen.

Ganz neu, wir werden bald ganz neu sein, woanders.

MADAME VENDETTI Du sagst was, und das sagt eigentlich nichts.

Der Kleine und jetzt du.

Sieh mich an. Deine Augen glänzen so sehr, daß man meinen könnte, sie wären auch tot.

25.

MONSIEUR KLÉBER Glauben Sie an Gott, Mademoiselle Mlinek?
Ich habe Ihnen diese Frage nie gestellt, weil ich immer dachte, daß es nur Sie etwas angeht.
Ich glaube nicht an ihn, ich habe nie an ihn geglaubt.

NATHALIE MLINEK Kaffee?

MONSIEUR KLÉBER Manchmal denke ich, ich müßte mich zwingen, an ihn zu glauben, alles wäre einfacher. Wenn Gott existiert, ist nichts anderes mehr wichtig, weder Geld noch Macht, gar nichts. Wenn Gott existiert, ist das Geld zu nichts mehr nütze, und die Macht ist er, sogar die Liebe ist er. Ich glaube, so ähnlich denken die, die glauben.

NATHALIE MLINEK Das Parfum geht gut.

MONSIEUR KLÉBER Bei Krankheit ist vielleicht möglicherweise er es, der entscheidet, aber in der kurzen Zeit, in der ein Mensch dem Leben eines anderen ein Ende setzt, ist es nicht Gott, der entscheidet. Dann, in dem Augenblick ist der Mensch Gott, der Mensch allein.

NATHALIE MLINEK Der Kaffee.

MONSIEUR KLÉBER Der Mensch existiert in seinem Erfolg und nie anderswo, weder Geld noch Sex sind seine Ziele, sein wahres Ziel ist der Sieg, dieser Augenblick totaler, absoluter Macht über alle und alles.
Gott kann die überleben lassen, die sich dem wahren Kampf verweigern, weil sie zu schwach sind und verlieren würden, das ist alles.

NATHALIE MLINEK Das Parfum, sagen Sie noch mal was zu dem Parfum, gefällt es Ihnen immer noch?

MONSIEUR KLÉBER Das Spiel, der Kampf, daran hat der Mensch Freude, er stellt Regeln auf, bevor er anfängt zu spielen, aber natürlich kann er jeden Moment beschließen, die ursprünglichen Regeln zu ändern, das ist nicht wichtig. Man einigt sich auf den Einsatz: Geld, eine Frau, ein Ball, eine Videokassette, egal was, der Einsatz kann lächerlich sein..., verstehen Sie?

NATHALIE MLINEK Ich weiß nicht.

MONSIEUR KLÉBER Ihre Hand, Ihre Nägel, welche Farbe?

NATHALIE MLINEK Farbe? Fuchsienrot, einfach so.

MONSIEUR KLÉBER Nummer?

NATHALIE MLINEK Nummer? Weiß ich nicht.

MONSIEUR KLÉBER Keine Nummer? Fuchsienrot, das ist alles?

NATHALIE MLINEK Ja, fuchsienrot, einfach so, das ist alles.

MONSIEUR KLÉBER Also keine Nummer, einfach fuchsienrot, fuchsienrot, das ist schön, das ist lieblich. Meine Frau spricht in Nummern von Farben. Lippenstift und Nagellack, Nummern. Sogar ihr Parfum hat eine Nummer. Das hier hat keine Nummer?

NATHALIE MLINEK Wirklich, vielleicht eine Nummer, ich weiß nicht.

MONSIEUR KLÉBER Ich lasse Ihre Hand los, bevor sie mich mit ihren Krallen kratzt.

So.

Verstehen Sie, was auf dieser Kassette drauf ist, hat wirklich überhaupt keine Bedeutung, ich sag's Ihnen, wie es ist, wir könnten so weitermachen, als würde es nichts ausmachen, wenn meine Frau es erführe. Wissen Sie?

NATHALIE MLINEK Na ja.

MONSIEUR KLÉBER Sie verstehen.

Verstehen Sie?

NATHALIE MLINEK Ich glaube nicht.

MONSIEUR KLÉBER Verstehen Sie. Bitte.

Es kommt nicht so auf diese Kassette oder was anderes an. Das ist überhaupt nicht wichtig. Wen sollte interessieren, was man auf dieser Kassette sieht? Niemand.

Der Alte fühlt sich zu alt, und auch wenn die Ärzte ihn an die Fortschritte der Wissenschaft und an die Unsterblichkeit glauben lassen, weiß er doch, daß er auf dieser Erde ersetzt werden muß. Auch er würde sehr wohl die Augen verschließen können. Er ist intelligent.

Wirklich.

Diese Kassette zählt nicht.

Was zählt.
Der Kampf. Nach dem Sieg der Erfolg.
Was zählt, stark sein, immer, immer wieder, immer und immer wieder.
Sie verstehen, Nathalie.
Ich habe Sie seit langem verstanden.
Als ich Sie zum ersten Mal sah, erinnere ich mich, daß ich mir gesagt habe, daß diese kleinen Zähne zum Beißen gemacht sind, auch wenn sie lächeln konnten.

26.

MONSIEUR KLÉBER Immer präziser, nicht wahr, Monsieur Allamodio?
Immer besser, finden Sie nicht?
Sie können sich nicht vorstellen, wie sehr Schießen mich entspannt. Nach den Geschäften, den Problemen mit mehreren Lösungen, hier zu sein, mit Ihnen, vis-à-vis der einzigen Lösung, ist für mich erholsam. Wenn man dieses Stück Stahl in der Hand hat, spürt man, daß alles übrige ganz klein ist, Zahlen und Verträge sind nicht mehr wichtig, die Diplomatie ist nur noch eine Stilfigur. Das ist die einzige, die Lösung, die Entscheidung, die man treffen muß, die Kugel, die aus dem Lauf kommt, hat jede Macht, Leben, Tod, Geld und Ruhm, die Dinge, die ohne dies Zeit brauchen würden, die Dinge, für die man ein ganzes Leben hingeben kann.
Diese Kugel kann ein Leben stehlen, oder dem einen würdigen Tod schenken, der beschließt, sie in sich dringen zu lassen, wenn alles verloren ist, aber dafür braucht man nicht zielen zu können, es genügt, die Hand bis zum müden Hirn zu heben.
So, Monsieur Allamodio.
Ich könnte jetzt auf den Abzug drücken, und Sie würden allein hier rausgehen, während wir beide zusammen reingekommen sind.

Neun Millimeter hätten alles entschieden. Neun Millimeter zwischen dem Leben und dem Tod, zwischen Gut und Böse vielleicht. Neun Millimeter Metall in meinem Fleisch, die bewirken könnten, daß es für mich nie mehr einen Ersten noch einen Letzten gibt, wie für das ganz kleine Tier, die gleiche Unschuld im Tod.
Nein.
Zeigen Sie es mir, bitte.
Ich sehe Ihnen gern beim Schießen zu.
Ich schätze Sie sehr, Monsieur Allamodio, und ich habe es Ihnen schon mehrmals gesagt, wenn Sie wollen, gehen wir den Weg gemeinsam weiter.

27.

MONSIEUR KLÉBER Sie haben schon wieder ins Schwarze getroffen.
Die Sicherheit Ihrer Hand ist beeindruckend, als wäre sie aus demselben Stahl wie die Pistole, als wäre die Waffe nur ihre Verlängerung.
Laden Sie bitte neu.
Geräusche, Monsieur Allamodio, Geräusche im Lager, hören Sie, da. Wir sind nicht allein hier, ein Dieb, kommen Sie Monsieur Allamodio.
Das erklärt die Fehler in meiner Buchhaltung, ich hab's Ihnen ja gesagt, direkt aus dem Lager.
Das ist ein Dieb, ein Dieb, Monsieur Allamodio, sehen Sie mal da.
Wir haben nichts zu befürchten, wir sind bewaffnet, nicht wahr?
Was hält der denn in der Hand, eine Pistole, nicht wahr?
Er ist auch bewaffnet, Vorsicht, wenn er uns gesehen hat, kann er vor uns schießen.
Er hat uns gesehen.
Gleich schießt er.
Schießen Sie, Monsieur Allamodio.

BRUNO VENDETTI Ich bin's.
ALFA ALLAMODIO Es ist ...
MONSIEUR KLÉBER Es ist entweder er oder wir, ganz recht, Monsieur Allamodio.
Schießen Sie.
ALFA ALLAMODIO Aber ...
MONSIEUR KLÉBER Sie überlegen zuviel, das ist ein Dieb, schießen Sie, er kommt näher, schießen Sie.
Kommen Sie.
Geben Sie her.
Kommen Sie.
So.

Monsieur Kléber hat geschossen. Einen Schuß, einen zweiten Schuß.

MONSIEUR KLÉBER Gut.
So, da, nehmen Sie die Waffe.
Bravo, Monsieur Allamodio, Sie haben gleich beim ersten Schuß ins Schwarze getroffen, der zweite war zum puren Vergnügen.
ALFA ALLAMODIO Das waren Sie.
MONSIEUR KLÉBER Sie halten die Waffe, keine Sorge, Monsieur Allamodio, Sie haben getan, was getan werden mußte.
ALFA ALLAMODIO Nein.
MONSIEUR KLÉBER Sie müssen jetzt die Polizei rufen.
ALFA ALLAMODIO Nein.
MONSIEUR KLÉBER Er ist tot, keine Sorge, er war bewaffnet, das ist kein Mord, er hätte ja als erster schießen können, Sie haben das Richtige getan. Ihre Reaktion war gut, Sie sind für die Sicherheit zuständig, das ist ein Dieb, Sie sind nicht verantwortlich, niemand kann Ihnen vorwerfen, daß Sie die Arbeit tun, für die Sie bezahlt werden.
Dafür gibt es Unterlagen, Verträge, das ist das Gesetz.
Gehen Sie und rufen Sie die Polizei an, Sie müssen die Polizei rufen.

Die Polizei. Jetzt. Gehen Sie. Ich darf nicht hier sein, wenn sie kommen.

ALFA ALLAMODIO Sie waren es.

MONSIEUR KLÉBER Ich kann nicht länger hier bleiben.
Gehen Sie.
Ich habe Ihnen ja schon mal erklärt, daß es nicht seriös wirkt, ein wichtiger Mann, der wie ein Cowboy in einem Western mit der Pistole schießt.
Hören wir auf zu diskutieren, Sie müssen die Polizei rufen, ich komme später wieder, wenn man mich informiert, machen Sie sich keine Sorgen, ich kümmere mich um alles, vertrauen Sie mir, es geht dann nur noch um Gesetz, Vertrag und Diplomatie.
Er rührt sich nicht mehr.

28.

BRUNO VENDETTI Bist du's, Cousin?
Die Gewalt, hä, die Gewalt, du hast geschossen.
Nicht nötig, dieses ganze Blut zu sehen, ich wußte schon, daß ich tot bin.
Du hast mir das Leben genommen, Cousin.
Ich habe es zu sehr geträumt, dieses Leben.
Ich sterbe.
Siehst du.
Bist du's'?
Hä?
Du?
Oder das Schicksal?
Ist mir schnuppe, verdammter Dreck, dieses ganze Blut, Scheiße.
Ich bin jetzt tot.

29.

DIE STIMME Er ist abgerutscht.
Es ist vorbei.

ALFA ALLAMODIO Sei still, Vogel.

DIE STIMME Du hast entschieden, mich zum Sprechen zu bringen. Immer du hast mich kommen lassen.

ALFA ALLAMODIO Dann sei still jetzt.
Nein.
Sag mir.
War's der Schnee? Bist du abgerutscht?
Hast du dich fallen lassen? Die Leute haben das gesagt.

DIE STIMME Die Schatten sprechen, und du weißt es genau. Alles war weiß, es schneite noch, unten sah es aus wie ein Teppich, Baumwolle, wie in deinen Haaren. Die Flocken fielen nicht, sie schwebten durch die Luft und legten sich ganz sanft auf den Boden, nichts hielt sie auf, weder Bäume noch sonst etwas. Ich bin geflogen, Alfa, wie sie bin ich geflogen, nicht wie Superman, so.

ALFA ALLAMODIO Und jetzt, da.
Das Unglück, hier.

30.

Alfa Allamodio schießt ins Leere.

MONSIEUR KLÉBER Was ist denn mit Ihnen los, Monsieur Allamodio?
Stecken Sie die Waffe weg, gehen Sie die Polizei rufen.
Ich muß los.

Alfa Allamodio schießt noch einmal.

MONSIEUR KLÉBER Mein Bein, aber gezielt haben Sie auf meinen Kopf.

Alfa Allamodio schießt noch einmal ins Leer, aber die Kugel hat Monsieur Klébers Arm getroffen.

MONSIEUR KLÉBER Mein Arm, Sie haben mich getroffen.
Geht es Ihnen um Gerechtigkeit, Monsieur Allamodio?

Alfa Allamodio hat noch einmal geschossen.

MONSIEUR KLÉBER Mein Knie, warum drehen Sie denn den Kopf weg, wenn Sie schießen?
Sie zielen nicht mal.
Laden Sie neu, Monsieur Allamodio? Noch ein Magazin?
Sie zittern ja.

Alfa Allamodio lädt neu. Er schießt.

MONSIEUR KLÉBER Mein Knie, wollen Sie mich nicht ansehen?
Macht mein Blick Ihnen Angst? Glauben Sie, Gerechtigkeit zu üben?
Glauben Sie das?
Aber die Gerechtigkeit existiert nicht, die Gerechtigkeit ist in den Gesetzen, den Verträgen, sehen Sie, es tut Ihnen schon leid, kommen Sie, helfen Sie mir aufzustehen.

Alfa Allamodio gibt noch mehrere Schüsse ab.

MONSIEUR KLÉBER Geben Sie mir die Hand, morgen wird es Ihnen leid tun, Sie werden sich sagen, auch er hatte Kinder, eine Frau, Menschen, die ihn liebten, die ihn jetzt beweinen, nein, daran war nichts gerecht.
Helfen Sie mir, aufzustehen, wir werden sagen, daß der andere geschossen hat, genau, das ist noch besser, sie werden sagen, daß es richtig von Ihnen war, diesen Dieb zu töten, der töten wollte, die Verträge werden das alles sehr gut regeln.

Sie laden noch einmal, wollen Sie weiter schießen?
Sie zittern.
Ihr Arm zittert.
Sie zielen nicht einmal, Ihr Kopf wendet sich ab, wenn Sie schießen, Ihre Augen sehen woanders hin.
Was sehen Sie an?
Was sehen Sie?

Alfa Allamodio hat noch einmal geschossen.

MONSIEUR KLÉBER Sehen Sie, sogar auf den Knien beiße ich noch die Zähne zusammen.
Verstehen Sie?
Dafür werden Sie bezahlen.
Auch ich habe gelitten, glauben Sie mir, hier leiden alle.
Ja.
Nein.
Ich weiß nicht.
Ich weiß nicht.
Nichts mehr.
Gar nichts.
Nichts.
Alles.
Was sehen Sie, Monsieur Allamodio, wenn Sie da hinten hinschauen?

Alfa Allamodio schießt eine letzte Kugel.

MONSIEUR KLÉBER Ich sehe da oben nichts, aber diese Kugel, die mitten auf meinen Kopf zukommt, wird es mir vielleicht beibringen.
Ich kann jetzt nicht mehr sprechen mit diesem ganzen Blut im Mund, kein Platz mehr für Worte, aber ich sehe, ja, ich sehe jetzt, da oben.

Alfa Allamodio geht ab, Monsieur Kléber stirbt langsam.

Es schneit.

31.

Hinten steht Nathalie Mlinek, hinten sieht sie nach oben zum Himmel, und auch wenn man noch Tränen auf der weichen Haut ihres schönen Gesichts sieht, lächelt sie schon.

MADAME VENDETTI Ich habe meine Söhne lange beweint.
Eines Tages ist der Kleine nicht mehr gekommen, um mit seinem Lächeln, das weh tut, zuzusehen, wie ich weine.
Wenn die Welt jedesmal aufhören müßte, sich zu drehen, wenn eine Mutter einen Sohn verliert, schon zweimal, alles wäre dann anders.
Ich habe beschlossen weiterzuleben.
Ich muß.
Das ist alles.
Das ist Schicksal.

Es schneit nicht mehr.

Bio-Bibliographien

Eugène Durif

Geboren bei Lyon. Nach dem Philosophiestudium Mitarbeit bei den Zeitungen »Progrès« und »Matin de Paris«. Er publiziert Beiträge über Philosophie, Theater und Kunst in verschiedenen Zeitschriften. In enger Zusammenarbeit mit Regisseuren, für die er teilweise dramaturgisch arbeitet, entstehen zahlreiche Adaptionen und eigene Stücke, Radio- und Filmarbeiten. Seit 1998 arbeitet er regelmäßig mit der Theater- und Musikcompagnie »Métalovoice« zusammen. Gemeinsam mit Catherine Beau gründete er die Compagnie »L'Envers du décor«, für die er auch R: führte und als Schauspieler tätig war. Außerdem ist Eugène Durif Romancier und Lyriker und erhielt mehrere Auszeichnungen.

Stücke:

Les Aquariophiles
1978 in Zusammenarbeit mit Marie-Christine Vernay.
1981 UA beim Festival du Jeune Théâtre, T.N.P.

Conversation sur la Montagne
1984 verlegt von »La Maison du Livre de Pérouges« (1986) und Michel Chomarat (1989)
1986 UA in Villeurbanne, R: Laurent Fachard et Yves Prunier
Mehrere szenische Lesungen u.a. in Avignon und im Théâtre Ouvert, Paris
1992 am Centre Dramatique de Nancy und im Théâtre Ouvert, Paris, R: Patrick Pineau

La Déploration
1986 erschienen in der Zeitschrift »Acteurs«
1986 Szenische Lesung beim Festival d'Avignon, R: Jeanne Labrune

Le Petit Bois
1991 UA am T.N.P. in Villeurbanne, R: Eric Elmosnino und Patrick Pineau
1991/1992 Lesungen in Avignon und im Théâtre des Amandiers, Nanterre

1993 in Caen, R: Eric Louviot; in Toulouse, R: Jean-Jacques Mateu
1991 verlegt bei Comp'Act
2001 in Genève, Neufchatel, Bagnolet, R: Christophe Ramirez
Aufgezeichnet und gesendet von France Culture, Radio Suisse Romande und dem Saarländischen Rundfunk in deutscher Übersetzung

Tonkin-Alger
1990 Szenische Lesung am Petit Odéon, Paris, und dem Théâtre des Célestins, Lyon
1990 UA am Théâtre Ouvert, Paris
1990 in Lothringen, R: Charles Tordjman
1995 in Caen und Lisieux, R: Eric Louviot
1995 verlegt bei Actes Sud-Papiers
1996/97 in Foix und in Toulouse, R: Jean-Jacques Mateu

L'arbre de Jonas
1988 Szenische Lesung am Théâtre Ouvert, Paris, R: Françoise Coupat und Daniel Pouthier
1990 UA in Bourg-en-Bresse und Oullins
1989 verlegt bei Comp'Act
1990 verlegt bei Théâtre Ouvert
1993 ins Deutsche übersetzt von Klaus Gronau

B.M.C
1991 UA im Théâtre Gérard Philipe, Saint Denis, R: Anne Torrès
Aufgezeichnet und gesendet von France Culture, R: Jacques Taroni
1991 verlegt bei Comp'Act

Maison du Peuple
Mehrere szenische Lesungen in der R: von Louis Hourdin
1989 UA in der Region Corrèze und Creuse, R: Catherine Beau und Eugène Durif
1992 in Avignon, R: Dominique Lardenois
Aufgezeichnet und gesendet von France Culture, R: Jean-Pierre Colas
1995 verlegt bei Actes Sud-Papiers
Voraussichtlich 2002 in Chalons-en-Champagne und Paris, R: Michel Cerda

La logique du Pire
1992 UA beim Festival de Martigues, R: Jean-Paul Wenzel

Eaux Dormantes
1992 UA in Paris und der Region Haute-Loire, R: Catherine Beau
1996 verlegt bei Actes Sud-Papiers

Les Petites Heures
1992 verlegt bei Théâtre Ouvert
1992 Szenische Lesungen im BPI von Beaubourg, R: Redjep Mitrovitsa, sowie in Annecy und Chambéry, R: Eugène Durif
1996 verlegt bei Actes Sud-Papiers
1997 in neuer Fassung gespielt am Théâtre de la Colline, Paris, R: Alain Françon

Die in diesem Band veröffentlichte Übersetzung von Almut Lindner basiert auf der überarbeiteten Fassung von 1997

Croisements, divagations
1993/94 mehrere szenische Lesungen
1993 verlegt bei Actes Sud-Papiers
2000 UA am Théâtre de la Tempête, R: Maurice Attias
2001 durch die Compagnie »Mauvaises Langues«, Paris

Parade Ephémère
1993 UA in der Region Haute-Loire, R: Catherine Beau, Véronique Bisciglia und Eugène Durif

Expédition Rabelais
Adaption von Texten von François Rabelais
1994 UA in Poitiers, Strasbourg und Malakoff, R: Anne Torrès

Ma mère musicienne est morte
Adaption von Louis Wolfson. In Zusammenarbeit mit Alain Neddam und Patrick Pineau
1993 Szenische Lesung am Théâtre en Actes

Paroles échappées du choeur
Verlegt bei »Paroles d'Aube«
1994 UA am T.N.P., Villeurbanne, R: Françoise Maimone

De nuit, alors il n'y en aura plus
1994 UA im Théâtre de Rungis, R: Catherine Beau

Les Soliloquants
1994 UA in Orléans, in Zusammenarbeit mit Michèle Guigon, Sophie Loucachevsky und dem Schauspielensemble

Mais où est donc Mac Guffin ?
1995 UA am Lycée Saint Michel, R: Catherine Beau

Un impromptu de plus ou de moins
1995 UA in Villeneuve d'Ascq, R: Jean Michel Rabeux

Via Negativa (Comédie)
1996 UA im Théâtre Pierre Dac in Châlons-sur-Marne, Le Havre, Paris, R: Nordine Lalhou
1996 verlegt bei Actes Sud-Papiers

Il faut que l'une ait raison pour que l'autre ait tort (éloge de la gélodacrye)
1995 UA beim Festival de la Luzège und Festival d'Aurillac, R: Fabrice Macaux
1997 beim Festival de Sigean, R: Jacques Allaire
Eine völlig überarbeitete Fassung des Texts liegt heute unter dem Titel »Ni une ni deux« vor, der voraussichtlich 2002 bei Actes Sud-Papiers erscheint

Quel est ce sexe qu'ont les anges ?
Nach Texten von Jean-Pierre Brisset
1997 UA beim Festival des Francophonies, Limoges, R: Catherine Beau, Eugène Durif und Jean-Marie Gérintes

Autour de l'Electre de Sophocle
1996 UA in Liévin, Marne-la-Vallée und Lyon

Nefs et naufrages (sotie)
1996 Szenische Lesung im Conservatoire National d'Art Dramatique
1996 verlegt bei Théâtre Ouvert
1998 UA in Besançon, R: Catherine Beau und Eugène Durif

Le Coup de pied de l'ange
1996 UA beim Festival de la Luzège, R: Marie-Pierre Bésanger
Erschienen in der Zeitschrift »La Polygraphe«
1998 verlegt bei Comp'Act

Cabaret mobile et portatif
1996/97 UA am Théâtre Arc-en-Ciel in Rungis, R: Catherine Beau und Eugène Durif.
Aufgezeichnet und gesendet von France Culture, R: Lucien Attoun

Meurtres hors champ
1997 verlegt bei Théâtre Ouvert
1998 aufgezeichnet und gesendet von France Culture, R: Jacques Taroni
1999 UA, R: Lionel Monnier
1999 im Theater La Rose des Vents in Villeneuve d'Ascq
1999 in Le Mans und Lyon, R: Simon Grangeat
1999 verlegt bei Actes Sud-Papiers
2001 in Avignon, R: Emmanuelle Hahn

Ce que j'aime dans l'amour
Prolog zu »A la vie, à l'amour, à la mort«
1997 UA in der Comédie de Caen, R: Guy Alloucherie und Eric Lacascade

Pauvre Folle Phèdre
1998 UA an der Comédie de Caen, R: Eric Lacascade

La petite Histoire
1998 verlegt bei L'Ecole des Loisirs
1999 UA in Auch und Foix, R: Jean-Jacques Mateu
2001 in Beauvais, R: Christophe Laparra
2001 in der Scène Nationale d'Orléans, durch die Compagnie »La Tortue Magique«

Pochade Millénariste
1999 Szenische Lesung in Pont-à-Mousson
2000 verlegt bei Actes Sud-Papiers

Comme un qui parle tout seul
1998 UA, R: Eric Elmosnino (mit Patrick Pineau)
Bout du Monde
1998 UA in Eymoutiers, R: Catherine Beau

Filons vers les Iles Marquises
1999 UA am Théâtre de l'Union in Limoges
1999 verlegt bei Actes Sud-Papiers
2000 Szenische Lesung in München in einer deutschen Übersetzung von Almut Lindner

En route vers la Cité Radieuse
1997-1999, nach den Romanen von Andrej Platonov

Divertissement Bourgeois
1999 Szenische Lesung im Théâtre Ouvert, Paris
2001 Szenische Lesung in Montluçon, R: Jean-Michel Coulon
2001 UA am Théâtre de l'Union, R: Catherine Beau und Eugène Durif

Têtes farçues
2000 verlegt bei L'Ecole des Loisirs
2001 UA am Théâtre de l'Exil, R: Christian Besson

Quand les oiseaux auront des ailes
2000 UA am Théâtre des Sept Collines in Tulle, R: Marie-Pierre Bésanger

Le hasard, vous y croyez ? (farce éphémère, légèrement mortifère et néanmoins musicale)
2000 UA in Florange, R: Catherine Beau

Deux temps, trois mouvements
2000 UA in der Region Rhône-Alpes, R: Anne Courel

Maison d'hôtes (radio-drame)
2000 aufgezeichnet und gesendet von France Culture in Brest, R: Christine Bernard-Sugy
2001 verlegt bei Théâtre Ouvert

Pas loin d'une éternité
2000/01 Szenische Lesung in Madrid, R: Sophie Rappeneau

Couples, croisements
2001 UA, R: Catherine Beau

La Presse (oratorio industriel)
Libretto
2001 UA durch »Métalovoice«, Paris

Prosa und Lyrik:

Une Manière Noire
Editions Verdier 1986

L'Etreinte, Le Temps
Editions Comp'Act 1988

Salomé, Les Yeux Tus
Comp'Act 1989

Set in Copper
URDLA

Enclos
Michel Chomarat Editeur

In Arbeit:
Les tigres en papier (Farce), Dritter Teil des Stückzyklus' »Nefs et naufrages«
Les forcenés du négatif (Roman)
Et il y a de plus en plus de gens qui deviennent gauchers (Erzählungen)
Autres destinations (Gedichte)
Sale temps pour les vivants (Roman, Flammarion 2001)

Alain Gautré

1951 in Paris geboren. Nach einer Theaterausbildung bei Jacques Lecoq in Paris unterrichtet Alain Gautré an dessen Schule und widmet sich, neben der Schauspielerei, auch dem dramatischen Schreiben. Für die Theatercompagnie »Chapeau Rouge«, dessen Mitbegründer er ist, schreibt er mehrere Stücke. Er ist ebenfalls Autor von Prosa (»La Fureur du rat«, Ed. Scarabée & Cie), setzt aber seine Arbeit als Schauspieler, Regisseur und Lehrer im Theater fort. Sein Hauptinteresse gilt der Arbeit an den verschiedenen Formen des Clownesken im Theater.

Stücke:

Le jardin d'à côté
1975 UA durch das Théâtre Mouffetard

Place de Breteuil
1978 UA durch das Chapeau Rouge, Paris, R: Pierre Pradinas
1985 Wiederaufnahme für eine Europatournee

Babylone
1997 am Théâtre de la Tempête, R: Pierre Pradinas

Gevrey-Chambertin
In Zusammenarbeit mit Pierre Pradinas und Albert Marcoeur
1981 UA durch das Chapeau Rouge am Théâtre de L'Est Parisien

Le Café sous la terre
1985 UA durch das Théâtre de la Jeune Lune,
R: Vincent Gracieux

Durendal
1985 UA in Amiens, Paris und am Centre dramatique National de Picardie

Genèse
In Zusammenarbeit mit Jean-Louis Heckel
1990 UA durch das Nada Théâtre an der Scène Nationale du Moulin du Roc, Niort

Chef-Lieu
1992 verlegt bei Actes Sud-Papiers
1992 UA am Théâtre Gérard Philipe, Saint-Denis,
R: Jean-Claude Fall

Le Château dans la forêt
1992 erschienen bei CNES-La Chartreuse

Siège
In Zusammenarbeit mit Yves Marc
1995 UA durch das Théâtre du Mouvement am Théâtre du Lierre, Paris

Hôtel du grand large
1995 verlegt bei Actes Sud-Papiers
1995 UA am Théâtre populaire de Lorraine, R: Marc-Ange Sanz

La Chapelle-en-Brie
1996 verlegt bei Editions Théâtrales
1996 Szenische Lesung in Paris, R: Marcel Bluwal

Haute-Garonne (1997)

Comme ça
2000 UA in Marseille durch die Compagnie Skappa

La Brèche-au-loup
2000 verlegt bei Edition de la jeune parole

Christophe Pellet

Geboren 1963 in Toulon. Nach seinem Literaturstudium an der Universität Aix-en-Provence/Marseille schließt Christophe Pellet 1991 die Filmschule FEMIS in der Sektion Drehbuchschreiben ab. Sein Interesse für das Theater wird vorrangig durch die Lektüre von Theaterautoren, insbesondere Racine, Marivaux, Giraudoux oder Tenessee Williams, geweckt. Er schreibt außerdem regelmäßig über Film und Kino, u.a. für das Arte-Magazin, und lebt als Theater- und Drehbuchautor in Paris.

Stücke:

Anne Engstrand
1983 aufgezeichnet und gesendet von France Culture,
R: Eveline Frémy

Encore une année pour rien (1989)
1997 UA am Royal Court Theatre in London, R: Mary Peate, in der Übersetzung von Martin Crimp
1998 französische EA in Amiens, R: Sophie Duprez Thébaut
2000 verlegt bei L'Arche Editeur

Là où ça fait mal (1997)
2000 UA am Théâtre National de Bourgogne, Dijon,
R: Anastassia Politi
2000 verlegt bei L'Arche Editeur

En délicatesse (1998)
2001 verlegt bei L'Arche Editeur

Des jours meilleurs (1999)
aufgezeichnet und gesendet von France Culture
2001 verlegt bei L'Arche Editeur
Le garçon girafe (2000)
2000 verlegt bei L'Arche Editeur als Stück-Trilogie zusammen mit »Encore une année pour rien« und »Là où ça fait mal«.
2001 Szenische Lesung beim Heidelberger Stückemarkt,
R: Pascal Paul-Harang

2002 voraussichtlich UA an der Comédie Française in Paris, R: Joël Jouanneau

Weitere Arbeiten:

L'Hagiographe (Erzählung)
In: »Rue Saint-Ambroise«, n° 7, Juni 2001

Avec tout mon amour
2001 Mitarbeit am Drehbuch für den Film von Amalia Escriva

Übersetzung aus dem Englischen von Martin Crimps Stück »Attemps on her life«
2001 verlegt bei L'Arche Editeur

Olivier Py

Geboren 1966 in Grasse. Neben einer Ausbildung an der renommierten Pariser Theaterschule Ecole de la rue Blanche und später am Conservatoire National Supérieur d'Art Dramatique studiert Olivier Py auch Theologie am Institut Catholique. Er ist Schauspieler, Autor, Regisseur (nicht nur seiner eigenen Stücke) und wird 1998 als einer der jüngsten französischen Theaterdirektoren zum Leiter des Centre Dramatique National d'Orléans ernannt, dem er bis heute vorsteht. Für seine Arbeiten wurde er mehrfach ausgezeichnet.

Stücke:

Des oranges et des ongles
1988 UA im Théâtre Essaïon, Paris, R: Olivier Py

Gaspacho, un chien mort
1991 UA im Théâtre en Actes, Paris, R: Olivier Py

La femme canon et le bouquet final
1991 UA im Centre d'art de l'Hôpital Ephémère, Paris,
R: Olivier Py

La chèvre
Serie in 3 Folgen: La chèvre de M. Seguin, Le Manège enchanté,
Le Lit lumineux
1992 UA im Théâtre en Actes, Paris, R: Olivier Py

La Nuit au cirque
1992 UA im Théâtre de Bussang, R: François Rancillac
1992 verlegt bei Solitaires Intempestifs

Les Aventures de Paco Goliard
1992 UA am Théâtre de la Bastille, Paris, R: Olivier Py
1992 verlegt bei Solitaires Intempestifs
La Jeune fille, le diable et le moulin
Nach einem Grimmschen Märchen
1994 UA, R: Olivier Py
1995 verlegt bei L'Ecole des Loisirs
1999 neue Inszenierung von Olivier Py

La Servante – Histoire sans fin
Zyklus von 5 Stücken (L'Architecte et la Forêt, La Panoplie du squelette, Le Pain de Roméo, Le Jeu du Veuf, La Servante)
1994-1996 UA beim Festival d'Avignon (1995), in der Manufacture des Oeillets in Ivry und auf Tournee (1996), R: Olivier Py
1995 verlegt bei Actes Sud-Papiers

Le Visage d'Orphée
1997 beim Festival d'Avignon, R: Olivier Py
1997 verlegt bei Actes Sud-Papiers

Théâtres
1998 UA im Théâtre du Point du Jour, Lyon, R: Michel Raskine
1998 verlegt bei Solitaires Intempestifs

L'Apocalypse joyeuse
2000 UA, R: Olivier Py
2000 verlegt bei Actes Sud-Papiers

Epître au jeunes acteurs
2000 UA, R: Olivier Py
2000 verlegt bei Actes Sud-Papiers

L'Exaltation du Labyrinthe
2001 UA im Théâtre National de Strasbourg,
R: Stéphane Braunschweig
2000 verlegt bei Actes Sud-Papiers

Lionel Spycher

1971 in Mulhouse geboren. Drei Jahre jobbt Lionel Spycher als Techniker für Theater- und Konzertveranstaltungen, bevor er 1993 bis 1995 am Théâtre National de Strasbourg eine Ausbildung zum Inspizienten absolviert. Seit 1995 arbeitet er als Lichtdesigner und Technischer Leiter in verschiedenen Theatern. Im Jahr 2000 gründet er die Compagnie »Camille & Léon - Théâtre«. In der Saison 2000/2001 hält er sich mit einem Arbeitsstipendium des Deutschen Schauspielhauses in Hamburg auf.

Stücke:

Pit-bull
1998 verlegt bei Actes Sud-Papiers
1998 UA im Théâtre Gérard Philipe, Saint-Denis, R: Joël Jouanneau
1999 Szenische Lesungen an der Scène Nationale de Bar-le-Duc, R: François Rancillac; im Hippodrome Scène Nationale de Douai, R: Jean-Louis Jacopin
1999 DEA an der Baracke des Deutschen Theaters, Berlin, R: Michael Talke, in der Übersetzung von Uli Aumüller (Felix Bloch Erben Verlag)
2000 am Staatstheater Stuttgart, R: Stephan Kimmig
2000 Szenische Lesung am Schauspielhaus Düsseldorf
2000 in der Echtzeit-Halle, München
2000 Szenische Lesung am Royal Court Theatre, London, R: Robert Delamere, in der englischen Übersetzung von William Gaminara
2000 in Warschau, R: Pawel Wodzinski, in der polnischen Übersetzung von Aldona Skiba-Lickel
2000 aufgezeichnet und gesendet von France Culture, R: Claude Guerre
2001 in Karlsruhe, R: Karin Koller

9 MM
1999 Szenische Lesung beim Festival La Mousson d'été, R: Stéphanie Loïk
2000 verlegt bei Actes Sud-Papiers

2000 UA beim Festival International de Sitges, Spanien, R: Lionel Spycher, in der katalanischen Übersetzung von Joan Cassas
2000 Szenische Lesung am Hebbel Theater, Berlin, R: Isabelle Suran, in der deutschen Übersetzung von Uli Aumüller (Felix Bloch Erben Verlag)
2001 im Théâtre des Ateliers, Lyon, R: Gilles Chavassieux
2001 im CDN in Thionville, R: Stéphanie Loïk

Le Nouveau Président
2000 aufgezeichnet und gesendet von France Culture beim Festival La Mousson d'été, R: Claude Guerre

Scène 4: Rechtenachweise

Bildnachweise

Eugène Durif: Agence opale, Paris
Alain Gautré: Editions Theatrales
Christophe Pellet: privat
Olivier Py: Alain Fonteray
Lyonel Spycher: privat

Scène erscheint im Auftrag des Bureau du Théâtre et de la Danse, Berlin, und mit freundlicher Unterstützung der AFAA (Association Française d'Action Artistique – Ministère des Affaires Etrangères) des französischen Kulturministeriums (Ministère de la Culture et de la Communication / Direction de la Musique, de la Danse, du Théâtre et des Spectacles) sowie im Rahmen des Förderprogramms des französischen Außenministeriums, vertreten durch die Kulturabteilung der französischen Botschaft in Berlin. Scène 4 ist außerdem in Zusammenarbeit mit dem Bremer Theater entstanden.

instituts français

BUREAU DU THÉÂTRE

Bureau du Théâtre et de la Danse, Kurfürstendamm 211,
10 719 Berlin,
Tel. 0 30-885 902 58, Fax 0 30-885 902 89
Mail: btd@kultur-frankreich.de
Internet: www.kultur-frankreich.de/théâtre/

Association Française d'Action Artistique AFAA

Ministère des Affaires Étrangères